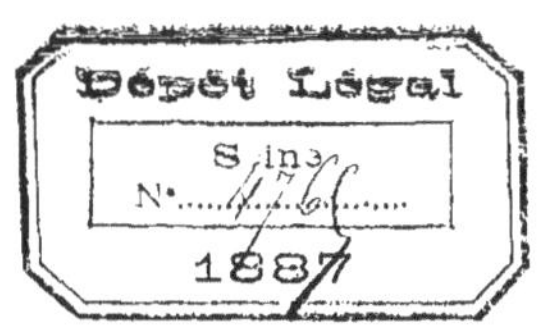

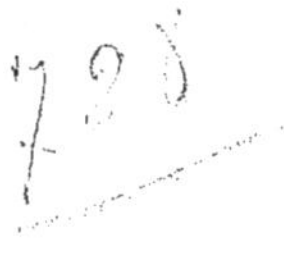

LES

MÉDAILLEURS ITALIENS

DES

QUINZIÈME ET SEIZIÈME SIÈCLES

PARIS. TYP. DE E. PLON, NOURRIT ET Cie, RUE GARANCIÈRE, 8.

LES

MÉDAILLEURS

ITALIENS

DES QUINZIÈME ET SEIZIÈME SIÈCLES

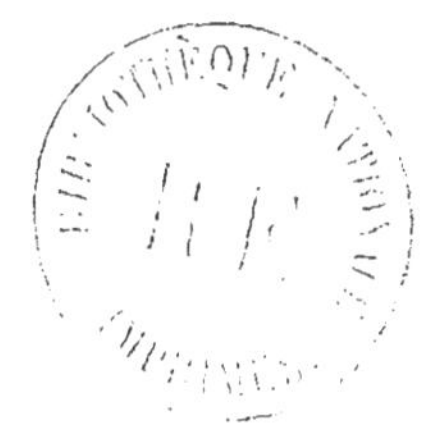

PAR

ALFRED ARMAND
ARCHITECTE

OUVRAGE COURONNÉ PAR L'ACADÉMIE DES BEAUX-ARTS
DE L'INSTITUT DE FRANCE

TOME TROISIÈME

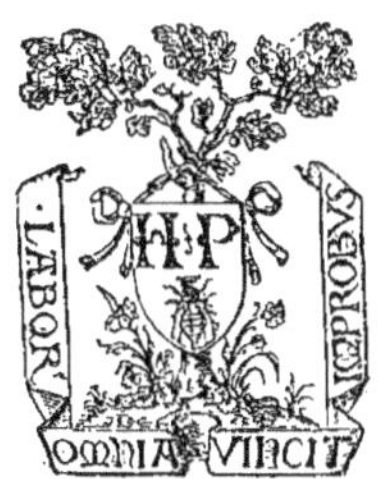

PARIS
LIBRAIRIE PLON
E. PLON, NOURRIT ET Cie, IMPRIMEURS-ÉDITEURS
RUE GARANCIÈRE, 10

M DCCC LXXXVII

SUPPLÉMENT

AUX DEUX PREMIERS VOLUMES

CONTENANT

LA DESCRIPTION DE MÉDAILLES NOUVELLES

AINSI QUE

DES OBSERVATIONS ET RECTIFICATIONS

RELATIVES AUX MÉDAILLES DÉJA DÉCRITES

AVERTISSEMENT

En publiant ce Supplément, notre premier devoir est de payer un tribut de reconnaissance à ceux qui ont bien voulu nous en fournir les matériaux.

Une grande partie des médailles et monnaies que nous venons ajouter à celles décrites dans les deux premiers volumes de cet ouvrage provient du cabinet impérial de Vienne, du « Museo civico » de Bologne et du Musée royal de Parme; nous les devons à l'obligeance de MM. Robert von Schneider, Luigi Frati et Umberto Rossi.

Nous devons aussi à MM. Riggauer et Ruland plusieurs pièces intéressantes provenant du Cabinet royal de Munich et de la Collection Gœthe, à Weimar.

M. W. Boyne nous a obligeamment mis à même de profiter de la riche collection qu'il a réunie à Florence.

A la suite de ces noms, qui paraissent pour la première fois dans notre ouvrage, il nous faudrait rappeler les noms de la plupart des personnes déjà citées au commencement du premier volume comme ayant facilité nos travaux par leurs communications.

Que tous ces amis, anciens et nouveaux, veuillent bien recevoir ici l'expression de notre profonde gratitude.

Mais personne n'a plus de droits à nos remercîments que M. Gaetano Milanesi, le savant éditeur de Vasari, qui a été le premier à nous témoigner sa sympathie pour nos efforts en nous offrant spontanément et avec autant d'empressement que d'abnégation, une abondante moisson de renseignements dont nous avons tiré un grand profit; le lecteur s'en fera une idée en rencontrant fréquemment son nom dans ce volume; les articles placés sous le titre : « Observations et rectifications » lui sont dus en grande partie. Nous devons également à M. G. Milanesi l'indication d'un certain nombre de médailles mentionnées dans divers documents généralement peu connus.

Grâce aux bienveillants concours auxquels nous venons de rendre hommage, et à nos propres recherches, nous nous trouvons à même de décrire ou mentionner dans ce Supplément un nombre de médailles ou monnaies nouvelles, — c'est-à-dire non comprises dans les deux premiers volumes, — qui ne s'élève pas à moins de 800.

Nous suivrons, pour les présenter à nos lecteurs, le même système que celui adopté dans les volumes précédents. Ces pièces seront donc divisées en deux parties. La première comprendra les ouvrages des médailleurs connus par leurs noms, initiales ou marques; la seconde contiendra les ouvrages de médailleurs anonymes.

Sur les 800 pièces, la première partie en réunira 266, dont le quart environ appartient à trente-trois médailleurs nouveaux. Le surplus formera le contenu de la deuxième partie.

La première partie s'enrichira en plus de 99 pièces décrites précédemment comme ouvrages de médailleurs anonymes, et que nous avons pu rendre à leurs véritables auteurs. De cette sorte, elle comprendra en tout 365 pièces.

Le classement des pièces dans chaque partie sera conforme à celui adopté précédemment. Dans la première, les médailleurs déjà connus conserveront leur ordre chronologique; les médailleurs nouveaux viendront prendre parmi eux la place que leur assigne leur date. Dans la seconde, la division en quarts de siècle et en provinces ou États sera maintenue.

Si ces importantes « additions » constituent l'objet principal de ce Supplément, les « observations et rectifications » qui les accompagnent n'offrent pas un moindre intérêt. Elles portent sur les noms et dates des médailleurs et des personnages, les attributions des médailles, les renseignements biographiques et géographiques. Parmi les plus importantes, nous signalerons à l'attention des lecteurs les changements relatifs au médailleur Niccolò Fiorentino, dont l'œuvre a été divisé entre trois artistes différents. Nous mentionnerons aussi le chapitre consacré à Leone Leoni, dont l'œuvre a été rétabli avec plus d'exactitude et de développement, grâce au beau travail de M. E. Plon sur la vie et les ouvrages de cet artiste.

Le troisième volume se termine, comme le deuxième, par des tables des médailleurs, des personnages, des légendes et des matières. Nous en avons ajouté une nouvelle, sur laquelle nous appelons spécialement l'attention des lecteurs. Elle contient les noms d'artistes qui pourraient être les auteurs des médailles signées seulement d'initiales ou dépourvues de signatures. Nous l'avons dressée sur les indications de M. Gaetano Milanesi, plus à même que personne d'aborder avec chances de succès les difficiles questions relatives aux auteurs des médailles de la Renaissance italienne.

Malgré de précieuses découvertes dues aux savants investigateurs des archives italiennes, il reste beaucoup à faire dans cette voie, et nous n'espérons pas voir luire le jour où les nombreuses médailles réunies dans notre deuxième volume, ainsi que les pièces anonymes que notre Supplément y ajoute, auront trouvé leurs auteurs. Quant aux médailles elles-mêmes, autant qu'on peut le conjecturer par la connaissance des collections et des catalogues des ventes, il est permis de croire que le nombre des pièces italiennes des quinzième et seizième siècles restant à découvrir doit être assez limité.

Après avoir, au début de ces pages, remercié les amis qui ont bien voulu nous fournir les matériaux de ce Supplément, nous ne pourrions oublier l'ami qui nous a secondé dans la mise en œuvre de ces matériaux. M. Prosper Valton, dont nous avons déjà signalé avec de vifs remercîments la collaboration à nos deux premiers volumes, a acquis des droits nouveaux et encore plus grands à notre reconnaissance, en apportant à l'exécution et à l'achèvement de nos derniers travaux un concours aussi précieux que dévoué, et sans lequel nous aurions probablement hésité à les entreprendre.

Juillet 1887.

Addition à la « Liste des ouvrages » *placée en tête du premier volume.*

Avignone (Gaetano). *Medaglie dei Liguri e della Liguria.* In-8°. Gênes, 1872.

ARG. Argelati. *De monetis Italiæ.* 6 vol. in-4°. Milan, 1750.

BM. British Museum.

Furse (Édouard-Henri). *Mémoires numismatiques de l'ordre souverain de Saint-Jean de Jérusalem.* In-4°. Rome, 1885.

GN. Gnecchi (Francesco et Ercole). *Le monete di Milano*, etc. In-4°. Milan, 1884.

NC. *Numismatic Chronicle.* Londres.

Soc. Colomb. Annales manuscrites de la « Società colombaria » de Florence, extraits communiqués par M. G. Milanesi.

LES

MÉDAILLEURS ITALIENS

DES

QUINZIÈME ET SEIZIÈME SIÈCLES

SUPPLÉMENT

PREMIÈRE PARTIE

PISANELLO (VITTORE PISANO, dit) (1)

(I, p. 1 à 15.)

SUR L'ÉPOQUE DE LA MORT DE PISANELLO.

L'époque de la mort de ce grand artiste, placée d'abord en 1451, puis en 1456, n'est pas encore fixée d'une manière certaine. On sait par Biondo (*Italia illustrata*) que Pisanello vivait encore en 1450; d'autre part, Facio (*De viris illustribus*), écrivant en 1456, parle de Pisanello comme d'un homme qui n'existait plus à cette époque. Sa mort était-elle récente? On a pu le croire lorsque MM. Crowe et Cavalcaselle (*History of painting in north Italy*, 1871) ont produit un document tiré des archives de Modène, constatant un payement fait à Pisanello le 17 août 1455. De ce document, rapproché du témoignage de Facio, il résultait évidemment

(1) Pour le Pisanello, de même que pour les autres médailleurs déjà connus, nous ne reproduirons pas ici les renseignements ou notices biographiques qui accompagnent leurs noms dans le premier volume, nous nous contentons d'y renvoyer le lecteur. Il ne sera dérogé à ce principe que dans le cas de renseignements nouveaux ou de rectifications à ceux déjà donnés.

que la mort de Pisanello avait eu lieu à la fin de 1455 ou au commencement de 1456; de là la date de 1456 qui fut adoptée à partir de 1871 et remplaça celle de 1451 admise jusque-là. Celle-ci se basait sur une lettre de Carlo de' Medici, conservée aux archives de Florence, laquelle parlait de la mort de Pisanello comme d'un événement tout récent. Elle portait la date du 17 octobre. Malheureusement la chose la plus importante, l'indication de l'année, manquait. Gaye, à qui l'on doit la publication de cette lettre (*Carteggio*, I, p. 163), remarquant qu'elle faisait partie d'une liasse contenant d'autres pièces datées de 1451, conjectura, non sans vraisemblance, que la lettre de Carlo devait être de la même époque.

Telle est l'origine de la date de 1451, adoptée primitivement depuis la publication du *Carteggio*, en 1839. Un érudit italien, dont les investigations dans les archives de Modène ont rendu à l'histoire de l'art de signalés services, M. A. Venturi, est d'avis qu'on doit y revenir. Il faut, en effet, renoncer à la date de 1456, basée sur le payement que Pisanello aurait reçu le 17 août 1455. La date de ce payement, vérifiée par M. A. Venturi sur la pièce originale des Archives de Modène, est 1445 au lieu de 1455. (Voir, dans l'*Archivio Veneto* de 1885, l'article de M. A. Venturi, « *Il Pisanello a Ferrara* ».)

OBSERVATIONS.

a. I, 6, 18. Médaille d'ALFONSO V D'ARAGONA (1).

Nous devons mentionner ici une plaquette rectangulaire de 87 × 37 qui présente le même buste d'Alphonse V, avec la couronne au-dessous. Cette plaquette, qui a été découpée dans la médaille, se voit dans plusieurs collections. L'exemplaire du *South Kensington Museum* forme un ovale de 67 × 50.

b. I, 7, 20. Médaille de PALEOLOGOS (IOANNES VII).

Dans l'exemplaire de cette médaille que possède le Musée du Louvre, la partie supérieure du chapeau, en forme de dôme, est entourée d'une couronne, et la légende est accompagnée d'une sorte de broderie formée de petits arcs. Ces modifications sont l'ouvrage d'un ciseleur.

c. I, 10, 32. Médaille de MEDICI (COSIMO DE'), surnommé le Père de la Patrie.

Cette médaille nous semble plutôt devoir être attribuée au sculpteur Michelozzo Michelozzi.

(1) Les chiffres I, 6 et 18 désignent le volume, la page et le numéro d'ordre où se trouve la médaille qui fait le sujet de l'observation.

La lettre minuscule *italique* mise en tête sert de numéro d'ordre pour ce

MICHELOZZO MICHELOZZI (1)

SCULPTEUR ET ARCHITECTE FLORENTIN

Né en 1391 + 1472.

BENTIVOGLIO (SANTI), né en 1427 + 1462. Il gouverna Bologne de 1445 à sa mort.

A. Cette médaille n'est pas venue jusqu'à nous (2).

On sait que Michelozzo fit une médaille de Santi Bentivoglio. Vasari nous l'apprend dans la description qu'il fait de ses peintures du Palais-Vieux de Florence. Parlant du portrait de Santi qui y figure : « Je l'ai fait, dit-il, d'après la médaille de la main de Michelozzo Michelozzi. » (Voir *Le opere di Giorgio Vasari*, t. VIII, p. 96, édit. Milanesi.)

Cette médaille avait été faite sans doute en 1445, lorsque Santi, appelé au gouvernement de Bologne, vint à Florence prendre les conseils de Cosme l'Ancien. Vasari a représenté ce fait historique dans ses peintures du Palais-Vieux que Litta a reproduites sur la troisième planche de la livraison consacrée aux Bentivoglio.

La médaille de Santi Bentivoglio ne doit pas être le seul ouvrage de ce genre qui soit sorti des mains de Michelozzo; mais aucun ne paraît être arrivé jusqu'à nous, à moins que l'on ne regarde comme un ouvrage de cet artiste la médaille de Cosme l'Ancien, attribuée précédemment à Pisanello, ce que nous sommes très-disposé à admettre, maintenant qu'il est constaté que Michelozzo s'est adonné à ce genre de travail. La médaille dont nous parlons porte les légendes suivantes :

B. Dia. 36. « COSMVS . MEDICES . DECRETO . PVBLICO

troisième volume. De cette sorte, la place du présent article se trouvera désignée ainsi dans la table à faire : III, 2, *a*.

En ce qui concerne le personnage, nous donnons seulement son nom, renvoyant pour le surplus à la description déjà faite de la médaille.

(1) Médailleur nouveau. Suivant l'ordre chronologique, il se placerait à la page 16 du premier volume.

(2) La lettre capitale *italique* placée ainsi joue dans le troisième volume le rôle de numéro d'ordre comme la lettre minuscule *italique* dont nous parlions à la page précédente. Cette capitale s'applique :

1° Aux médailles nouvelles, c'est-à-dire à celles qui ne figurent pas dans les volumes précédents;

2° Aux médailles qui, placées précédemment parmi les anonymes, sont venues prendre place dans l'œuvre d'un maître;

3° Aux médailles qui, données à tort à un maître, viennent prendre place dans l'œuvre de leur véritable auteur.

P . P. » — ℟ « PAX . LIBERTAS . QVE . PVBLICA. — FLORENTIA. »

Cette médaille a été déjà décrite I, 10, 32, et II, 23, 1, où nous renvoyons le lecteur.

PASTI (MATTEO DE')

(I, p. 17 à 25.)

« Matteo était fils d'un maestro Andrea. Il fut aussi miniaturiste. On lui attribue les miniatures du célèbre manuscrit de Roberto Valturio, *De re militari.* » (*GM*)

RECTIFICATIONS.

a. I, 20, 9. Médaille de MALATESTA. (SIG. PAN.)

La description de cette médaille doit être rectifiée comme il suit :

Dia. 83. « SIGISMVNDVS . PANDVLFVS . DE . MALATESTIS . S . RO . ECLESIE . C . GENERALIS. » — ℟ « MCCCCXLVI. »

Au droit : Buste à gauche, semblable aux précédents. — Au revers : Une femme couronnée et couverte d'une armure, assise sur un siége formé de deux petits éléphants. Elle tient dans ses mains une colonne brisée. — *M.*, I, XIV, 4. — *AH.*, VI, 1.

b. I, 24, 32. Médaillon de MALATESTA. (SIG. PAN.)

Ce médaillon est la reproduction d'une sculpture en bois du seizième siècle qui faisait partie de la collection de M. H. de Triqueti. C'est à tort qu'il a été attribué à Matteo de' Pasti.

PIETRO DA FANO

(I, p. 27 et 28.)

ADDITIONS.

VENISE (PASQUALE MALIPIERI, doge de), né en 1385; élu doge en 1457 + 1462.

DANDOLO (GIOVANNA), femme du doge Pasquale Malipieri.

A. Dia. 91. « INCLITE . IOHANNE . — ALME . VRBIS .

VENEZIAR . DVCISE. » — ℟ « VINCIT . HONIA . BONA . VOLONTAS. — OPVS . PETRVS . D . DOMO . FANI. »

Au droit : Buste à gauche de Giovanna, coiffée d'une toque d'où pend un voile en arrière. — Au revers : Deux femmes drapées, debout. Celle de droite tient un serpent; celle de gauche tient une banderole flottante. — Collection royale de Berlin. Nous devons à l'obligeance de M. J. Friedlander la connaissance de cette médaille.

B. Dia. 91. « PASQVALIS . MARIPETRVS . VENETVM . D . DVX. » — ℟ « INCLITE . IOHANNE . ALME . VRBIS . VENEZIAR . DVCISE. »

Au droit : Buste à gauche de Pasquale Malipieri, coiffé de la corne et vêtu de la robe ducales. — Au revers : Buste à gauche de Giovanna, semblable à celui du droit de la médaille précédente. — Collection royale de Turin.

Cette seconde médaille, qui appartient évidemment à l'auteur de la première, c'est-à-dire à Pietro da Fano, avait été placée à tort dans l'œuvre de Guidizani. (Voir I, p. 35, nº 4.)

MARESCOTTI (Antonio)

(I, 28 à 30.)

RECTIFICATION.

a. I, 28, 2. Médaille de San Bernardino.

Cette médaille est désignée comme n'ayant pas de revers; mais on la trouve aussi accompagnée du revers décrit ci-après :

℟ « IN . NOMINE . IHV . OMNE . GENV . FLECTATVR . CELESTIV . TERRESTRIV . INFERNO. »

Le monogramme du Christ dans un cercle entouré de rayons, avec une légende en lettres gothiques exactement semblable à la légende du droit. Le sujet est semblable à celui du revers de la médaille nº 1, mais de plus grandes proportions. Le même revers accompagne une médaille du doge Niccolò Marcello (voir I, 57, 3), à laquelle il a été accolé indûment.

PETRECINI

(I, 33 et 34.)

ADDITION.

Nous trouvons dans Argelati (*Tractatus de monetis Italiæ,* t. III) la médaille suivante, qui doit être mise à la suite de l'œuvre de ce maître.

STROZZI (LORENZO), jurisconsulte distingué. Il jouit de la faveur du duc Borso d'Este, qui lui donna, en 1453, plusieurs fiefs dans le duché de Reggio avec le titre de comte. Il vivait encore en 1469.

A. « LAVRENTIVS . STROZZA . COMES . ETC. » — ℟ « OPVS . PETRECINI . DE . FLORENTIA . MCCCCLX. »

Au droit : Buste de Lorenzo Strozzi. — Au revers : Les armes des Strozzi.

GUIDIZANI (M.)

(I, 34 et 35.)

RECTIFICATION.

a. I, 33, 4. Médaille du doge PASQUALE MALIPIERI et de sa femme GIOVANNA DANDOLO.

C'est à tort que cette médaille a été attribuée à Guidizani. Elle appartient à Pietro da Fano, et doit être placée dans l'œuvre de cet artiste.

BOLDU (GIOVANNI)

(I, p. 36 à 38.)

RECTIFICATIONS.

a. I, 36, 1. Médaille avec le buste de BOLDU tête nue.

La légende grecque du droit de cette médaille doit être rectifiée comme il suit : « ΙΩΑΝΗϹ. ΜΠΩΑΝΤΟΥ. ΖΩΓΡΑΦΟΥ . ΒΕΝΑΙΤΙΑ. »

b. I, 38, 8. Médaille de LAMBERTINI (EGANO).

Il faut lire MCCCVII au lieu de MCCCCVII.

M. Luigi Frati pense que cette médaille est une restitution faite en mémoire d'un Egano Lambertini, Bolonais célèbre du commencement du quatorzième siècle, lequel fut podestat de plusieurs villes, savoir : Pérouse, Città di Castello, Rimini, Florence, et capitaine général des Bolonais. — Museo civico di Bologna.

LAURANA (FRANCESCO)

(I, 40 à 42.)

Francesco Laurana séjourna à Marseille de 1477 à 1483, et s'y maria. Il y exécuta le monument de saint Lazare dans l'église de la

Major. (*Renseignements tirés d'actes notariés* par le docteur Barthélemy, 1884.)

RECTIFICATIONS.

a. I. 42, 6. Médaille de Jean d'Anjou.

C'est à tort que ce personnage est désigné comme roi de Naples. Il ne porta d'autre titre que celui de duc de Calabre.

b. I, 42, 8. Médaille d'un Inconnu.

Selon M. G. Milanesi, le personnage représenté sur cette médaille serait Baldassare Olimpo degli Alessandri de Sassoferrato, moine franciscain, prédicateur et poëte, dont quelques compositions ont été imprimées en 1522 et 1523. Il est difficile, dit M. G. Milanesi, de voir en lui un contemporain de Laurana.

La ressemblance que nous avons remarquée entre cette médaille et celles signées par Laurana est si prononcée que nous hésitons encore à la séparer de l'œuvre de ce maître. Remarquons, d'ailleurs, que rien dans le costume du personnage ne rappelle le moine franciscain.

ENZOLA (Gian Francesco)

(I, 43 à 46.)

Il était aussi graveur de monnaies. On le trouve, en effet, à Ferrare en 1472, avec le titre de « *maestro delle stampe* ».

ADDITIONS.

PLAQUETTES.

A. Dia. 50. « SOLA . VIRTVS . OMINEM . FELICITAT. — IO . FR . PARMENSIS. » — Sans ℟.

Un enfant nu, à cheval sur un lion marchant à droite; il tient à la main un bâton surmonté d'une boule. — Collection G. Dreyfus.

B. 85 × 51. « IHOANNIS . FRANCISI . PARMENSIS . OPVS. » — Sans ℟.

Le martyre de saint Sébastien. On voit à gauche le saint nu, attaché à un arbre; à droite, deux archers, dont l'un décoche une flèche, et l'autre bande son arc. Au milieu, deux chiens. — Collection G. Dreyfus.

C. 80 × 51. « IHOANNIS . FRANCISI . PARMENSIS . OPVS. » — Sans ℟.

Scènes de la vie de saint Jérôme. A droite, le saint est agenouillé devant le crucifix; à gauche, saint Jérôme avec le lion. Au fond, la ville de Rome avec l'inscription : ROMA SPQR. Cette plaquette fait le pendant de la précédente. — Collection G. Dreyfus.

D. 70 × 70. « IOANNIS . FRANCISI . OPVS. » — Sans ℞.

Un cavalier armé de toutes pièces, galopant vers la droite, est attaqué par trois lions. — Collection G. Dreyfus.

E. Plaquette en forme d'amande, 77 × 44. « OPVS . IOHANNIS . FRANCISCI . PARMENSIS. » — Sans ℞.

La Vierge vue de face, assise sur un trône entouré d'anges. — Cabinet royal de Berlin.

F. Dia. 48. « IO . FRANCISCI . PARMENSIS. » — Sans ℞.

Saint Georges en armure galopant vers la gauche, l'épée levée pour frapper un dragon. Au fond, à gauche, une femme dans une attitude suppliante. — Musée royal de Parme.

OBSERVATION.

a. I, 46, 13. Médaille représentant des jeux d'enfants.

Cette pièce, que l'on rencontre au Musée impérial de Vienne, accolée à une médaille du seizième siècle (voir plus loin, dans l'œuvre de Pastorino), n'est autre chose qu'une plaquette.

VELLANO (BARTOLOMMEO)

(I, 46 et 47.)

Dans les documents contemporains, cet artiste est nommé BELLANO. (*GM.*)

a. I, 47, 3. Médaille de ROSELLI.

Ce personnage était né en 1378 et non en 1381. (*GM.*)

CLEMENTE DA URBINO

(I, p. 47.)

a. I, 47. Médaille de MONTEFELTRO (FEDERIGO DA).

Dans la description du revers de cette médaille, nous mentionnons un instrument en forme de cloche. Suivant M. G. Milanesi, cet instrument serait une bombarde.

GUAZZALOTTI (ANDREA)

(I, 48 à 51.)

OBSERVATIONS.

MÉDAILLES ATTRIBUÉES A GUAZZALOTTI.

a. I, 50, 11 et 12. Médailles au revers de la Constance.

M. G. Milanesi n'admet pas l'attribution de ces médailles à Guaccialotti. Il leur donnerait plutôt pour auteur le médailleur Costanzo, dont nous avons une médaille de Mahomet II, datée 1481. (Voir I, 78.) La figure de la Constance mise au revers de ces médailles rappellerait le nom de leur auteur et équivaudrait à une signature. (*GM.*)

b. I, 51, 13. Médaille de SANTUCCI (GIROLAMO).

M. G. Milanesi serait disposé à donner cette médaille au sculpteur DOMENICO ROSSELLI de Roverzano (né en 1439 + 1497).

« Domenico est l'auteur d'un retable en marbre, que l'évêque Santucci fit exécuter, en 1481, dans la cathédrale de Fossombrone. On croira volontiers que le prélat ait confié au même artiste le soin d'exécuter aussi sa médaille. » (*GM.*)

LE MÉDAILLEUR A LA TENAILLE.

(I, p. 51.)

« Il y avait à Florence une famille Tanagli qui y exerçait l'*arte del setajuolo*, et qui était en rapport d'affaires avec Laurent le Magnifique. Peut-être l'un d'eux a-t-il fait faire cette médaille; peut-être aussi est-elle l'ouvrage d'un des membres de cette famille qui aurait exercé l'art de l'orfévrerie, tout en restant inscrit à l'art de la soie. » (*GM.*)

LODOVICO DA FOLIGNO

(I, p. 52.)

Son nom paraît pour la première fois en 1445. Il était alors à Ferrare.

ADDITIONS.

Les médailles de GALÉAS-MARIE SFORCE et de BONA DE SAVOIE, sa femme, que nous avons mentionnées, ne sont pas les seuls ouvrages de Lodovico da Foligno dont le souvenir se soit conservé.

Nous pouvons citer encore :

A. Une médaille de Sigismondo d'Este, seigneur de San Martino; né en 1433 + 1507.

Cette médaille est mentionnée dans une lettre de Lodovico par laquelle l'artiste en fait hommage à la commune de Reggio, et qui est conservée dans les archives de cette ville. (Umberto Rossi.)

B. Une médaille de Lionello d'Este.

Lodovico fit don de cette médaille à Borso d'Este en 1464.

C. Une médaille de Pietro de' Medici, fils aîné de Cosme l'Ancien.

Une lettre de Lodovico à Pierre de Médicis donne lieu de croire que Lodovico aurait pu faire la médaille de ce personnage. (*GM.*)

Cette dernière, — si elle a été exécutée, — pourrait être celle décrite II, 23, 4, seule médaille authentique de Pierre Ier de Médicis que nous connaissions; et si cette pièce appartenait réellement à Lodovico da Foligno, il faudrait lui donner aussi :

D. Une médaille de Giovanni de' Medici, frère de Pierre Ier, décrite II, 23, 5.

Les médailles des deux frères sortent, en effet, évidemment de la même main.

MAFFEO da Clivate (1)

ORFÈVRE MILANAIS

Il travaillait en 1470.

Maffeo da Clivate grava un double ducat d'or à l'effigie du duc de Milan, Galéas-Marie Sforce. Il grava également, d'après le portrait fait par son fils Ambrogio, un double ducat d'or à l'effigie de la duchesse Bona de Savoie. C'est ce que nous apprend une correspondance entre le duc et Antonio Anguissola, son trésorier général, en date de juin 1470, conservée aux Archives de Milan. (Voir la *Gazzetta numismatica* de Solone Ambrosoli, janvier 1884.)

Le double ducat d'or à l'effigie de Galéas-Marie Sforce, ouvrage de Maffeo de Clivate, est sans doute la pièce ci-après :

A. Dia. 31. « GALEAZ . MA . SF . VICECOMES . DVX .

(1) Ce médailleur nouveau se placerait à la page 52 du premier volume.

MLI . V. » — ℞ « PAPIE . ANGLE . Q . CO . AC . IANVE . DNS . ET . C. »

Au droit : Buste à droite de Galéas-Marie, tête nue, cheveux longs, cuirassé. — Au revers : Un lion tourné à gauche, la tête renfermée dans un casque à cimier sur lequel on lit la légende allemande, ICH . HOR, plusieurs fois répétée. Le lion est accroupi au milieu des flammes, et soutient de la patte droite le tison avec les seaux. En haut, à droite et à gauche du cimier, les lettres GZ-M. — Les légendes du droit et du revers sont en lettres gothiques. — Double ducat d'or. — *TN.*, Monn., XXXIV, 4. — *GN.*, XIII, 6. — Cabinet de France.

ZANETTO BUGATTO (1)

PEINTRE ET SCULPTEUR MILANAIS

Il travaillait en 1466 et 1470, et mourut en 1476.

La première mention que nous ayons des travaux de cet artiste se trouve dans des comptes du roi Louis XI. Il s'agit d'un payement fait « à Jehannet de Milan, peintre du duc de Milan, pour un tableau où sont tirés auprès du vif le feu duc de Milan (François Sforce) et son fils, à présent duc de Milan » (Galéas-Marie Sforce). — Voir *La Renaissance des arts à la cour de France*, par le comte de Laborde, t. Ier, p. 65.

En 1470, Zanetto eut à s'occuper de travaux plus en rapport avec l'art du médailleur, et dans des conditions assez exceptionnelles pour mériter des explications détaillées. Nous les tirons des documents publiés par M. Solone Ambrosoli dans la *Gazzetta numismatica*, janvier 1884. On y trouve plusieurs lettres très-curieuses du duc Galéas-Marie Sforce, dont la première est datée du 12 novembre 1470. Ce que ces lettres nous apprennent peut se résumer comme il suit :

Le duc Galéas-Marie voulait faire faire dix médaillons en or représentant d'un côté sa propre tête, de l'autre celle de sa femme Bona de Savoie, l'une et l'autre de grandeur naturelle, « comme les médaillons en marbre qui sont dans notre chambre ». Chaque médaillon devait être du poids de dix mille ducats. Le peintre Zanetto fut chargé d'en faire les modèles en plomb et de surveiller l'exécution en or, qui fut faite le 31 décembre 1470 par le bombardier Francesco de Mantoue.

---

(1) Ce médailleur nouveau se placerait à la page 52 du premier volume.

Les dimensions exactes de ces médaillons ne nous sont pas connues. On peut cependant s'en faire une idée en se rappelant que les têtes étaient de grandeur naturelle. De plus, ils sont assimilés aux médaillons en marbre qui sont dans la chambre du duc. Cela nous remet en mémoire les médaillons en marbre avec les têtes de grandeur naturelle de divers membres de la famille des Sforce, que l'on voit au Musée de Milan et dans plusieurs collections. La collection G. Dreyfus en possède deux : ceux de Jean-Galéas-Marie et de Ludovic. Le diamètre de ces médaillons en marbre est d'environ soixante centimètres. Telle devait être très-probablement la grandeur des médaillons en or de Zanetto; leur épaisseur ne devait pas être de moins de six ou sept millimètres pour atteindre le poids de dix mille ducats.

On ne sait si cette commande extraordinaire, qui représentait une dépense de cent mille ducats d'or, fut exécutée en totalité; toujours est-il qu'un des médaillons existait encore en 1495, puisqu'à la date du 6 novembre de cette année il fut apporté à la *Zecca* de Gênes pour être fondu. C'est ce que nous apprend un acte notarié que M. Gaetano Avignone a publié dans ses *Medaglie dei Liguri*, etc. Dans cet acte, la médaille est décrite comme il suit :

« Une médaille d'or sur un côté de laquelle est sculptée l'image de la tête, à partir des épaules, d'une femme, et autour l'inscription suivante :

A. « BONA . VICECOMES . DVCISSA . MEDIOLANI . QVINTA . EIVS . VXOR. »

« De l'autre côté de la médaille sont sculptés trois palmiers avec quatre lys. Au-dessus des arbres, on lit :

« BONA. — VICE . COMES. — DVCISA . MLI . QVINTA. — OPVS . ZANETI . PICT. » Et au-dessous : « MIT . ZAIT. »

Le médaillon, pesé par le peseur de la *Zecca*, se trouva être du poids de 113 livres génoises 1 once 12 deniers (soit environ 36 kilogr.). Sa valeur était de 10,288 ducats.

BALDASSARE Estense

(I, p. 52 et 53.)

En 1468, Baldassare Estense était au service du duc de Milan; à partir de 1469, on le trouve au service du duc de Ferrare. Les payements qu'il reçoit vont jusqu'en 1476; de là il passa à Reggio, où il était encore en 1493. Il était revenu à Ferrare en 1497, et figure de nouveau dans les comptes en 1498. Un document cité par Campori prouve qu'il vivait encore en 1504. Il dut mourir peu après.

CORADINI . M .

(I, p. 53.)

Cet artiste est sans doute le même que Lodovico Corradini, de Modène, *scultore de terre*, qui travaillait en 1471, à Ferrare, pour le duc Hercule Ier d'Este. (Voir *Rivista storica italiana,* 1886, p. 153.)

ADDITION.

FRANCE (CHARLES VIII, roi de), né en 1470, roi en 1483 + 1498.

A. Dia. 57. « CAROLVS . REX . FRANCORVM . CRISTIANISSIMVS . VIII. » — ℟ « OPVS . CORADINI . M. »

Au droit : Buste à gauche de Charles VIII, barbu, avec les cheveux longs, coiffé d'un bonnet descendant jusque sur les yeux; vêtement à collet de fourrure. — Au revers : Une bague ornée d'un diamant taillé en pointe. Au milieu s'épanouit une fleur accompagnée de deux feuilles qui s'enlacent à droite et à gauche autour de l'anneau. — Collection Gœthe, à Weimar.

Le revers, signé OPVS . CORADINI, et portant les emblèmes de la maison d'Este, a été fait incontestablement pour la médaille d'Hercule Ier, datée de 1472 (voir I, p. 53, 1); tandis que le buste de Charles VIII appartient à un artiste qui travaillait vingt-cinq ans plus tard. (Voir I, p. 105.) La réunion de ces deux faces constitue donc une médaille hybride dont l'existence ne peut s'expliquer que par l'erreur ou le caprice d'un fondeur.

G. T. F.

(I, p. 56.)

« Les initiales G. T. F. appartiennent peut-être à Girolamo Todeschini, mentionné par l'Anonyme Morelli pour les peintures qu'il avait exécutées chez le cardinal Grimani, à Venise. » (*GM.*)

OBSERVATION.

a. I, 57, 3. Médaille de Niccolo Marcello.

Le revers de cette médaille est emprunté à Antonio Marescotti, qui l'a fait pour la médaille de saint Bernardin. (Voir III, 5, *a*.)

BERARDI (Do)

(I, p. 58.)

« Ce nom paraît être celui du donateur de la médaille plutôt que celui de l'auteur. On trouve à Florence, en 1470, un Domino di Giov. Berardi, âgé alors de quarante-cinq ans. » (*GM.*)

ELIA DE IANUA (Battista)

(I, p. 61.)

RECTIFICATION.

a. I, 61, 2. Médaille de Scaglia.

Son prénom est Cosma et non Cosimo. G. Avignone (*Medaglie dei Liguri*) lit ainsi la légende du revers : EJVS . SEQVANT . QVE . SEQVIS.

SPERANDIO de Mantoue (Sperandio di Bartolommeo de' SAVELLI da Roma, dit)

SCULPTEUR, MÉDAILLEUR, ORFÉVRE ET PEINTRE

Né probablement vers 1430.

(I, p. 63 à 76.)

Les recherches faites récemment par les érudits italiens ont fait connaître deux documents importants pour l'histoire de Sperandio. Le premier, qui est dû à M. Malagola, résout d'une manière décisive la question relative au nom de famille de l'artiste; le second, découvert par M. A. Venturi, facilite la solution d'une autre question controversée, celle de l'époque de sa naissance.

1° Sur le nom de Sperandio :

On sait maintenant qu'un Sperandio de Mantoue, orfévre, sculpteur et peintre, travaillant en 1477, appartenait à la famille romaine des Savelli. Cela résulte d'un document publié en 1883 par M. Malagola (*Atti e memorie della reale deputazione di storia patria per le provincie di Romagna*). Le document est un acte notarié passé en juin 1477 entre Sperandio et le seigneur de Faenza, Carlo Manfredi. Il porte pour titre : « *Capitoli fra lo magnifico signor de Faenza e maestro Sperandio da Mantua.* »

Par ce traité, l'artiste s'engage à travailler pendant cinq années pour le seigneur de Faenza « en bronze, marbre, terre, dessins, plomb, peinture, orfévrerie, et généralement en tout ce qui concerne son métier ». Il y est désigné comme il suit : « *Magistrum Speraindeum quondam magistri Bertolomi de Savellis de Roma, olim habitatorem Mantue et modo Faventie.* »

Du titre et de la teneur de cet acte, on doit conclure que le Sperandio de' Savelli, orfévre, sculpteur et peintre, qui traitait en 1477 avec Carlo Manfredi, était connu sous le nom de Sperandio de Mantoue, soit qu'il fût né dans cette ville, soit à cause du long séjour qu'il y avait fait. Il ne nous paraît pas douteux que cet artiste ne soit identique avec notre médailleur qui signait du même nom de « Sperandeus Mantuanus » la médaille du Ferrarais Prisciani, faite en 1473 (voir I, 72, 35), et qui vers la même époque apposait la signature « Sperandeus de Mantua aurifex » au bas de la lettre au duc de Ferrare dont nous allons parler.

2° Sur l'époque de la naissance de Sperandio :

Une lettre de Sperandio, publiée par M. A. Venturi (*Kunstfreund*, 1885, p. 279), nous apporte d'intéressants renseignements sur cet artiste. Elle est adressée au duc de Ferrare, Hercule Ier d'Este, et accompagne la médaille de ce prince que Sperandio lui offre. (Sans doute la médaille I, 68, 20.) La date manque malheureusement à la lettre, ainsi qu'à la médaille; mais, selon toute probabilité, l'une et l'autre doivent être de 1472 ou 1473. Sperandio travaillait, en effet, à Ferrare à cette époque, ainsi que le prouvent les médailles qu'il fit pour deux Ferrarais, Bartolommeo Pendaglia et Prisciano, et qui portent ces dates. (Voir I, 72, 33 et 35.) Il résulte, d'ailleurs, des termes de la lettre, que cette médaille est le premier ouvrage que Sperandio ait fait pour le duc de Ferrare. Elle est ainsi antérieure à l'autre médaille, signée aussi de lui (voir I, 68, 21), qui nous montre les bustes affrontés d'Hercule Ier et d'Éléonore d'Aragon, médaille faite sans doute peu de temps après leur mariage, qui eut lieu le 3 juillet 1473. Né en 1431, le duc de Ferrare avait quarante-deux ans à cette époque; c'est à peu près l'âge qu'il porte sur les deux médailles. Si l'on regarde comme admis, — ce qui ne semble guère contestable, — que la lettre de Sperandio a été écrite en 1472 ou 1473, la question de la date de la naissance de l'artiste deviendra d'une solution plus facile. Sperandio, sollicitant la libéralité du duc, insiste sur ses besoins; il expose qu'il est chargé de famille et qu'il a trois filles à marier : si jeune qu'il ait pu se marier lui-même, on ne doit pas supposer qu'il eût moins d'une quarantaine d'années à l'époque où sa lettre a été écrite. La date de sa naissance devrait donc être reportée à 1430 environ. Cette date, qui concorde bien avec ce que nous connaissons des travaux de Sperandio, est difficile à concilier avec celle de 1528, que l'on regarde généralement comme la date de sa mort, mais à l'authenticité de laquelle nous avons de la peine à croire, ainsi que nous l'avons déjà dit (1).

ADDITION.

MÉDAILLE ATTRIBUÉE A SPERANDIO.

MANFREDI (Carlo II), né en 1439, seigneur de Faenza en 1468, dépossédé en décembre 1477 + 1484.

A. Dia. 74. « KROLVS . SECVNDVS . DE . MANFREDIS . FAVEN. » — Sans R/.

Nous renvoyons le lecteur à la page 68, n° 35 du deuxième volume, où

(1) La lettre de Sperandio étant intéressante à plus d'un titre, le lecteur nous saura gré d'en mettre le texte original sous ses yeux :

« Illu^me^ Princeps et Ex^me^ domine. Dux mi plus que Singularis perche glia molti anni sun stato cupido et desideroso servir vostra Inclita e ducal Signoria. E mai non me e aparso il tempo di atediar quella : Al presente gravato de in utile famiglia et de Tre figliole da marido, et non potento cum mia Virtu sovegnir me in ogni mio bixogno : per non essere la Virtu più in precio di quello che se sia : on per neccesita de li homini on per altre occurrente occupatione. Ma io deliberato non voler viver in questo mondo se non mediante il mio debile inzegno : hora a piedi de Vostra Ex^cia^ me ricomando Intimando a quella che le mie possessione piu non fructano gran facto zoe le virtu mie : et Ritrovo mi in mali Termini se vostra ducal Sig^a^ non me succore de qualche provisioncella : on de qualche dono che a vostra Signoria sera fama gaudio e contento cum pochissimo damno et a mi vostro fidelissimo Servidore un gran soccorso e bene. Aliter non ci posso stare : e dolme fino al core dover cerchare altri paesi non me ajutando vostra Signoria perche glia havea deliberato e stabelito Vivere e morire sotto lombra de Vostra Ex^cia^. Et per Ricordo di mei bisogni et affanni mando a vostra Sig^a^ la Imagine de Vostra Ex^cia^ La qual fara parangone di quella pocha virtu che sco essendo questa de le minime che sapia, Ricordandovi che sel non fusse il bisogno che io ho de continuar la Rubrica (de pane aquirendo) haria facto molto meglio : Et anche credo vostra Signoria il scapia per alcune mie operete che vi ho fatto apresentare da parte mia : Si che supplico a Vostra Ex^cia^ quella se digni haver mi per ricomandato nelle mie neccesita et per recscripto gracioso darmi aviso di quello ho a fare. Non altro a quella millies me Ricomando Ferrariae et etc.

Ex^cie^ V.

Femus Servitor Sperandeus de mantua aurifex habitans Ferrariae.

Illmo Principi et Exmo domino domino Herculi Duci Ferrariae, Mutine et Regii Marchioni estensis Rodigij que comiti Domino suo plus que Singulari. »

cette médaille était placée d'abord. Elle nous paraît être tout à fait à sa place ici. On sait qu'en juin 1477 Sperandio s'engagea, par traité, au service de Carlo II Manfredi pour la durée de cinq années. La chute de ce prince, le 9 décembre suivant, mit naturellement fin à cet engagement; mais, de juin à décembre, l'artiste n'avait pas dû rester inactif. C'est alors, sans doute, qu'il dut faire la présente médaille. Le style de la pièce ne contredit en rien l'attribution que nous en faisons à Sperandio.

OBSERVATIONS ET RECTIFICATIONS.

a. I, 65, 10. Médaille de Brognolo (Lodovico).

Ce personnage est probablement le même que le Mantouan Lodovico Brognolo, qui était à Rome comme agent du marquis Gian Francesco II de Gonzague, en 1494 et 1505. (Voir Gregorovius, *Lucrèce Borgia,* p. 166, et Bertolotti, *Artisti in relazione coi Gonzaga,* p. 171.)

b. I, 69, 24. Médaille de Carlo Grati.

Le nom de Carlo Grati figure sur la liste des *Anziani* de Bologne en 1477, 1484, 1500, 1502, 1510, 1516; aux trois dernières dates, c'est-à-dire en 1502, 1510 et 1516, il est gonfalonier. Le Carlo Grati de Sperandio est probablement celui de 1477 et 1484.

c. I, 70, 27. Médaille de Manfredi (Galeotto).

Le Musée de Faenza possède un exemplaire mieux conservé que le nôtre. On remarque sur la banderole du revers les traces des mots IVSTVS . VT, formant le commencement de la légende connue : « *Justus ut palma florebit.* » On y voit aussi dans la partie supérieure, au droit et au revers, une fleur à cinq feuilles que le percement d'un trou a fait disparaître dans la nôtre.

Cette médaille a été faite, sans doute, en 1477 ou 1478. Sperandio se trouvait alors à Faenza, par suite du traité passé avec Carlo Manfredi en juin 1477, dont nous avons parlé.

d. I, 72, 34. Médaille de Guido Pepoli.

Ce personnage figure pour la première fois parmi les *Anziani* de Bologne en 1467. Comme on n'y était pas admis avant l'âge de vingt-cinq ans, il devait être né au plus tard en 1442, et non en 1449.

e. I, 73, 39. Médaille de Ruffino (Simone).

Ruffino était Ferrarais, et non Milanais.

f. I, 74, 41. Médaille de Sarzanella (Antonio).

Il fut ambassadeur de Borso d'Este en Toscane du 23 juin 1451 au 20 avril 1453, y retourna diverses fois, et y séjourna en 1456 et 1463. (A. Venturi.)

BELLINI (GENTILE)

(I, p. 78.)

RECTIFICATION.

a. I, 78. Médaille de MAHOMET II.

Il faut lire : au droit, MOHAMETI, au lieu de MOHAMETI II; et au revers, BELLINVS, au lieu de BELENVS.

MELIOLI (BARTOLOMMEO)

(I, p. 79 à 81.)

Né en 1448 + 1514

ADDITIONS. — MONNAIES.

Des documents trouvés par M. Stefano Davari dans les archives des Gonzague nous font connaître que, vers 1492, Melioli fut chargé de la direction de la *Zecca* de Mantoue, et qu'il garda ces fonctions jusqu'à sa mort, arrivée en 1514. L'un de ces documents nous apprend notamment qu'en 1493 il fit les coins d'un ducat d'or à l'effigie de Gianfrancesco II. Ce ducat est très-probablement celui du Cabinet de France. En y joignant les monnaies d'argent décrites II, p. 98, 99 et 301, qui doivent appartenir aussi à Melioli, l'œuvre monétaire de ce maître se composera comme il suit :

A. Ducat d'or. Dia. 23. « FRANCISCVS . MAR . MANTVE . QVART. » — ℟ « D . PROBASTI . ME . ET . COGNOVISTI . M. »

Au droit : Buste à gauche. — Au revers : Un creuset. — Cab. de France.

B. Argent. Dia. 28. ℟ « SANGVIS . XPI . IHESV. »

Voir la description II, 98, 1.

C. Argent. Dia. 28. ℟ « D . PROBASTI . ME . ET . COGNOV . M. »

Voir la description II, 99, 2.

D. Argent. Dia. 34. ℟ « DIVINVM . DARE . HVMANVM . ACCIP. — LIBERALITAS. »

Voir la description II, 99, 3.

E. Argent. Dia. 32. ℟ « NON . IGNARA . MALI . MISERIS . SVCCVRRERE . DISCO. »

Voir la description II, 99, 4.

F. Argent. Dia. 28. ℟ « S . R . E . CONF. »

Voir la description II, 99, 5.

G. Argent. Dia. 24. ℟ « D . PROBASTI . ME . ET . COGNOVISTI . M. »

Voir la description II, 301, 2 *bis*.

T. R.

(I, p. 82.)

RECTIFICATION.

a. I, 82. Médaille de Pico della Mirandola.

Cette médaille est une restitution du seizième siècle. Elle appartient à un artiste qui travaillait vers 1585. On doit la réunir aux autres pièces qui portent la même signature, et qui sont décrites I, p. 286.

A. P. F.

(I, p. 82.)

« Les lettres A. P. peuvent désigner Antonio del Pollaiuolo, ou bien Andrea di Lionardo di Paolo Pieri, dit il Riccio, orfévre florentin, né en 1442 + 1517. » (*GM.*)

a. I, 82. Médaille de Vettori (Pietro).

La légende du droit de cette pièce doit se lire ainsi :

Petrus Victorius Florentinus Apud Serenissimam Regiam Franciae Majestatem Orator. (*GM.*)

NICCOLO FIORENTINO
(Niccolo di Forzore Spinelli, dit) (1)

MÉDAILLEUR FLORENTIN

(I, p. 83 à 89.)

Ce médailleur est mort à Florence en 1514, et non à Lyon en 1499, suivant la note rectificative que M. G. Milanesi a bien voulu nous communiquer. Nous ne savons rien des travaux de sa jeunesse, à moins qu'il ne faille le reconnaître dans le « Nicolas de Spinel » qui est mentionné, en 1468, dans les comptes des ducs de Bourgogne

(1) Le chapitre consacré à cet artiste dans notre premier volume doit être entièrement refondu. On y a confondu, en effet, trois artistes différents :

1° Niccolò di Forzore Spinelli, né à Florence en 1430. Il y mourut en 1514. Il avait épousé une Florentine.

2° Un Nicolas de Florence que l'on trouve en 1494 établi à Lyon, marié à la fille d'un orfévre français. Il mourut à Lyon en 1499.

3° Un médailleur italien, de nom inconnu, qui travaillait à la cour de Charles VIII à l'époque de l'expédition d'Italie.

comme ayant gravé les sceaux de Charles le Téméraire. Les seules dates relatives à ses travaux que nous connaissions sont celles de 1485 et 1492. On les voit sur deux des cinq médailles qui portent sa signature, et qui forment la seule partie authentique d'une œuvre probablement considérable.

Ces médailles authentiques se réduisaient, récemment encore, aux quatre pièces suivantes :

ESTE (ALFONSO I° D').

A. Dia. 71. « ALFONSVS . ESTENSIS. » — ℟ « OPVS . NICOLAI . FLORENTINI. — MCCCCLXXXXII. »

Voir la description I, 84, 1.

GERALDINI (ANTONIO).

B. Dia. 67. « ANTONIVS . GERALDINVS . PONTIFICIVS . LOGOTHETA . FASTORVM . VATES. » — ℟ « RELLIGIO . SANCTA. — OP . NI . FO . SP . FI. »

Voir la description I, 84, 2.

LECCIA (ANTONIO DELLA).

C. Dia. 89. « M° . ANTONIO . DE . LA . LECIA . FLO. » — ℟ « MERCVRIO. — NI . F . FLO. »

Voir la description I, 84, 3.

MEDICI (LORENZO DE'), surnommé IL MAGNIFICO.

D. Dia. 86. « MAGNVS . LAVRENTIVS . MEDICES. » — ℟ « TVTELA . PATRIE. — FLORENTIA. — OP . NI . F . S. »

Voir la description I, 85, 4.

ADDITION.

Aux quatre médailles dont il vient d'être question, une nouvelle pièce non moins authentique est venue se joindre récemment. Elle appartient au Cabinet impérial de Vienne. Celle-ci, également signée et datée, confirme pleinement les conjectures de M. G. Milanesi, en nous donnant en toutes lettres le nom de « Forzore », écrit seulement en abrégé sur les médailles connues jusqu'ici. Voici la description de cette pièce :

DUZIARI (SILVESTRO), évêque de Chioggia en 1480 + 1487.

E. Dia. 58. « SILVES . EPS . CLVGIEN. » — ℟ « VARIETAS — OPVS . NICOLAI . FORZORII . FLOREN . MCCCCLXXXV. »

Au droit : Buste à gauche de l'évêque, tête nue, chauve, sans barbe, vêtu d'une robe. — Au revers : Un globe placé sur un piédestal, sur la face duquel on lit le mot « VARIETAS ». — Cabinet impérial de Vienne. — Cette médaille a été reproduite par M. J. Friedlaender, ainsi que par M. Aloiss Heiss.

OBSERVATIONS.

a. I, 84, 1. Médaille d'ESTE (ALFONSO I° D').

Le revers de cette médaille est inspiré d'un camée antique du Musée de Naples, qui représente Jupiter dans un quadrige foudroyant les Géants.

M. A. Venturi nous fait connaître un document relatif à la même médaille, à la date de 1492 (précisément celle que porte la médaille). Il s'agit du payement de dix-huit lires fait à « *M° Niccolo Forzore di Spinelli da Fiorenza per havere composto una medaglia de arzento a lo illustrissimo don Alphonso* ».

b. I, 84, 2. Médaille de GERALDINI (ANTONIO).

Ce personnage était né à Amalia (États romains) en 1456. Il fut couronné poëte lauréat à l'âge de vingt-deux ans. (*GM.*)

c. I, 84, 3. Médaille de DELLA LECCIA.

Le prénom de ce personnage était Antonio di Biagio, et non Marc Antonio; l'M signifie Maestro. Il mourut à Corneto en 1510. (*GM.*)

MÉDAILLES ATTRIBUÉES A NICCOLO FIORENTINO.

Nous avions dressé (I, pages 85 et 89) deux listes de médailles attribuées à Niccolò Fiorentino : l'une contenant des pièces relatives à des personnages italiens; l'autre, celles concernant des personnages français. Il sera question plus loin de cette seconde liste.

Nous retiendrons seulement pour Niccolò Fiorentino la première liste, sans y apporter de modification, malgré les doutes que nous suggère un examen plus attentif. L'étude des médailleurs florentins de cette époque est encore mêlée de trop d'obscurités pour que l'on puisse se flatter d'arriver à quelque chose de définitif en fait d'attribution. Nous renvoyons donc le lecteur à la liste des dix-sept médailles comprises sous les numéros 5 à 21, en appelant seulement son attention sur les observations suivantes.

OBSERVATIONS ET RECTIFICATIONS.

d. I, 85, 7. Médaille de MICHELI (NICCOLO).

Le nom du personnage représenté sur cette médaille est :

PUCCINI (NICCOLO DI MICHELE), de Pescia. Il était né en 1450, et mourut en 1519 (*GM.*).

e. I, 86, 11. Médaille de MARIA POLIZIANA.

C'est très-probablement la « Madonna Maria », sœur de Politien, dont il est souvent question dans les lettres où celui-ci se plaint des exigences de sa famille.

f. I, 87, 14, 15, 16. Médailles de CATERINA RIARIO et d'OTTAVIANO, son fils.

Dans l'opinion de M. G. Milanesi, ces médailles pourraient être attribuées à DOMENICO DI BERNARDO CENNINI, orfévre florentin (né en 1452 + 1504), que l'on sait avoir été au service de Caterina Sforza Riario. (*GM.*)

g. I, 88, 17. Médaille de SALVIATI (BERNARDO).

Ce personnage était né en 1404. Il mourut en 1486. (*GM.*)

NICOLAS DE FLORENCE (1)

Orfévre italien qui travaillait à Lyon en 1494, et y mourut en 1499.

Cet artiste, dont nous devons la connaissance aux recherches de M. Natalis Rondot, est mentionné pour la première fois en 1494, à l'occasion des préparatifs qui se faisaient à Lyon pour l'entrée d'Anne de Bretagne, laquelle eut lieu le 15 mars de cette année. Les conseillers de la ville ayant décidé (le 19 février 1494) l'exécution d'une médaille dont cent exemplaires en or seraient offerts à la Reine, l'orfévre Louis Le Père et Nicolas de Florence, son gendre, furent chargés d'en graver les coins. Ils exécutèrent ce travail, et le prix leur en fut payé le 18 mars suivant. Cette médaille, d'un faible relief et d'un travail analogue à celui des monnaies, se distingue des monnaies françaises de cette époque par sa grandeur, et surtout parce qu'elle est la première sur laquelle on ait vu les effigies des souverains.

FRANCE (CHARLES VIII ET ANNE DE BRETAGNE, ROI ET REINE DE).

A. Dia. 42. « FELIX . FORTVNA . DIV . EXPLORATVM . ACTVLIT. — 1493. » — ℞ « R . P . LVGDVNEN . ANNA . REGNANTE . CONFLAVIT. »

Cette médaille, le seul ouvrage que nous connaissions de Nicolas de Florence, avait été placée par erreur dans l'œuvre de Niccolò Fiorentino. Nous renvoyons le lecteur à la description que nous en avons faite (voir I, p. 89, nº 24) d'après le bel exemplaire en or conservé au Cabinet national de France. Nous renvoyons surtout à la publication très-intéressante et très-circonstanciée dont cette pièce a été l'objet de la part de M. Natalis Rondot.

(1) Ce médailleur nouveau se placerait à la page 89 du premier volume.

LE MÉDAILLEUR ITALIEN
DE LA COUR DE CHARLES VIII (1)

Nous désignons sous ce nom l'auteur inconnu d'un groupe de médailles représentant le roi Charles VIII et plusieurs personnages de sa cour. Ces médailles, de facture évidemment italienne, sont contemporaines de l'expédition de Charles VIII en Italie. Elles ont été probablement exécutées, au moins en partie, en 1494, pendant le séjour que le Roi fit à Lyon avant de passer les monts (de mars à septembre). Trois au moins des personnages auxquels elles se rapportent s'y trouvaient avec le Roi. La présence de Béraud Stuart, seigneur d'Aubigny, et de Jean Dumas, seigneur de Lisle, est attestée par des actes datés de Lyon. Le maréchal des logis du Roi, Antoine de Gimel, dont la médaille est en partie la reproduction de celle de Jean Dumas, devait s'y trouver également. Une similitude de nom a fait croire à M. N. Rondot que Niccolò Fiorentino avait travaillé à Lyon à la même époque. Nous avons partagé cette erreur, trompé nous-même par l'analogie qui existe entre les médailles du groupe de Charles VIII et celles signées de Niccolò Fiorentino. On sait aujourd'hui que ce dernier n'est pas venu en France, et qu'il n'a rien de commun que le nom avec le « Nicolas de Florence » établi à Lyon. D'ailleurs, il n'y a pas de raison pour attribuer ces ouvrages à Nicolas de Florence, dont la manière, complétement différente, nous est connue par sa collaboration à la médaille faite pour l'entrée de la reine Anne de Bretagne à Lyon.

Quel que soit l'auteur des médailles du « groupe de Charles VIII », il est évidemment Italien, et a, comme tel, le droit de figurer dans notre ouvrage.

Les pièces que nous donnons à cet artiste sont celles dont se composait la liste des « Médailles de personnages français » attribuées à Niccolò Fiorentino (voir I, p. 89-91).

Nous allons suivre cette liste en reproduisant seulement les noms des personnages et les légendes des médailles, et renvoyant le lecteur au premier volume pour la description détaillée des pièces. Nous laissons de côté la médaille faite à Lyon par Nicolas de Florence, laquelle porte le nº 24 de la page 89.

FRANCE (CHARLES VIII, ROI DE).

A. Dia. 95. « KAROLVS . OCTAVVS . FRANCORVM . IERV-

(1) Ce médailleur nouveau se placerait à la page 89 du premier volume.

SALEN . ET . CICILIE . REX. » — ℟ « VICTORIAM . PAX . SEQVETVR. »

Voir la description I, 89, 22.

B. Dia. 40. « CAROLVS . VIII . FRANCORVM . IERVSAL . ET . SICIL . REX. » — Sans ℟.

Voir la description I, 89, 23.

DUMAS (JEAN) + 1495.

C. Dia. 88. « IO . DVMAS . CHEVALIER . SR . DELISLE . ET . DE . BANNEGON . CHAMBELLAN . DU . ROY. » — ℟ « PRESIT . DECVS. »

Voir la description I, 90, 25.

MATHARON DE SALIGNAC (JEAN).

D. Dia. 88. « IO . MATHAROM . D . DE . SALIGNACO . EQVES . IVRI . V . DOCTOR . COMES . PALLATINV. » — ℟ « CANBELLANVS . REGIVS . MAGNVS . IN . PROVINCIA . PRESIDENS . CONSILLIAR. — FIDES . SERVATA . DITAT. »

Voir la description I, 90, 26.

STUART (BÉRAUD).

E. Dia. 89. « BERAVD . STVAR . CELR . DE . LORDRE . DV . ROY . TRES . CRESTIEN . SEIGNR . DAVBIGN. » — Sans ℟.

Voir la description I, 90, 27.

BOURGOGNE (ANTOINE DE).

F. Dia. 87. « NVLI . NE . SI . FROTA. » — ℟ « NVLI NE . SI . FROTA. »

Voir la description I, 91, 28.

ADDITIONS.

Nous ajoutons à ce groupe les deux pièces suivantes, qui lui appartiennent sans aucun doute, autant par le style et la manière de l'artiste que par les personnages représentés.

BOURBON (GILBERT DE), comte de Montpensier, dauphin d'Auvergne, né vers 1445. Il suivit Charles VIII en Italie et y mourut en 1496.

G. Dia. 73. « GILBERTVS . DE . BORBONIO . COMES .

DELPHINVS . ALVERNIE . EX . REGIO . FRA . SANGVINE. » — Sans ℞.

Nous renvoyons, pour la description détaillée de cette médaille, au deuxième volume, page 84, nº 4, où elle a été placée par erreur.

GIMEL (Antoine de), conseiller et maréchal des logis du Roi Charles VIII.

H. Dia. 88. « ANTHOINE . DE . GIMEL . CONSEILIER . DV . ROY . CHARLES 8 TRES . CRETIEN . ET . MARESCHAL . DE . SES . L . » — ℞ « PRESIT . DECVS. »

Au droit : Buste à gauche d'Antoine de Gimel, sans barbe, avec une longue et épaisse chevelure, coiffé d'un bonnet. — Au revers : Gimel en armure, coiffé d'un bonnet, l'épée à la main, sur un cheval caparaçonné marchant à gauche.

Ce revers est une répétition de celui de la médaille de Jean Dumas, avec quelques modifications. Ces deux médailles sortent évidemment de la même main. — Collection du Musée Brera. — *AH*, IV, I.

LE MÉDAILLEUR A L'ESPÉRANCE

(I, p. 93 à 96.)

M. G. Milanesi regarde toujours comme certain que l'auteur des médailles qui portent la légende ISPERO . IN . DEO est le peintre florentin Sperandio di Giovanni, mentionné de 1472 à 1522.

ADDITIONS.

Deux nouvelles médailles avec le revers ISPERO . IN . DEO doivent entrer dans l'œuvre du médailleur à l'Espérance.

CAPPONI (Neri), fils de Gino, historien florentin, né en 1388 + 1457.

A. Dia. 63. « NERIVS . CAPONVS . FLOREN . GINI . FILI. » — ℞ « ISPERO . IN . DIO. »

Au droit : Buste à droite de Neri Capponi à l'âge d'environ cinquante ans, front découvert, cheveux longs, sans barbe. — Au revers : L'Espérance drapée, debout, tournée à gauche, les mains jointes, la tête levée vers le soleil. — Collection Feuardent. — Le droit de cette médaille doit être une restitution faite vers la fin du quinzième siècle.

MORELLI (Luigia Pio, femme de Bernardo), mariée en 1486.

B. Dia. 79. « LODOVICA . DE . PIIS . VXOR . BERNARDVS . MORELI. » — ℟ « ISPERO . IN . DEO. — AN XXIII. »

Au droit : Buste à droite de Luigia, les cheveux tombant en boucles sur la joue, avec petite coiffe à l'arrière de la tête; au cou, un collier; corsage montant. — Au revers : L'Espérance debout, tournée à gauche, les mains jointes, la tête tournée vers le ciel, d'où tombent des rayons. — Museo civico, à Bologne.

MÉDAILLES ATTRIBUÉES AU MÉDAILLEUR A L'ESPÉRANCE.

La figure de l'Espérance, qui caractérise les médailles que nous venons de décrire, reparaît, soit comme imitation, soit comme inspiration, dans plusieurs pièces qui pourraient appartenir au même artiste. Nous les réunissons à la suite de son œuvre.

BANDUCCI (Bernardo di Pietro), médecin florentin, né en 1452.

C. Dia. 85. « BERNARDVS . BANDVCCIVS. » — ℟ « CHARITAS . SPES . FIDES. »

Au droit : Buste à gauche de Banducci, coiffé d'un bonnet. — Au revers : Une femme debout, symbolisant les trois vertus théologales : la Foi, par le calice; la Charité, par l'enfant qui s'attache à elle; l'Espérance, par le rayon du ciel qui tombe sur elle. — Museo civico de Bologne. — Cette médaille a été déjà donnée, mais d'une manière incomplète, dans le deuxième volume, p. 74, nº 3.

CASTIGLIONE (Roberto di Dante), Florentin, né en 1464.

D. Dia. 34. « ROBERTVS . DANTIS . CASTELLIONENSIS . FLOR. » — ℟ « FIDES . CHARITAS . SPES. »

Au droit : Buste à gauche de Roberto, tête nue, cheveux longs. — Au revers : Une femme drapée, debout, tournée à gauche, symbolisant les trois vertus théologales. — Cabinet impérial de Vienne.

GREUDNER (Jean), chanoine de Brixen (Tyrol) † 1512.

E. Dia. 34. « IO . GREVDNER . IV . DOCTOR . PPOTS . BRIXN . 1502. » — ℟ « FIDES . CHARITAS . SPES. »

Au droit : Buste à droite de Jean Greudner, sans barbe, cheveux longs, coiffé d'une calotte. — Au revers : Une femme symbolisant les trois vertus théologales. — Cabinet impérial de Vienne.

MEDICI (Giovanni de'), depuis le pape Léon X, né en 1475; fait cardinal en 1489; élu pape en 1513 + 1521.

F. Dia. 85. « IOANNES . S . MARIE . IN . DOMINICA . DIACONI . CAR . DE . MEDICIS. » — ℟ « CHARITAS . SPES . FIDES. »

Au droit : Buste à droite de Jean de Médicis, sans barbe, cheveux courts, coiffé de la barrette, vêtu du camail. — Au revers : Figure de femme symbolisant les trois vertus théologales. — Collection J. C. Robinson, à Londres.

MEDICI (Giuliano I° de'), né en 1453, tué en 1478.

G. Dia. 90. « IVLIANVS . MEDICES. » — ℟ « NEMESIS. »

Au droit : Buste à gauche de Julien de Médicis, tête nue, cheveux longs et bouclés, vêtu d'une robe. — Au revers : Une femme drapée, marchant vers la droite, les cheveux flottants, la tête radiée; elle tient dans la main droite une coupe, et dans la gauche un mors de cheval. Ses pieds sont garnis de talonnières. — Collection Feuardent.

ROVERELLA (Filiasio), fait archevêque de Ravenne en 1476 + 1521.

H. Dia. 29. « FYLIAS . ROVERELLA . ARCHI . RAVENNAS. » — ℟ « FIDES . CHARITAS . SPES. »

Pour la description, nous renvoyons au deuxième volume, où cette médaille a été placée à tort. (Voir II, 45, n° 15.)

LE MÉDAILLEUR A L'AIGLE

(I, p. 96 à 98.)

OBSERVATIONS.

a. I, 96, 1. Médaille de Gaddi (Giovanni).

Ce personnage mourut en 1485.

b. I, 97, 4. Médaille de Macchiavelli (Pietro).

Ce personnage était né en 1460. Il mourut en 1519.

LE MÉDAILLEUR A LA FORTUNE

(I, p. 98 et 99.)

ADDITIONS.

BARBOLANO (Francesco).

A. Dia. 60. « FRANCISCVS . BARBOLANVS . COMES. » — ℞ « ABEO . SEMPER . FORTVNA . REGRESSVM. »

Au droit : Buste à gauche de Barbolano, sans barbe, coiffé d'un bonnet; longue chevelure tombant sur ses épaules. — Au revers : La Fortune nue, debout, les cheveux flottants, tournée à gauche, ses pieds posés sur un dauphin, tenant au-dessus de sa tête une voile gonflée par le vent. — Cabinet impérial de Vienne.

NICOLAI (Giuliano Daniele).

B. Dia. 63. « IVLIANI . DANIELLI . DE . NICHOLAI.—IHS. » — ℞ « ABEO . SEMPER . FORTVNA . REGRESSVM. »

Au droit : Buste à gauche de Giuliano Daniele, âgé, sans barbe, coiffé d'une calotte, cheveux longs, vêtu d'une robe. — Au revers : La Fortune debout, nue, tenant une voile comme dans la médaille précédente. — Museo civico, à Bologne.

OBSERVATIONS ET RECTIFICATIONS.

a. I, 98, 1. Médaille de Cigliamocchi (Lorenzo).

Ce personnage était Florentin, né en 1468 + vers 1512.

Les lettres L C M peuvent se lire : Lorenzo Ciglia Mochi, et donner lieu de penser que le personnage représenté sur la médaille en est aussi l'auteur. (*GM*.)

b. I, 98, 2. Médaille de Lucio (Lodovico).

Le personnage représenté sur cette médaille s'appelait Luti, et non Lucio. Il fut tué en 1498. (*GM*.)

c. I, 99, 3. Médaille de Salviati (Gianozzo).

Ce personnage était né en 1462.

d. I, 99, 4. Médaille de Vecchietti (Alessandro).

Ce personnage était Florentin, né en 1472 + 1532.

D P I

(I, p. 101 et 103.)

Ce médailleur pourrait être le Padouan Domenico Campagnola, peintre et graveur. Dans ce cas, la signature D P I pourrait se lire ainsi : « Dominicus Patavinus Incisit. » *(GM.)*

FRA An(tonio?) da Brescia

(I, p. 102 et 103.)

« Les médailles réunies sous ce nom peuvent appartenir à deux artistes différents. L'un, qui a signé la pièce n° 6 ainsi : FRA AN BRIX ME FECIT, devait s'appeler Frate Antonio da Brescia, ou Francesco Antonio, ou Francesco d'Antonio.

« L'autre, qui a signé FAB sur les pièces n°s 1 et 5, et OP FAB sur le n° 2, pourrait être Francesco Francia, et sa signature se lirait Francia Aurifex Bononiensis. » *(GM.)*

RECTIFICATION.

a. I, 102, 1. Il faut lire Morosini au lieu de Mavrocordato.

CORBOLINI (Lorenzo) (1)

Il était graveur de la monnaie romaine pendant les premières années du pontificat d'Alexandre VI, et mourut en 1499. Il eut pour successeur dans cet emploi Pier-Maria da Pescia. (Voir E. Müntz, *l'Atelier monétaire de Rome.*)

C'est probablement à Corbolini que l'on doit les trois monnaies d'Alexandre VI que nous allons décrire.

A. Dia. 40. « ALEXANDER . VI . PONT . MAX . BORGIA . VALENT. » — ℟ « MODICE . FIDEI . QVARE . DVBITASTI . — D . ADIVVA . NOS. »

Au droit : L'écusson des Borgia surmonté de la tiare et des clefs. — Au revers : Les Apôtres dans la barque, Jésus et Pierre sur la mer. — *TN., Monn.*, XXV, 12. — Monnaie d'or.

(1) Ce médailleur nouveau se placerait à la page 103 du premier volume.

B. Dia. 23. « PRINCIPES . APOSTOLORVM. » — ℞ « ALEXANDER . VI . PONT . MAX. »

Au droit : Les bustes des apôtres saint Pierre et saint Paul vus de face ; au-dessous, l'écusson des Borgia. — Au revers : Inscription sur le champ. — *TN.*, Monn. xxv, 13. — Monnaie d'or.

C. Dia. 28. « ALEXANDER . VI . PONT . MAX. » — ℞ « S . PETRVS . S. PAVLVS. — ROMA. »

Au droit : Les armes des Borgia surmontées de la tiare et des clefs. — Au revers : Les apôtres saint Pierre et saint Paul debout, vus de face. — *TN.*, Monn., xxv, 14. — Monnaie d'argent.

FRANCIA (Francesco Raibolini, dit)

(I, p. 103 et 104.)

Il mourut le 5 janvier 1517.

MONNAIES DE FRANCIA.

Après les monnaies de Bentivoglio, l'ordre chronologique amènerait, dans la liste des ouvrages de Francia, les monnaies de Jules II. Les premières en date seraient le ducat d'or et le bolognino d'argent jetés au peuple lors de l'entrée du Pape à Bologne en 1506. Au dire de Vasari, ces pièces étaient l'ouvrage de Francia. M. le docteur Luigi Frati, le savant directeur du Museo civico de Bologne, à qui nous devons de précieuses communications, a démontré d'une manière qui nous semble irréfutable que ces monnaies ne pouvaient appartenir à Francia (1). On ne pourrait, au reste, y reconnaître la main de ce grand artiste, ni sur le droit de ces pièces avec les armoiries de Jules II provenant de la monnaie romaine, ni sur le revers orné d'une figure de saint Pierre empruntée à une monnaie d'Alexandre VI. La pièce décrite au nº 5 de l'œuvre de Francia y a donc été placée à tort, et doit être rejetée parmi les ouvrages des médailleurs anonymes du premier quart du seizième siècle.

Par contre, il faut rendre à Francia les monnaies suivantes, qui doivent avoir été faites par lui en conséquence de la décision du sénat de Bologne du 19 novembre 1508, qui le chargea de graver les coins des monnaies de cette ville.

(1) Voir *Atti e memorie della R. Deputazione di Storia patria per le provincie di Romagna,* vol. de 1883, p. 474-487.

A. Dia. 26. « IVLIVS . II . PONTIFEX . MAXIMVS. » — ℞ « S . P . BONONIA . DOCET. »

Au droit : Buste à droite de Jules II, tête nue, sans barbe, vêtu de la chape. — Au revers : Saint Pétrone nimbé, vu de face, assis. Il tient de la main gauche sa crosse, et sur sa main droite le modèle de la ville de Bologne. Sous ses pieds est l'écusson du légat Francesco Alidosi. — Ducat ou sequin d'or. (Voir le n° 4 de la planche annexée au mémoire de M. L. Frati.)

B. Dia. 28. « IVLIVS . II . PONTIFEX . MAXIMVS. » — ℞ « S . P . BONONIA . DOCET. »

Au droit : Buste de Jules II, semblable au précédent. — Au revers : Même sujet que le revers de la médaille précédente; mais l'écusson sous les pieds du saint est celui de la ville de Bologne. — Jules d'argent. (Voir le n° 5 de la planche de M. L. Frati.)

C. Dia. 29. « IVLIVS . II . PONTIFEX . MAXIMVS. » — ℞ « BONONIA . DOCET. »

Au droit : Buste à droite de Jules II, tête nue, sans barbe, vêtu de la chape. — Au revers : Saint Pétrone nimbé, assis, vu de face, dans ses habits épiscopaux. Il tient la crosse dans la main gauche, et sur la main droite le modèle de la ville de Bologne. Auprès de lui, à droite, est l'écusson de la ville de Bologne ; à gauche, celui du légat Alidosi. — Collection A. Armand. — Cette monnaie d'argent avait été mise à tort dans notre deuxième volume, p. 112, n° 20.

Les fonctions que Francia remplissait à la Monnaie de Bologne ne durent pas cesser à la mort de Jules II, et il faut sans doute lui donner la belle monnaie de Léon X décrite II, p. 114, n° 32, avec les légendes suivantes :

D. Dia. 27. « LEO . X . PONTIFEX . MAXIMVS. » — ℞ « BONONIA . MATER . STVDIORVM. »

MÉDAILLES ATTRIBUÉES A FRANCIA.

Il faut mettre en première ligne les deux médailles de Jules II avec le revers « CONTRA . STIMVLVM . NE . CALCITRES »; seulement, leur ordre doit être interverti. La pièce n° 4, qui représente le Pape sans barbe, doit précéder celle n° 3, qui le représente barbu. (On sait que Jules II ne porta la barbe qu'à partir de la fin de 1510.) Contrairement à l'opinion de Venuti et de Cicognara, l'allusion menaçante du revers paraît être dirigée contre le duc de Ferrare, Alfonse Ier d'Este, plutôt que contre les Bentivoglio, ce qui placerait l'exécution de la médaille en 1510, époque de l'expédition contre Ferrare.

Suivant Vasari, le Francia fit les médailles de beaucoup de personnages. Aucune ne nous est connue avec certitude.

C'est donc à titre de conjecture seulement que nous présentons, après M. J. Friedlaender, comme pouvant être attribuées à Francia les médailles de Francesco Alidosi, Bernardo Rossi et Ulisse Musotti. Nous en ajoutons une quatrième, celle de Tommaso Ruggieri, dont la ressemblance avec la médaille de Musotti est telle que l'on ne peut douter que ces deux pièces ne sortent de la main d'un même artiste. Ces quatre médailles figuraient déjà dans notre deuxième volume, auquel nous renvoyons le lecteur pour compléter les descriptions, nous contentant de donner ici les noms des personnages et les légendes des médailles.

ALIDOSI (Francesco), fait cardinal en 1505, légat de Bologne en 1508. Il fut tué, en 1511, par le duc d'Urbin.

E. Dia. 62. « FR . ALIDOXIVS . CAR . PAPIEN . BON . ROMANDIOLAE . Q . C . LEGAT. » — ℟ « HIS . AVIBVS . CVRRVQ . CITO . DVCERIS . AD . ASTRA. »

Voir la description II, 116, 45.

ROSSI (Bernardo), comte de Berceto, né en 1462; fait évêque de Trévise en 1499. Il fut gouverneur de Bologne de 1519 à 1523 + 1527.

F. Dia. 66. « BER . RV . CO . B . EPS . TAR . LE . BO . VIC . GV . ET . PRAE. » — ℟ « OB . VIRTVTES . IN . FLAMINIAM . RESTITVTAS. »

Voir la description II, 105, 19.

MUSOTTI (Ulisse), jurisconsulte bolonais. Il est mentionné en 1508 et 1515.

G. Dia. 68. « VLIXES . MVSOTVS . I . D . ANT . FILIVS. » — ℟ « ORPHANVM . ET . ADVENAM . NO . DESTITVIT . PVPILIS . ET . VIDVE . FVIT . ADIVTOR. »

Voir la description II, 67, 29.

RUGGIERI (Tommaso), Bolonais. Mentionné en 1512 et 1521.

H. Dia. 72. « RVGERIVS . THOMAS . II. » — ℟ « MAGNAE . SPES . ALTERA . ROMAE. »

Voir la description II, 67, 30.

L'exemplaire que possède le Cabinet impérial de Vienne nous a fourni l'inscription du revers dont le sujet est la répétition de celui de la médaille de Musotti.

SI . F . P

(I, p. 105.)

Médaille de Charles VIII.

La même médaille se trouve dans la collection Goëthe, à Weimar, avec un revers signé « OPVS . CORADINI . M. », représentant une bague ornée d'un diamant taillé en pointe. Au milieu de la bague s'épanouit une fleur avec deux feuilles qui s'enlacent, à droite et à gauche, autour de l'anneau. Ce revers, que nous avons décrit I, p. 53, nº 2, comme faisant partie d'une médaille d'Hercule Ier d'Este, et qui est spécial à cette maison, n'a pu être accolé à la pièce de Charles VIII que par l'erreur ou la fantaisie d'un fondeur.

ROBBIA (L'UN DES DELLA)

(I, p. 105.)

Médaille de Savonarola.

Le même buste de Savonarola se rencontre, sans revers, accompagné de la légende « FR . HIERONIMS . SAVONAROLA . FERRIENSIS . ORD . PRÆDIC ». La double lettre Æ dénote une restitution du seizième siècle. — *AH.*, pl. VI, 6.

GIOVANNI DELLE CORNIOLE

(I, p. 105.)

a. I, 106. Médaille de Savonarola.

Cette médaille, dont le buste est tourné à gauche et non à droite, comme nous l'avons écrit à tort, paraît à M. G. Milanesi devoir être attribuée à Ambrogio della Robbia. Elle est, dit-il, comme style et comme exécution, trop inférieure à la célèbre cornaline de Giovanni delle Corniole, conservée dans la galerie de Florence. (*GM.*)

CANDID

(I, p. 106.)

a. I, 106, 2. Médaille d'Antonio Gratiadei.

Dans la légende de cette médaille, le personnage porte le titre de *Cesareus orator*. Serait-ce le même que l'Antonio Gratiadei, *scriptor apostolicus*, mentionné par Burchard en 1497, 1498 et 1499?

L . C .

(I, p. 107.)

« Peut-être, dit M. G. Milanesi, est-ce Lorenzo Corbolini, orfévre romain, lequel eut la charge de graveur de la monnaie romaine pendant les premières années du règne d'Alexandre VI. » *(GM.)*

CARADOSSO (Cristofano, et non Ambrogio Foppa, dit)

(I, p. 107 à 112.)

Né vers 1445 + au commencement de 1527.

Dans un document rapporté par M. Bertolotti (*Artisti veneti in Roma*, page 30), relatif à une contestation en 1521-23, on voit figurer comme arbitres les joailliers Cristofano Caradosso Milanese e Raffaele di Andrea Fiorentino. Si, comme il est très-probable, le bijoutier milanais est le même que notre orfévre-médailleur, le prénom d'Ambrogio donné à celui-ci par Vasari devrait être changé en Cristoforo ou Cristofano.

MÉDAILLES.

ADDITIONS.

BRAMANTE da Urbino.

A. Dia. 44. « BRAMANTES . DVRANTINVS. » — ℟ « FIDELITAS . LABOR. »

Voir la description II, 119, 61.

Cette médaille n'est qu'une copie légèrement modifiée de la pièce de Caradosso.

GONZAGA (Federigo II).

B. Dia. 52. « FE . II . MAR . MANTVÆ . V. » — ℟ « GLORIAM . AFFERTE . DOMINO. »

Voir la description II, 156, 4.

Une lettre de l'agent de Frédéric II, à Rome, en date du 26 septembre 1522, nous apprend qu'à cette époque Caradosso travaillait à cette médaille sur la commande du marquis (*GM.*). Il est probable que l'on doit également à Caradosso la monnaie d'argent faite d'après la même médaille, et décrite aussi II, 156, 5.

Galeas-Marie SFORCE.

C. Dia. 50. « GALEAZ . MA . SF . VICECOMES . DVX . MEDIOLANI . QVIT. 1470. » — ℟ « DVCALI . MAIESTAT . ASSERTOR . HVMANI . GENERIS . DECVS. — G — M. »

Pour la description de cette pièce, nous renvoyons à notre deuxième volume, p. 27, nº 5. Selon M. Friedlaender, cette médaille est un ouvrage de Caradosso. Ce serait alors un ouvrage de sa jeunesse. Si l'on s'en rapporte au dire de Cellini, qui lui donne près de quatre-vingts ans en 1523, Caradosso serait né vers 1445. Il n'avait donc pas plus de vingt-cinq ans en 1470.

Ludovic-Marie SFORCE, surnommé le More.

Nous joignons à ces additions un groupe de cinq médailles de Ludovic le More, placées précédemment dans le deuxième volume comme ouvrages d'artistes inconnus, et que M. J. Friedlaender attribue, non sans vraisemblance, à Caradosso. En voici la désignation sommaire. Nous renvoyons, pour la description détaillée, au deuxième volume.

Dia. 34. « LVDOVICVS . DVX . MLI . P . G . RESTITVTOR. »

D. 1er ℟ « ADVENTVS . MAX . CES . AD . SVANDAM . ITALIM. »

Voir la description II, 54, 3.

E. 2e ℟ « NEAP . REGNVM . II . SERVATVM . I . RESTITVTVM. »

Voir la description II, 54, 4.

F. 3e ℟ « SICMEAICO . DEI . DE . HOSTE . IN . ITALIA . GA. »

Voir la description II, 54, 5.

G. 4e ℟ « NOVARIA. »

Voir la description II, 55, 6.

H. 5e ℟ « ETHRVRIA. »

Voir la description II, 55, 7.

OBSERVATIONS ET RECTIFICATIONS.

a. I, 108, 4. Médaille de JULES II.

Nous avons tout lieu de croire que cette médaille est celle dont des exemplaires en or et en bronze furent placés par Jules II dans les fondations de Saint-Pierre de Rome, lors de la pose de la première pierre de cet édifice, qui eut lieu le 18 avril 1506.

Burchard et Paris de Grassis nous ont laissé des relations de cette cérémonie, à laquelle ils assistaient en leur qualité de maîtres des cérémonies. Nous en reproduisons la partie qui a rapport aux médailles. Voici ce que dit Burchard :

« Postquam posuit istum lapidem, muratores posuerunt in quodam vaso cooperto duas aureas medalias valoris ducatorum L, et sex vel plures de metallo cum facie Pape in cappa ab una parte, ab alia designum edificii prout in eo quod accepi. »

Paris de Grassis donne plus de détails; il s'exprime ainsi :

« Quidam faber argentarius attulit XII monetas novas sive medalias latas sicut est una ostia misse communis, grossas vero sicut costa unius gladioli communis, et ab una parte erat imago pape Julii cum his litteris videlicet :

« IVLIVS . LIGVR . SECVNDVS . PONTIFEX . MAXIMVS . ANNO . SVI . PONTIFICATVS . MDVI. »

« Et ab alia erat forma templi sive edificii quod volebat erigere cum litteris videlicet :

« INSTAVRATIO . BASILICE . APOSTOLORVM . PETRI . ET . PAVLI . PER . IVL . II . PONT . MAX. »

« Et inferius erat hoc verbum videlicet :

« VATICANVM. »

« Harum autem monetarum due erant auree que judicio meo, erant ponderis quelibet XX ducatorum, et alii X erant ex auricalco que omnes fuerunt posite in uno vasculo vili luto testaceo figulari (1). »

Les relations des deux maîtres des cérémonies sont d'accord sur un point important : c'est que les médailles placées dans les fondations de Saint-Pierre présentaient sur une face la tête du Pape, et sur l'autre le dessin du temple projeté. Quatre des dix-neuf médailles de Jules II que décrit Venuti remplissent cette condition; mais il faut renoncer à trouver sur aucune des dix-neuf médailles de Venuti les légendes rapportées par Paris de Grassis. On doit supposer que celui-ci, n'ayant pas les pièces sous les yeux, aura cité les légendes de mémoire, se contentant d'en reproduire le sens, ce qu'il a fait réellement, comme on s'en convaincra en comparant son texte à celui des légendes des quatre pièces dont nous allons parler. On sait que de pareilles inexactitudes ne sont pas rares chez les anciens écrivains, et, pour ne citer que les deux maîtres des cérémonies dont il s'agit, eux-mêmes nous en ont donné la preuve en nous présentant deux versions différentes de l'inscription de la première pierre, à la pose de laquelle ils assistaient.

Les quatre médailles que nous avons mentionnées comme ayant au droit

(1) Voir le *Diarium* de Burchard, édit. Thuasne, t. III, pages 422 et 423.

le portrait de Jules II, et au revers le dessin de l'église projetée, comprennent les deux grandes de Caradosso, n°s 2 et 4, et deux petites pièces, l'une (II, 111, 9) appartenant au Cabinet de France, l'autre appartenant au Museo civico de Bologne. C'est parmi ces quatre médailles que nous devons chercher celle dont des exemplaires furent placés dans les fondations de Saint-Pierre. Si l'on s'en rapporte au dire des auteurs du *Trésor de numismatique*, le choix doit s'arrêter sur la petite médaille du Cabinet de France dont nous venons de parler, et qui a été reproduite au *T. de N.*, méd. pap., pl. IV, n° 6. Nous croyons que cette indication est erronée, et nous en trouvons la preuve dans les relations des maîtres des cérémonies. Suivant Burchard, les deux médailles d'or représentaient une valeur de 50 ducats, soit 25 ducats chacune. De son côté, Paris de Grassis évalue chacune d'elles à 20 ducats. Or la pièce du Cabinet de France, qui est en argent, pèse 24 grammes; exécutée en or, elle atteindrait le poids de gr. 44,30, ce qui représente seulement douze ducats et demi. C'est beaucoup moins que les 20 ducats de Paris de Grassis et que les 25 de Burchard. On en doit conclure que la médaille placée dans les fondations était de plus grande dimension que celle désignée par le *Trésor de numismatique* comme ayant eu cette destination. Cela concorde, au reste, avec le dire de Paris de Grassis, qui compare la grandeur de la médaille à celle d'une hostie : « Sicut est una ostia misse communis. »

Ce qui vient d'être dit de la médaille du Cabinet de France s'applique également à celle du Museo civico de Bologne, laquelle ne diffère de la précédente que par le type de la tête du Pape.

Les deux petites médailles étant ainsi écartées, nous avons à examiner les deux grandes pièces, les numéros 2 et 4 de Caradosso.

Ces médailles, d'égales dimensions et ayant le même revers, diffèrent seulement l'une de l'autre par le costume que porte le Pape. Sur la première (n° 2), Jules II est représenté la tête nue, vêtu de la chape (pluviale); sur la seconde (n° 4), Jules II a la tête couverte de la calotte papale (camauro) et est vêtu du camail. Ce costume est celui que l'on voit au palais Pitti et aux Uffizi dans son célèbre portrait par Raphaël, et au Vatican dans la fresque de l'Héliodore. La relation de Paris de Grassis ne donne aucun renseignement quant au costume que le Pape portait sur sa médaille; mais Burchard nous fournit à cet égard une précieuse indication. Le Pape, dit-il, était représenté « in cappa ». Ce mot de « cappa », que l'on rencontre fréquemment dans les descriptions des cérémonies, est constamment employé par Burchard pour désigner le camail que portaient les cardinaux et le Pape lui-même; tandis que la chape est toujours appelée « pluviale ». Cette observation nous paraît décisive pour la solution de la question qui nous occupe, et nous autorise à conclure que si des exemplaires de la médaille mise dans les fondations de Saint-Pierre sont arrivés jusqu'à nos jours, nous en voyons un dans la pièce n° 4 de l'œuvre de Caradosso.

b. I, 109, 7. Médaille de Jean-Galéas-Marie Sforce.

Voici le passage de Lomazzo relatif aux Sforce :

« Giovanni Galeazzo..... fu di bellissimo profilo, di faccia e di corpo, non men bello, ed hebbe la zazzera bionda, siccome dimostra il suo ritratto di mano del Foppa, intagliato in una medaglia con quello di suo padre e di suo zio Lodovico, il quale fu di color bruno e però ebbe il sopranome di Moro..... » (*Trattato della pittura*, p. 633.)

c. I, 109, 9 et 10. Médailles de Ludovic et François Sforce et de Louis XII.

Ces deux médailles, qui se distinguent des précédentes par la faiblesse de leur relief, font partie d'une série que nous avons formée sous le titre de « Médailles à relief monétaire des ducs de Milan », et dont nous parlerons plus loin. Elles ne sont pas ici à leur place.

d. I, 110, 11 et 12. Médailles de Giangiacomo Trivulzio.

C'est sur le témoignage de Lomazzo que nous avons donné ces médailles à Caradosso. (Voir *Trattato della pittura.*)

MONNAIES DE CARADOSSO.

La note mise en tête de la liste des monnaies de Caradosso dans notre premier volume contient une grave erreur; c'est celle qui lui attribue des monnaies des papes Jules II et Léon X. — « On peut nettement affirmer, nous dit M. G. Milanesi, que ces monnaies ne sont pas de Caradosso. Il ne fit jamais partie des graveurs de la monnaie pontificale. Il faudrait plutôt les attribuer à Pier Maria da Pescia ou à Vittore Camelio, qui ont occupé cet emploi sous ces deux papes. » (*GM.*)

En conséquence, nous supprimerons la pièce de Léon X placée à la fin de notre liste des monnaies (I, p. 112, n° 22), qui se trouvera réduite aux pièces concernant les ducs de Milan.

Suivant M. J. Friedlaender, il faudrait attribuer à Caradosso toutes les monnaies portant l'effigie des princes de la maison des Sforce qui régnèrent à Milan depuis François Sforce jusqu'à Ludovic le More. Nous ne remonterons pas si haut. Il est difficile, en effet, d'attribuer à Caradosso les trois monnaies d'or de François Sforce (Gnecchi, pl. XI, n°s 7, 8 et 9), en supposant même, ce qui n'est guère probable, qu'elles aient été faites pendant la dernière année de son règne, c'est-à-dire en 1466. Né vers 1445, l'artiste n'avait alors que vingt et un ans environ, et, quel que fût son mérite, il ne devait pas jouir d'une notoriété suffisante pour aspirer à l'emploi de graveur de la monnaie ducale. Il est permis de croire qu'il ne l'occupa point non plus sous le règne de Galéas-Marie (1466-1476). Nous trouvons en 1470, dans une lettre de ce prince à son trésorier et dans la réponse de celui-ci (1), la preuve qu'il existait alors des doubles du-

(1) Voir *Gazzetta numismatica* de Solone Ambrosoli, janvier 1884.

cats d'or à l'effigie de Galéas-Marie, dont le dessin avait été fait et les coins gravés par Maffeo da Clivate. D'autres artistes, Lodovico da Foligno et Zanetto Bugatto, sont également mentionnés comme auteurs de portraits et de médailles du duc Galéas-Marie et de la duchesse Bona de Savoie. Il est probable que les mêmes artistes ont dû aussi graver les monnaies de Galéas-Marie, de sorte que le talent de Caradosso n'a dû s'exercer que sous les règnes de Jean Galéas-Marie et de Ludovic le More (de 1476 à 1500). Il continua sans doute ces fonctions pendant les premières années du règne de Louis XII, n'ayant quitté Milan qu'en 1505.

Les explications qui précèdent étaient nécessaires pour faire comprendre pourquoi la liste que nous donnons des monnaies de Caradosso ne commence qu'à Jean Galéas-Marie Sforce. Nous y apporterons seulement les additions et rectifications suivantes :

ADDITIONS.

Monnaie de Jean Galéas SFORCE.

I. Dia. 28. « IO . GZ . M . SF . VICECO . DVX . MLI . SX. » — ℞ « PP . ANGLE . Q3 . COS . 7C. »

Au droit : Buste à droite de Jean Galéas enfant, coiffé d'un bonnet en forme de calotte, cheveux longs tombant sur les épaules, cuirassé. — Au revers : L'écusson de Milan, surmonté de deux cimiers. — *TN.*, Monn., XXXIV, 13. — *GN.*, XV, 4. — Monnaie d'or; double teston.

Monnaies de Jean Galéas et Ludovic SFORCE.

J. Dia. 27. « IO . GZ . M . SF . VICECOMES . DVX . MLI . SX. » — ℞ « LVDOVICVS . PATRVVS . GVBNANS. »

Au droit : Buste à droite de Jean Galéas, tête nue, cheveux longs, cuirassé. — Au revers : Buste à droite de Ludovic, tête nue, cheveux longs, cuirassé. Monnaie d'argent. — Collection A. Armand.

K. Dia. 28. « IO . GZ . M . SF . VICECO . DVX . MLI . SX. » — ℞ « LVDOVICVS . PATRVVS . GVBNANS. »

Les bustes, au droit et au revers, sont semblables à ceux de la pièce précédente. Monnaie d'argent. — *GN.*, XVI, 2.

L. Même pièce que la précédente.

Ces pièces ne diffèrent guère qu'en ce que la seconde a VICECMES au lieu de VICECO. — *GN.*, p. 88, nº 8.

Monnaie de LUDOVIC SFORCE.

M. Dia. 28. « LVDOVIC . M . SF . 1497 . ANGLV . DVX . M . » — ℞ « PP . ANG . Q3 . CO . AC . IANVE . D. — L. V. »

Au droit : Buste à droite de Ludovic Sforce, tête nue, cuirassé. — Au revers : L'écusson de Milan (l'aigle et la guivre), couronné. Aux côtés sont les lettres L et V. — *GN.*, XVII, 5.

RECTIFICATIONS.

f. I, 111, 13. Monnaie de JEAN-GALÉAS et BONA.

Au revers, il faut lire DVCISA, et non DUISSA.

g. I, 112, 20. Monnaie de LUDOVIC.

Le buste de Ludovic est tourné à droite et non à gauche.

MÉDAILLES A RELIEF MONÉTAIRE
DES DUCS DE MILAN ATTRIBUÉES A CARADOSSO.

La médaille de François Sforce avec le revers « CLEMENTIA . ET . ARMIS . PARTA », qui fait le pendant de celle de Ludovic le More avec le revers « OPTIMO . CONSCILIO . SINE . ARMIS . RESTITVTA », n'est pas la seule pièce de restitution que Ludovic le More ait consacrée à la mémoire de ses prédécesseurs; on lui doit aussi, selon nous, une série de pièces qui paraissent avoir eu pour objet de légitimer l'usurpation des Sforce en réunissant sur une même médaille l'effigie de François Sforce avec celle de Jean-Galéas Visconti, premier duc de Milan (voir la pièce O), et de justifier aussi l'usurpation de Ludovic au préjudice de ses neveux en réunissant sur une autre médaille sa propre effigie avec celle de François Sforce (voir la pièce P). Cette série de pièces doit sortir d'un même atelier, qui serait celui de Caradosso. Nous les désignons sous le nom de médailles à relief monétaire des ducs de Milan. Elles tiennent de la médaille par leur grandeur, et de la monnaie par leur faible relief.

Les pièces dont se compose cette série sont exécutées sur un modèle uniforme, dont voici la description : Le diamètre est de quarante et un millimètres, comprenant un champ de vingt-deux millimètres de diamètre, sur lequel est l'effigie du personnage, et une bordure de neuf millimètres et demi de large. Cette bordure se compose de deux corps de moulures séparés par une frise de trois millimètres de large, sur laquelle la légende est écrite.

Il est facile de reconnaître ces pièces dans les collections et les recueils de médailles, et notamment dans l'ouvrage des frères Gnecchi, « *Le monete di Milano* », où elles figurent au milieu des monnaies des ducs de Milan. Elles s'en distinguent par leur grandeur, leur aspect uniforme et relativement moderne, et aussi par leurs légendes écrites en grands et beaux caractères romains, qui contrastent avec les légendes gothiques des monnaies. (Voir, par exemple, la planche VIII de l'ouvrage des Gnecchi.)

On connaît onze pièces de cette série, représentant les personnages suivants :

Jean-Galéas Visconti, 1er duc de Milan (1395-1402).
François Sforce, 4e duc — (1450-1466).
Galéas-Marie Sforce, 5e duc — (1466-1476).
Bona de Savoie, femme de Galéas-Marie Sforce.
Jean-Galéas-Marie Sforce, 6e duc — (1476-1494).
Ludovic-Marie Sforce, 7e duc — (1494-1500).
Louis XII, roi de France et duc de Milan (1500-1512).

Nous allons donner la description de ces pièces. On y remarquera que les portraits des personnages ont été constamment empruntés à leurs monnaies. Ainsi s'explique l'absence, dans cette série, des deuxième et troisième ducs de Milan, Jean-Marie Visconti (1402-1412) et Philippe-Marie Visconti (1412-1447), dont les monnaies ne portent pas d'effigie. Comme nous l'avons déjà dit, Caradosso, n'ayant quitté Milan qu'en 1505, a pu faire les monnaies de Louis XII, et ajouter à la série faite par ordre de Ludovic le More la médaille de son successeur.

Celle-ci est la dernière que l'on puisse attribuer à Caradosso; car, bien que son existence se soit prolongée jusqu'en 1527, il n'est pas supposable qu'après avoir quitté Milan, il ait pris part à l'exécution des pièces qui ont été exécutées sur le même modèle pour Maximilien Sforce (1512-1515), François Ier (1515-1522) et François II Sforce (1522-1535).

N. Dia. 41. « IO . GALEAS . V . C . DVX . MEDIOLANI . 7 . C. » — ℟ « PAPIE . ANGLERIE . Q . COMES . 7 . C. »

Au droit : Buste à droite de Jean Galéas Visconti, tête nue, sans barbe, cheveux lisses. — Au revers : La guivre couronnée. Pièce d'or. — *GN.*, pl. VIII, nº 1.

Le buste de Jean Galéas Visconti est emprunté à la lira d'argent de ce prince, que l'on voit au Cabinet de France et à celui de Turin. — *GN.*, pl. VIII, nº 2.

O. Dia. 41. « IO . GALEAS . V . C . DVX . MEDIOLANI . 7 . C. » — ℟ « FRANC . S . VICE . C . DVX . MEDIOLANI . 7 . C. »

Au droit : Buste à droite de Jean-Galéas Visconti, semblable au précédent. — Au revers : Buste à droite de François Sforce, tête nue, sans barbe, cuirassé. Pièce d'argent. — Cabinet de France. — *GN.*, XII, 1.

Le buste de François Sforce est emprunté au ducat d'or de ce prince. — *GN.*, pl. XI, n° 7.

P. Dia. 41. « FRANC . S . VICE . C . DVX . MEDIOLANI . 7 . C. » — ℟ « LVDOVICVS . M . SF . DVX . MEDIOLANI . 7 . C. »

Au droit : Buste à droite de François Sforce, semblable à celui de la médaille précédente. — Au revers : Buste à droite de Ludovic le More, tête nue, cheveux couvrant le front et le cou, cuirassé. — Pièce d'argent. — Cabinet de France. — *GN.*, p. 92, n° 6.

Cette médaille se trouvait précédemment I, p. 109, n° 9.

Q. Dia. 41. « GALEAZ . M . SF . VIC . CO . DVX . MEDLI . V. » — ℟ « PAPIE . ANGLE . Q3 . CO . AC . IANVE . DNS. »

Au droit : Buste à droite de Galéas-Marie Sforce, la tête nue avec les cheveux lisses et abondants couvrant le cou, cuirassé. — Au revers : Un lion tourné à gauche, accroupi au milieu des flammes, tenant dans la patte droite le tison auquel sont suspendus les deux seaux. Sa tête est couverte d'un cimier surmonté d'un haut plumet, avec la devise ICH . HOR (j'écoute). Sur le champ, à gauche, on lit GZ, et à droite, M. — Pièce d'argent. — *GN.* XIII, 10.

Le buste du droit et le sujet du revers sont empruntés exactement au double ducat d'or reproduit dans *GN.*, pl. XIII, n° 6, et qui se trouve au Cabinet de France. On remarquera que les légendes écrites en lettres gothiques sur la monnaie d'or sont reproduites sur la grande pièce d'argent en caractères romains. Cette monnaie d'or est probablement le double ducat, ouvrage de Maffeo da Clivate, dont il a été question plus haut.

R. Dia. 41. « GALEAZ . MARIA . SFORTIA . VICECOMES. » — ℟ « DVX — MLI — QVIN — TVS. »

Au droit : Même buste que sur la médaille précédente. — Au revers : L'écusson de Milan écartelé de l'aigle et de la guivre, surmonté de la couronne ducale accompagnée de deux branches, l'une de laurier et l'autre d'olivier. En haut, la tête de saint Ambroise entre les lettres S et A. De chaque côté de l'écusson, le tison enflammé portant les deux seaux. — Pièce en or, au Museo Patrio de Brescia; en argent, au Cabinet de France. — *GN.*, XIII, 5.

S. Dia. 41. « GALEAZ . M . SF . VIC . CO . DVX . MEDLI . V. » — ℟ « BONA . 7 . IO . GZ . M . DVCES . MELI . VI. »

Au droit : Buste de Galéas-Marie Sforce, semblable à ceux des deux pièces précédentes. — Au revers : Buste à droite de Bona de Savoie, voilée. — Pièce d'argent. — Cabinet de France. — *GN.*, XV, 1. — *JF.*, XXXVI, 10.

Le buste de Bona est emprunté au teston d'argent reproduit par *GN.*, XV, 2. — Cabinet de France.

T. Dia. 41. « IOANNES . GZ . M . SF . VICECO . DVX . MLI . SX. » — ℟ « PAPIE . ANGLE . Q3 . COMES . ET . CET. »

Au droit : Buste à droite de Jean Galéas enfant, coiffé d'un bonnet en forme de calotte, cheveux tombant sur les épaules, cuirassé. — Au revers : Un écusson écartelé d'un aigle et de la guivre, surmonté de deux cimiers. Pièce d'or. — *GN*., XV, 6. — *TN*., Monn., XXXIV, 14.

Le buste de Jean Galéas est emprunté au double teston d'or, reproduit dans *GN*., XV,5.

U. Dia. 41. « IO . GZ . M . SF . VICECOMES . DVX . MLI . SX. » — ℟ « LVDOVICVS. PATRVVS . GVBERNANS. »

Au droit : Buste à droite de Jean Galéas adolescent, tête nue, les cheveux couvrant le front et le cou, cuirassé. — Au revers : Buste à droite de Ludovic le More, tête nue, chevelure épaisse couvrant le front et le cou, cuirassé. — Pièce d'argent. — *GN*., XVI, 1. — Cabinet royal de Turin.

Le buste de Jean Galéas est emprunté au teston d'argent, reproduit dans *GN*., pl. XVI, n° 2.

V. Dia. 41. « LVDOVICVS . M . SF . DVX . MEDIOLANI . 7 . C. » — ℟ « DVX — MLI — OCT — AVS. »

Au droit : Buste à droite de Ludovic le More, tête nue, avec une chevelure épaisse couvrant le front et le cou, cuirassé. — Au revers : Écusson couronné, écartelé de l'aigle et de la guivre. De chaque côté, le tison et les seaux. — Pièce d'argent du Cabinet de France. — *GN*., XVII, 3.

On a déjà rencontré dans cette série le même buste de Ludovic réuni à celui de son père François Sforce. (Voir à la lettre P.)

Quant au revers, il est semblable à celui de la médaille de Galéas Marie, décrite plus haut à la lettre R. La seule différence consiste dans la ligne du bas. On y lit sur la médaille de Galéas Marie le mot QVIN — TVS, et sur celle de Ludovic le mot OCT — AVS.

On remarquera que Ludovic était le septième duc et non le huitième. L'erreur est imputable au fondeur, qui a employé pour Ludovic un revers appartenant à son fils Maximilien.

X. Dia. 41. « LVDOVICVS . M . SF . DVX . MEDIOLANI . 7 . C. » — ℟ « LVDOVICVS . DG . REX . FRANCOR. »

Au droit : Buste à droite de Ludovic le More, comme sur la médaille précédente. — Au revers : Buste à droite de Lous XII, les cheveux longs, coiffé d'un bonnet entouré d'une couronne; sur le champ, une fleur de lys de chaque côté de la tête. — *DP*., Monnaies et méd. ital. — Cabinet royal de Turin.

Cette pièce se trouvait précédemment I, p. 109, n° 10.

Y. Dia. 41. « LVDOVICVS . DG . REX . FRANCOR. » — ℟ « MEDIOLANI . DVX . ET . C. »

Au droit : Buste à droite de Louis XII, comme sur la médaille précédente. — Au revers : Écusson couronné écartelé de France et de Milan. — Pièce d'argent. — Cabinet de France. — *GN.*, XVIII, 5.

AGRIPPA (Giovan Guido)

(I, p. 112 et 113.)

a. I, 113, 1. Médaille du doge Loredano.

Au droit : Après LAVREDANVS, ajouter D. V.

GIOMETRA FE (1)

Cette inscription, qu'on lit au revers de la médaille suivante, donne peut-être le nom ou le surnom d'un médailleur qui aurait travaillé vers 1503.

BENTIVOGLIO (Giovanni II), né en 1443. Il gouverna Bologne de 1462 à 1506 + 1509.

A. Dia. 108. « IOANNES . BENTIVOLVS . SECONDVS . BONONIAI . PATER . PATRIAI. » — ℟ « NVDVS . AVXILIO . IPSE . MIHI . DVX . IPSE . MILES . PATRIAM . DEFNDI . CONSILIO . PSEVDOCESAREM . EXARMVI . FORTVNAM . LASSAVI . TROPHEV . HOC . PER. — GIOMETRAFE. »

Au droit : Buste à gauche de Jean II Bentivoglio, tête nue, sans barbe, cheveux longs et lisses, cuirassé, avec une sorte de cravate à nœud flottant. — Au revers : Jean II assis sur un trophée d'armes, tourné vers la droite. Il est vêtu à l'antique. Il tient de la main droite une épée nue, et dans la main gauche le modèle d'une ville (Bologne). A droite et à gauche s'élèvent des piliers portant les retombées d'arcs brisés. La figure semble être la reproduction de celle d'Alfonse V d'Aragon, que l'on voit au revers de la médaille de ce prince, par Cristoforo Geremia. (Voir I, 31, 1.) — Galleria Estense, à Modène.

Cette médaille, qui fait allusion à l'insuccès de l'entreprise de César Borgia sur Bologne en 1503, a été publiée par M. A. Venturi.

(1) Ce médailleur nouveau se placerait à la page 114 du premier volume.

CAMELIO (Vittore Gambello, dit)

(I, 114 à 117.)

Nous avons dit que Camelio fut fait en 1484 « *maestro delle stampe* » à la Monnaie de Venise. Il faut ajouter que, le 24 juin 1515, le pape Léon X l'appela à remplir les mêmes fonctions à la Monnaie romaine, conjointement avec Pier Maria da Pescia. (Voir Müntz, *Ateliers monétaires de Rome.*)

ADDITIONS.

Monnaies de LÉON X.

Dans l'impossibilité de préciser la part qui revient à chacun des graveurs parmi les monnaies de Léon X sorties de la Zecca de Rome, nous présenterons comme ouvrages faits en commun les trois pièces suivantes :

A. Dia. 33. « LEO . X . PONTIFEX . MAXIMVS. » — ℟ « LVX . VERA . IN . TENEBRIS . LVCET — ROMA. »

Double sequin d'or. Voir la description II, 114, 30.

B. Dia. 27. « LEO . DECIMVS . PONTIF . MAXIMVS. » — ℟ « PACEM . MEAM . DO . VOBIS. — ROMA. »

Teston d'argent. Voir la description II, 114, 31.

C. Dia. 27. « LEO . DECIMVS . PONT . MAX. — MARC. » ℟ « PETRE . ECCE . TEMPLVM . TVVM. »

Monnaie d'argent. Voir la description I, 112, 22.

Cette pièce était attribuée à tort à Caradosso.

Plaquette représentant un lion.

D. Dia. 53. « R. ANIM . V. — V . CAMELIO FA. » — Sans ℟.

Un lion debout, tourné à gauche; la patte droite de devant posée sur une boule. — Collection G. Dreyfus.

OBSERVATIONS ET RECTIFICATIONS.

a. I, 115, 4. Médaille avec le buste de Camelio (?) jeune.

Le droit de cette médaille a la signature « V . CAMELIO. »

La même médaille se voit au Musée de Parme, ayant pour revers Hercule nu portant un cerf sur ses épaules, qui forme le droit de la pièce décrite I, 117, nº 13.

b. I, 116, 10. Médaille du pape Jules II.

M. G. Milanesi doute que les lettres V . C qu'on lit au revers de cette médaille soient la signature de Camelio.

c. I, 117, 3. Plaquette signée V. Camelio.

L'Hercule nu portant un cerf qui vient d'être mentionné comme formant le deuxième revers de la médaille n° 4, se trouve aussi réuni au Mercure nu qui forme le premier revers de la même médaille n° 4. — Collection A. Armand.

PIER MARIA da pescia (Pier Maria SERBALDI, dit) (1)

GRAVEUR EN PIERRES FINES ET EN MONNAIES

Né à Pescia (Toscane) vers 1455. Il vivait encore en 1522.

Il obtint en 1499 (24 août) la place de graveur de la Monnaie romaine, vacante par la mort de Lorenzo Corbolini. Les termes du bref d'Alexandre VI qui lui confère cet emploi à vie, avec faculté de se faire remplacer, constatent sa prééminence sur les graveurs de coins de son temps. Pier Maria fut appelé aux mêmes fonctions, conjointement avec Vittore Camelio, par un bref de Léon X en date du 24 juin 1515. Tous deux étaient nommés à vie, avec les mêmes appointements. On trouve trace de ces payements, en ce qui concerne Pier Maria, aux dates de 1516, 1520 et 1522. — Il faut aussi en mentionner un en 1504, en raison d'un travail fait pour Pie III. (*GM.*)

Le pape ALEXANDRE VI.

Nous ne connaissons, en fait de monnaies de ce pape, que les trois pièces figurées au *Trésor de numismatique*. Ces pièces ne diffèrent en rien d'important de celles des papes précédents, et ne paraissent pas dignes de la haute réputation de Pier Maria da Pescia. Nous ne croyons pas nous être trompé en les attribuant à Lorenzo Corbolini.

Le pape LÉON X.

On a vu que Pier Maria da Pescia partagea avec Vittore Camelio les onctions de graveur de la *Zecca* romaine pendant le règne de Léon X, et nous avons, en parlant des travaux de ce dernier, décrit, sous les lettres *A*, *B*, *C*, trois monnaies qu'on peut regarder comme l'ouvrage commun de ces deux artistes. Nous ne pouvons que renvoyer le lecteur à ce qui en a été dit à la page précédente.

(1) Ce médailleur nouveau se placerait à la page 117 du premier volume.

LE MÉDAILLEUR MANTOUAN
DE 1506 (1)

Dans un article du *Jahrbuch der Kunsthistorischen sammlungen des Allerhochsten Kaiserhauses* (t. IV, p. 4), M. le docteur Frédéric Kenner parle d'un médailleur mantouan qui travaillait à la Monnaie de Hall (Tyrol) en 1506, et qui grava un coin avec les portraits de l'Empereur et de l'Impératrice, ayant au revers la Madone.

M. le docteur Robert von Schneider, à qui nous devons déjà de nombreuses et importantes communications relativement aux médailles du Musée impérial de Vienne, en nous signalant cet article du *Jahrbuch*, a bien voulu nous procurer les moulages des pièces attribuées à cet artiste.

ALLEMAGNE (MAXIMILIEN Ier, empereur d'), né en 1459; élu empereur en 1495 + 1519.

SFORZA (BIANCA MARIA), seconde femme de Maximilien Ier, mariée en 1494 + 1510.

A. Dia. 40. « MAXIMILIANVS . RO . REX . BLANCA . M . CONIVGES . IV. » — ℟ « ESTO . NOBIS . TVRRIS . FOR . AFACIE . INIMICI. »

Voir la description détaillée de cette pièce, II, 131, 2.

B. Dia. 27. « MAXIMILIANVS . RO . REX . ET . BLANCA . M . CONIVGES . IV. » — ℟ « ESTO . NOBIS . TVRRIS . FOR . AFACIE . INIMICI. »

Au droit : Bustes à droite superposés de Maximilien Ier et de Blanche-Marie. — Au revers : La Vierge assise, allaitant l'Enfant Jésus. — Cette monnaie est une réduction avec relief monétaire de la médaille précédente. — Cabinet impérial de Vienne.

C. Dia. 28. « MAXIMILIANVS . ROMANOR . REX . ETC. » — ℟ « MONETA . NOVA . COMITAT . TIROLIS. »

Au droit : Buste à gauche de Maximilien Ier, coiffé d'un bonnet, cheveux longs et lisses, cuirassé. — Au revers : L'aigle couronnée. — Monnaie. — Cabinet impérial de Vienne.

(1) Ce médailleur nouveau se placerait à la page 117 du premier volume.

LE MÉDAILLEUR A L'AMOUR CAPTIF

(I, p. 118 et 119.)

ADDITION.

ALFONSO I° D'ESTE et LUCREZIA BORGIA.

A. Dia. 56. « ALFONSVS . ESTENSIS. » — ℟ « LVCRETIA . ESTN . DEBORGIA . DVC. »

Cette médaille, placée précédemment II, p. 89, n° 2, où l'on en verra la description détaillée, doit entrer dans l'œuvre du médailleur à l'Amour captif, où elle se placera à la suite de la pièce n° 3. Les bustes de Lucrèce, que l'on voit sur ces deux médailles, étant absolument semblables, les deux pièces sortent évidemment de la même main.

OBSERVATION.

a. I, 118, 1 et 2. Médailles de JACOPA CORRIGIA et MADDALENA ROSSI.

« Les lettres P — M peuvent signifier *Pier Maria* et fournir le nom soit de l'auteur de la médaille, soit du donateur qui l'a fait exécuter. — Comme auteur, on peut nommer Pier Maria da Pescia. — Comme donateur, M. G. Milanesi a pensé à Pier Maria Rossi le jeune, comte de San Secondo, dont on a vu la médaille I, 43, 3. » (*GM.*)

GIAN CRISTOFORO ROMANO (1)

ORFÈVRE, SCULPTEUR ET MÉDAILLEUR

Il travaillait en 1507 + vers 1523.

Nous devons à M. Bertolotti (*Artisti in relazione coi Gonzaga*) le document qui nous a fait connaître Gian Cristoforo comme médailleur. C'est une lettre du 24 octobre 1507, adressée à la marquise de Mantoue, Isabelle d'Este, par Giacomo d'Atri, son ambassadeur à Naples. Dans cette lettre sont mentionnées trois médailles relatives aux personnages suivants :

1° ESTE (ISABELLA D'), femme du marquis Gianfrancesco II de Gonzague, née en 1474; mariée en 1490 + 1539.

2° ARAGONA (ISABELLA D'), femme de Jean Galéas-Marie Sforce, née en 1470; mariée en 1489 + 1524.

(1) Ce médailleur nouveau se placerait à la page 119 du premier volume.

Le pape Jules II.

A la manière dont s'exprime Giacomo d'Atri, on ne peut douter que ces trois médailles ne soient l'ouvrage de Giancristoforo. Au reste, le doute. s'il s'en élevait, ne pourrait subsister après l'examen des pièces, tant la similitude du travail s'y fait sentir. Cette similitude est surtout remarquable dans les revers. Celui de la médaille de Jules II avait particulièrement frappé Giacomo d'Atri. Il en parle avec admiration : « *Un reverso tanto eccellente con due figure e un sacrificio.* » Guidé par cette description, nous n'avons pas eu de peine à trouver la pièce de Giancristoforo parmi les nombreuses médailles de Jules II. Pour les deux princesses, nous n'avions pas le choix. Nous ne connaissons, en effet, qu'un seul type pour chacune d'elles, et les revers offrent la plus grande ressemblance entre eux, aussi bien qu'avec celui de la médaille de Jules II. Nous ne pouvons donc pas nous tromper en donnant à Giancristoforo Romano les médailles suivantes, déjà décrites dans le deuxième volume, et dont nous rappelons seulement les légendes.

A. Dia. 39. « ISABELLA . ESTEN . MARCH . MA. » — ℟ « BENE MERENTIVM . ERGO. »

Voir la description II, 99, 6.

B. Dia. 47. « ISABELLA . ARAGONIA . DVX . MLI. » — ℟ « CASTITATI . VIRTVTIQ . INVICTAE. »

Voir la description II, 54, 1.

C. Dia. 43. « IVLIVS . II . LIGVR . SAON . PONT . MAX. » — ℟ « IVSTITIAE . PACIS . FIDEIQ . RECVPERATOR. »

Voir la description II, 110, 6.

Ces trois médailles ont été publiées par M. Prosper Valton dans la *Revue de numismatique*, 1885.

RICCIO (Andrea Briosco, dit)

(I, p. 120 et 121.)

a. I, 121, 4. Médaille d'Elisabetta Quirini.

Elisabetta était fille du Vénitien Francesco Quirini. Elle épousa Lorenzo Massolo. (*GM.*)

ⵁ . F

(I, page 122.)

Ce monogramme est formé par la réunion des lettres I et O, appartenant à un Ioannes. Peut-être est-ce Giovanni Zacchi, que l'on trouve I, 243, avec une autre médaille d'Andrea Gritti. (*GM.*)

GIOVAN ANTONIO da Foligno (1)

GRAVEUR DE MONNAIES

Il travaillait à la Monnaie de Ferrare en 1505 et 1522.

ESTE (Alfonso I° d'), troisième duc de Ferrare.

A. Dia. 28. « ALFONSVS . DVX . FERRARIAE . III. » — ℟ « DE . FORTI . DVLCEDO. »

Au droit : Buste à gauche d'Alphonse Ier d'Este, tête nue, barbe naissante, cheveux longs, cuirassé. — Au revers : Un jeune homme nu, casqué, assis et tourné à gauche, tenant une tête de lion autour de laquelle voltigent des abeilles. — Monnaie d'argent. — *AH.*, 5e livr., pl. V, n° 4.

Cette pièce est mentionnée par Cittadella comme faite en 1505. — On la trouvera aussi II, p. 91, n° 11.

B. Dia. 27. « ALFONSVS . DVX . FERRARIAE . III. » — ℟ « QVE . SVNT . DEI . DEO. »

Au droit : Buste à gauche d'Alphonse Ier d'Este, tête nue, barbe naissante, cheveux longs, cuirassé. — Au revers : Deux personnages drapés, debout, savoir : le pharisien, vu de profil, présentant une pièce de monnaie à Jésus-Christ nimbé, vu de face. — Monnaie d'or de deux ducats faite en 1505. — Cabinet de France, — *AH.*, 5e livr., pl. V, n° 9.

C. Dia. 28. « ALFONSVS . DVX . FERRARIAE . III. » — ℟ « DE . MANV . LEONIS. »

Au droit : Buste à gauche d'Alphonse Ier d'Este, tête nue, barbu, cheveux courts, cuirassé. — Au revers : Un berger courant vers la gauche, portant un agneau qu'il vient d'arracher à un lion qui l'emportait. — Monnaie d'argent faite en 1522. — *AH.*, 5e livr., pl. V, n° 10.

(1) Ce médailleur nouveau se placerait à la page 121 du premier volume.

D. Dia. 27. « ALFONSVS . DVX . FERRARIE . III. » — ℞ « INVOCASTI . ME . LIBERAVI . TE. — EZECHIAS. »

Au droit : Buste à gauche d'Alphonse Ier d'Este, tête nue, barbu, cheveux courts, cuirassé. — Au revers : Le roi Ézéchias tourné vers la droite, agenouillé. — Monnaie d'argent de 1522. — *AH.*, 5e livr., pl. V, n° 13.

TEPERELLI (Francesco Mario)

(I, p. 123.)

a I, 123. Médaille de Virunio.

Le nom du personnage représenté sur cette médaille est : Lodovico da Ponte de Bellune, dit Pontico Virunio. Il était historien et érudit. (*GM.*)

LE MÉDAILLEUR VÉNITIEN DE 1523

(I, p. 124 et 125.)

ADDITIONS.

MAGGI (Roberto), jurisconsulte de Brescia. Il vivait en 1522.

A. Dia. 79. « ROBERTVS . MAGIVS . DIVINI . HVMANIQ . IVR . CON . PROT . APO. » — ℞ « LABORE . INGENIO . ET . PROBIT. — MDXXII. »

Cette médaille, de la collection Goëthe, à Weimar, a été déjà décrite. (Voir II, p. 129, 11.)

ZANTANI (Leonardo), fils d'Antonio.

B. Dia. 69. « LEONARDVS . ZANTANI . ANTONII . F . AN . XLVII. » — ℞ « PERPETVITATI . D. »

Au droit : Buste à droite de Leonardo, tête nue, chevelure longue et épaisse, sans barbe. — Au revers : Le Phénix, les ailes déployées, debout sur un bûcher. — Collection Douglas, à Glasgow.

OBSERVATION.

a. I, 124, 1. Médaille de Loredano.

Jacopo Loredano eut une main brûlée en défendant contre les ennemis le château de Brisighella. Le revers de cette médaille fait allusion à cet événement. (*GM.*)

POMEDELLO (Giovan Maria)

(I, p. 125 à 129.)

ADDITION.

MÉDAILLE ATTRIBUÉE A POMEDELLO.

MAXIMILIEN Ier ET CHARLES-QUINT.

A. Dia. 64. « MAXIMILIANVS . CAESAR. » — ℞ « KAROLVS . REX . CATOLICVS. »

Au droit : Buste à droite de Maximilien Ier, cheveux longs, coiffé d'un bonnet. — Au revers : Buste à gauche de Charles-Quint jeune, imberbe, cheveux longs, coiffé d'un bonnet. — *VM.*, II, 46. — *NC.*, 1881, pl. XIV.

L'attribution de cette médaille à Pomedello est due à M. T. W. Greene.

OBSERVATIONS ET RECTIFICATIONS.

a. I, 126, 2. Médaille de Canossa (Lodovico).

Il est très-vraisemblable, vu l'allusion du revers, que le personnage représenté sur cette médaille appartient à la famille Canossa; mais il faut renoncer à y voir l'évêque de Bayeux. Cette médaille appartient au Cabinet impérial de Vienne.

b. I, 127, 7. Médaille de Stefano Magno.

Ce personnage était né peu après 1499. Il mourut en 1572.

LOMBARDI (Alfonso Cittadella, dit Alfonso)

(I, p. 129.)

Il mourut en 1537.

ADDITIONS.

MÉDAILLES ATTRIBUÉES A ALFONSO LOMBARDI.

A. Médaille de Colonna (Giulia Gonzaga, veuve de Vespasiano).
B. Médaille de Medici (le cardinal Ippolito de').
C. Médaille de Molza.
D. Médaille du pape Paul III.
E. Médaille de Tebaldeo.

Ces médailles nous sont inconnues. Leur attribution à Alfonso Lombardi repose sur des documents que M. G. Milanesi veut bien nous indiquer. Les plus importants sont deux lettres d'Alfonso adressées au duc de Mantoue, Frédéric II de Gonzague. L'une, du 6 mai 1536, nous fait connaître qu'il avait fait une médaille de Paul III; d'après l'autre, on peut conjecturer qu'il a fait les médailles de Molza, de Tebaldeo et du cardinal Hippolyte de Médicis. C'est par ordre de ce même cardinal qu'Alfonso aurait fait la médaille de Giulia Gonzaga. (*GM.*)

SANTACROCE (GIROLAMO) (1)

ORFÈVRE ET SCULPTEUR NAPOLITAIN

Né en 1498 + 1533.

SANNAZARO (JACOPO), poëte napolitain, né en 1458 + 1530.

A. Dia. 35. « ACTIVS . SYNCERVS. » — ℟ Sans légende.

Cette médaille avec ses deux revers, l'un faisant allusion à la Nativité, l'autre au couronnement d'un homme (Sannazar?), a été décrite dans le deuxième volume (II, 60, 10 et 11). Son attribution à Girolamo Santacroce résulte d'une lettre adressée en 1524 par l'historien napolitain Summonzio à Marcantonio Michieli, et publiée par E. Cicogna. (*GM.*)

TORRE (GIULIO DELLA)

(I, p. 129 à 135.)

ADDITION.

MAZZA (PIERO).

A. Dia. 60. « PIERO . MAZZA. — TVRR. » — ℟ Sans légende.

Au droit : Buste à gauche d'un adolescent à cheveux longs, coiffé d'un bonnet. — Au revers : Un jeune homme nu monté sur Pégase galopant vers la droite.

Cette médaille, placée précédemment parmi les pièces attribuées à Giulio della Torre, appartient réellement à cet artiste, comme le prouve la signature mise sur le droit. — Le revers est le même que celui de la médaille n° 13 du même artiste.

---

(1) Ce médailleur nouveau se placerait à la page 129 du premier volume.

OBSERVATIONS ET RECTIFICATIONS.

a. I, 131, 8. Médaille de GIANBATTISTA GONFALONIERI.

Sur cette médaille, Gianbattista Gonfalonieri ne paraît pas avoir plus de vingt-cinq ans. Il serait né, par conséquent, dans les premières années du seizième siècle. Il ne doit pas être confondu avec un personnage du même nom, né en 1484. C'est probablement à ce dernier que doivent s'appliquer les renseignements donnés par Mazzuchelli à l'occasion de la médaille ouvrage de Giulio della Torre.

b. I, 132, 11. Médaille de SAN BONIFACIO.

Le buste de ce personnage est tourné à gauche, et non à droite.

c. I, 134, 24. Médaille de PIERO MAZZA.

Une meilleure épreuve de cette médaille nous y a fait reconnaître la signature de Giulio della Torre, et nous a permis de la faire entrer dans son œuvre.

BERNARDI (GIOVANNI) DA CASTEL BOLOGNESE

(I, p. 137 à 139.)

Giovanni Bernardi remplaça Cellini à la Monnaie de Rome (1534) en même temps qu'un certain Tommaso Perugino, surnommé probablement Faggiuolo. Les payements se font au nom des deux artistes jusqu'en octobre 1538. En 1541 reparaissent les payements au nom de Bernardi; ils se suivent régulièrement jusqu'en décembre 1545. (Bertolotti, *Artisti lombardi in Roma.*)

On connaît de cet artiste un certain nombre de plaquettes qui sont des empreintes de gravures sur pierres dures ou sur cristal de roche. M. E. Molinier en a décrit trente. (Voir son ouvrage sur les *Plaquettes*, t. II, p. 1 à 13.)

MOSCA (GIOVANMARIA)

(I, p. 139 et 140.)

a. I, 139, 1. Médaille de SIGISMOND Ier et de BONA SFORCE.

Bona Sforce était née en 1493, et non en 1500.

MODERNO

(I, p. 140.)

Un document, à la date de 1548, contient la mention suivante : « Domino Johanni Guerino moderno alme urbis zeccherio. »

M. Müntz, à qui l'on doit la connaissance de ce document, en conclut que le nom de notre graveur pourrait être Giovanni Guerino. M. G. Milanesi serait plutôt disposé à croire que le mot *moderno* est employé ici dans le sens de « actuel, présent ». *(GM.)*

Voir pour les plaquettes de Moderno l'ouvrage de M. E. Molinier sur les *Plaquettes*, t. Ier, p. 112 à 156.

PRATO (Francesco di Girolamo dal)

(I, p. 140 et 141.)

Le nom de famille de ce médailleur était Ortensi. Il était né en 1512. *(GM.)*

CAVALLERINO (Niccolo)

(I, p. 141 et 142.)

ADDITIONS.

A. CHARLES-QUINT.

On lit dans Vedriani (*Raccolta de' pittori, scultori ed architetti modenesi*) que Cavallerino fit une médaille d'argent de l'empereur Charles-Quint, et la lui présenta lorsqu'il passa à Modène en allant se faire couronner à Bologne. (*GM.*)

MÉDAILLES ATTRIBUÉES A CAVALLERINO.

« La comparaison des médailles suivantes avec la médaille n° 1 de Guido Rangoni fait ressortir entre ces pièces, tant au point de vue du faire que dans les signes purement matériels, tels que la grandeur, la lettre, le grenetis, la feuille de lierre, une ressemblance assez caractérisée pour motiver leur attribution à Cavallerino. » (Note de M. Umberto Rossi.)

Les médailles que M. U. Rossi nous signale comme pouvant être, avec grande vraisemblance, attribuées à Cavallerino, ont été déjà décrites dans notre deuxième volume. Nous y renverrons le lecteur, nous contentant d'en donner ici une désignation sommaire.

AVEROLDO (Altobello).

B. Dia. 68. « ALTOBELVS . AVEROLDVS . EPIS . POLEN . BONON . ETC . TER . GVBER. » — ℟ « MATVRA . CELERITAS. »

Voir la description II, 104, 13.

BELTRAMOTI (Girolamo).

C. Dia. 65. « HIERONIMVS . BELTRAMOTVS . FERRARIEN . PROTONOTARIVS. » — ℟ « HONORANDA . PATIENTIA. »

Voir la description II, 91, 14. Le buste est à droite.

GRIMANI (Marino).

D. Dia. 67. « MARINVS . GRIMANVS . PRESB . CAR . S . VITALIS. » — ℟ « E . IOVIS . CAPITE . SAPIENTIA . NATA . EST. »

Voir la description II, 175, 8.

SAN VITALE (Laura Pallavicini, femme de Gianfrancesco). Elle devint veuve en 1519.

E. Dia. 68. « LAVRA . PALLAVICINA . D . S . VITALI. » — Sans ℟.

Buste à droite de Laura, la tête couverte du voile des veuves. — Musée royal de Parme. — Cette médaille, qui représente Laura Pallavicini, pourrait être attribuée à Cavallerino, dans l'œuvre duquel on trouve déjà le portrait d'Argentina Pallavicini, sœur de Laura. (Voir I, 142, 1.)

ZACCHI (Giovanni)

(I, p. 143.)

a. I, 143, 1. Médaille de Cornelio (Fantino) d'Episcopia.

Le nom de ce personnage doit être écrit ainsi : Cornaro (Fantino), de la branche des Cornaro Piscopia. (*GM.*)

IO . F

(I, p. 143.)

ADDITION.

MALVEZZI (Gian Batista), Bolonais. Il était l'un des *Anziani* en 1534.

A. Dia. 64. « IO . BAP . MALVETIVS . EQVES . AC . COMES . BON . ETATIS . AN . XXII. » — ℟ « ACCEDO . SED . NON . SVCEDO . ONERI. — IO . F. »

Au droit : Buste à gauche de Gianbattista Malvezzi, tête nue, barbu, cuirassé, décoré d'une chaîne. — Au revers : Un palmier, du sommet duquel pendent deux poids. — Museo civico, à Bologne.

DOMENICO DI POLO (DOMENICO DE' VETRI, dit).

(I, p. 144 et 145.)

ADDITIONS.

MÉDAILLES DE COSME Ier DE MÉDICIS ATTRIBUÉES A DOMENICO DI POLO.

Les médailles que nous ajoutons à l'œuvre de Domenico di Polo font partie d'un groupe de médailles exécutées dans les premières années du règne de Cosme Ier, groupe auquel appartiennent déjà les deux pièces décrites I, p. 145, nos 5 et 6. Les pièces dont se compose ce groupe sont faciles à distinguer dans la nombreuse série des médailles de Cosme Ier, parce qu'elles le représentent imberbe, comme il était au début de son règne, ou avec une barbe naissante. Elles précèdent évidemment la médaille au Capricorne, sur laquelle Cosme paraît avec une barbe déjà accentuée.

Leur attribution à Domenico di Polo ne nous paraît pas contestable. Placées au début du règne de Cosme, entre la fin du règne d'Alexandre, pour qui Domenico a beaucoup travaillé, et l'époque où Domenico fit la médaille au Capricorne, ces pièces doivent appartenir à ce même artiste.

Ces médailles, au nombre de trois, figurent déjà dans notre second volume comme ouvrages de médailleurs inconnus. Nous renvoyons le lecteur à la description détaillée que nous en avons faite, nous contentant d'en donner ici la désignation sommaire comme il suit :

A. Dia. 39. « COSMVS . MEDICES . REIPV . FLOREN . DVX II. » — ℟ « VNO . AVVLSO . NON . DEFICIT . ALTER. »

Voir la description II, 197, 1.

B. Dia. 34. « COSMVS . MEDICES . REIPV . FLOREN . DVX II. » — ℟ « PVBLICÆ . SALVTI. »

Voir la description II, 197, 2.

C. Dia. 34. « COSMVS . MEDICES . II . REIP . FLOR . DVX. » — ℟ « DVABVS. »

Voir la description II, 198, 3.

Les deux ancres avec la devise « DVABVS » sont l'un des emblèmes que Cosme Ier avait adoptés, de même que le capricorne, la tortue et le faucon. C'est ce que nous apprend Lodovico Domenichi dans son discours sur les

« *Imprese d'armi et d'amore* ». Malheureusement, il ne dit pas que ces emblèmes aient figuré sur d'autre médaille que celle où Domenico Poggini a représenté Apollon, vainqueur du serpent Python, posant la main droite sur la tête du capricorne. Il est bien à regretter que Domenichi n'ait pas connu les deux médailles aux revers du capricorne et des deux ancres, ou qu'il ait négligé de nous en faire connaître l'auteur, ce qu'il n'aurait pas manqué de faire si elles avaient appartenu à D. Poggini.

OBSERVATIONS ET RECTIFICATIONS.

Une erreur doit être relevée dès la première ligne de l'article consacré à Domenico di Polo; c'est celle qui donne à la médaille au Capricorne la date de 1537. Cette médaille a été faite quelques années plus tard.

a. I, 144, 1. Médaille du duc ALEXANDRE DE MÉDICIS.

Nous ne connaissons pas avec certitude les médailles du duc Alexandre, ouvrages de Domenico di Polo; mais nous sommes disposé à croire, avec M. G. Milanesi, que ce sont celles que nous avons décrites comme étant l'ouvrage du médailleur au signe de Mars. (Voir I, p. 151.)

b. I, 144, 2. Médaille de COSME Ier DE MÉDICIS.

Cette médaille, dont le revers représente un Capricorne, est mentionnée par Vasari comme étant de Domenico di Polo, et nous nous rangeons à son autorité, sans admettre toutefois que l'exécution de cette pièce puisse remonter à la première année du règne de Cosme Ier, comme le dit Vasari. Agé de dix-huit ans seulement en 1537, Cosme était encore imberbe, tandis que, sur la médaille au Capricorne, la barbe est déjà accentuée.

En plus du revers au Capricorne et des deux autres revers décrits sous les nos 3 et 4, nous en trouvons dans Litta un quatrième, représentant le buste à droite de Charles-Quint, tête nue, lauré, barbu, cuirassé et avec la légende : « CAROLO V IMPERATOR. » (Voir L. Médicis, méd. no 20.)

c. I, 145, 6. Médaille de COSME Ier.

Cette médaille, dont le buste ressemble beaucoup aux précédents, présente au revers une figure de Florence qui, suivant Vasari, accompagnait une des médailles faites par Domenico di Polo pour le duc Alexandre. « .....*Con un rovescio dentro vi una Fiorenza.* » On peut croire que Domenico se sera resservi pour Cosme Ier du revers fait pour Alexandre.

CELLINI (BENVENUTO)

(I, p. 146 à 151.)

Cellini reçut son premier payement, comme *maestro delle stampe* à la Monnaie de Rome, le 1er juillet 1529. Les payements se suivent avec régularité jusqu'au 2 janvier 1534. Il avait succédé, à la Monnaie, à Girolamo del Borgo. (Bertolotti, *Artisti lombardi in Roma.*)

Toutes les pièces dont se compose l'œuvre de Cellini ont été parfaitement reproduites dans les planches XI et LXI du bel ouvrage de M. E. Plon, intitulé *Benvenuto Cellini, orfévre, médailleur, sculpteur, etc.*

OBSERVATIONS ET RECTIFICATIONS.

a. I, 147, 3. Médaille de FRANÇOIS Ier.

La signature au revers est « BENVENV . F », et non « BENVENVT ».

b. I, 147, 5. Médaille d'ALESSANDRO DE' MEDICI.

La légende du revers est « VIRTVS . EST . NOBIS . DEI », et non « IN NOBIS ».

c. I, 149, 16. Médaille d'IPPOLITO II D'ESTE.

Le « globe crucifère », revers de cette médaille, nous semble plutôt appartenir à la médaille du même personnage par Gianfederigo Bonzagna. (Voir I, 222, nº 5.)

d. I, 150, 18. Médaille d'ALESSANDRO DE' MEDICI.

M. G. Milanesi attribue cette médaille à Dom. di Polo.

e. I, 150, 19. Médaille de COSIMO Iº DE' MEDICI.

M. G. Milanesi attribue cette médaille à Dom. Poggini.

LE MÉDAILLEUR AU SIGNE DE MARS ♂

(I, p. 151.)

Dans l'opinion de M. G. Milanesi, le médailleur au signe de Mars ne serait autre que Domenico di Polo. La tête du duc Alexandre sur les médailles 2, 3 et 4 est d'une parfaite conformité avec celle gravée sur onyx par Domenico, et conservée à la Galerie de Florence. (*GM.*)

ADDITIONS.

MEDICI (ALESSANDRO DE').

A. Dia. 38. « ALEX . MED . FLORENTIAE . DVX . PRIMVS. » — ℞ « FVNDATOR . QVIETIS . MDXXXIIII. »

Cette médaille, qui se trouve au Cabinet de Florence, diffère de la pièce I, 151, 2, en ce qu'au lieu d'une draperie à l'antique, la pièce de Florence a une cuirasse à écailles.

B. Dia. 44. « ALEX . MED . FLORENTIAE . DVX . PRIMVS. » — ℟ « FVNDATOR . QVIETIS . MDXXXIIII. »

Au droit : Buste *à gauche* d'Alexandre de Médicis, tête nue, cheveux crépus, drapé à l'antique. — Au revers : La Paix *debout*, tournée à droite, tenant dans la main droite une corne d'abondance et un rameau, et de la gauche une torche avec laquelle elle brûle des armes. — Museo civico, à Bologne.

Le Médailleur a la marque ℞

(I, p. 152.)

ADDITIONS.

Les médailles suivantes, qui portent la marque de cet artiste, et qui doivent, en conséquence, être réunies à son œuvre, figurent déjà dans cet ouvrage. Nous nous contenterons donc d'en donner ici la designation sommaire, renvoyant le lecteur aux descriptions détaillées qui en ont été déjà faites.

BEMBO (Pietro).

A. Dia. 44. « PETRI . BEMBI . CAR. » — Sans ℟.

Cette pièce avait été mise à tort dans l'œuvre de Pastorino. Voir la description I, 189, 7.

CARAFFA (Vincenzo).

B. Dia. 48. « VINCEN . CARRAFA . CAR . NEAPOL. » — ℟ « FATA . VIAM . INVENIENT . »

Cette pièce avait été mise à tort dans le deuxième volume. Voir la description II, 163, 3.

ROIAS (Maria de).

C. Dia. 36. « D . MAR . DE . ROIAS. » — Sans ℟.

Cette pièce avait été mise à tort dans l'œuvre de Pastorino. Voir la description I, 205, 101.

CARAGLIO (Giovan Jacopo)

(I, p. 153 et 154.)

a. I, 154, 2. Médaille de Sigismond Ier et Bona Sforce.

Sigismond Ier fut élu roi de Pologne en 1506, et non en 1500. Bona Sforza naquit en 1493, et non en 1500.

SPINELLI (Andrea)

(I, p. 154 à 156.)

Cet artiste était Parmesan, et non Vénitien. C'est ce qui résulte du document suivant :

« Une figure en bronze du Christ dans la Chiesa della Steccata, à Parme, porte l'inscription : « ANDREAS . SPINELLVS . PARMENSIS . MONETARIÆ . OFFICINÆ . VENETI . SENATVS . DECRETO . MAGISTER. » (Umberto Rossi.)

ZOAGLI (Pellegrino da) (1)

ORFÉVRE GÉNOIS

Il travaillait en 1537, 1539 et 1540.

GIUSTINIANI (Andrea), Génois. Il fut doge de 1539 à 1541.

A. « ANDREAS . IVSTINIANVS . REIP . GENVENSIS . DVX . SEXTVS . A . LIBERTATE . RECVPERATA. » — ℟ Sans légende.

Au droit : Buste d'Andrea Giustiniani. — Au revers : Les armes de Gênes. —Avignone, nº 301.—Cette médaille, ouvrage de l'orfévre génois Pellegrino da Zoagli, fut placée en 1539 dans les fondations de la Porta dell' Arco, à Gênes. (*GM.*)

CRIVELLI (Gianpietro) (2)

ORFÉVRE ET JOAILLIER MILANAIS

Il travaillait à Rome en 1545 + 1552. Il est probablement l'auteur de sa propre médaille, décrite ci-après :

A. Dia. 53. Sans légende. — ℟ « IOAN . PIETRO . CRIVELLI. »

Au droit : Buste à droite de Crivelli, tête nue, cheveux courts. — Au revers : Inscription au milieu d'un écusson. — Collection royale de Turin.

Cette médaille était precédemment dans la deuxième partie. (Voir II, 226, 8.)

---

(1) Ce médailleur nouveau se placerait à la page 156 du premier volume.
(2) Ce médailleur nouveau se placerait à la page 156 du premier volume.

SANGALLO (Francesco da)

(I, p. 156 à 159.)

OBSERVATIONS.

a. I, 158, 9. Médaille du duc d'Urbin Lorenzo de' Medici.

b. I, 159, 10. Médaille du pape Léon X.

M. G. Milanesi pense que ces médailles doivent appartenir à la série des pièces de restitution des Médicis exécutées au dix-huitième siècle.

En ce qui concerne le nº 9, il rappelle qu'en 1560 Gian-Battista di Bernardino, orfévre siennois, fut chargé par le cardinal Jean de Médicis, fils de Cosme Ier, d'exécuter une médaille de Laurent II, duc d'Urbin. C'est peut-être la pièce nº 9. (*GM.*)

Nous ne connaissons aucun ouvrage de l'orfévre siennois, mentionné par M. Milanesi, qui puisse nous servir de terme de comparaison avec la médaille du duc d'Urbin. Tout ce que nous pouvons dire, c'est que cette médaille, pièce de restitution probablement, mise à côté des ouvrages certains de Sangallo, n'y paraît aucunement déplacée.

La médaille de Léon X nous cause plus d'embarras, non pas que son relief très-accentué ne la rapproche beaucoup de la manière de Sangallo, mais parce que nous aurions de la peine à y voir autre chose qu'une médaille faite du vivant de ce pape.

Quant à faire rentrer ces deux pièces dans la série médicéenne du dix-huitième siècle, nous croyons qu'il faut y renoncer; leur style diffère trop de la manière de Selvi et de ses collaborateurs.

A. V

(I, p. 159 et 160.)

Les quatre médailles marquées de ces initiales, et décrites dans les pages 159 et 160, appartiennent à Alessandro Vittoria, et auraient dû être placées sous le nom de ce médailleur. (I, p. 248.)

ARSEN

(I, p. 161.)

Le nom de cet artiste est Arsenio.

a. I, 161, 3. Médaille de Naugieri (Antonio).

Le personnage représenté sur cette médaille est Navagero, patricien de Venise, et non Naugieri. (*GM.*)

L : NF

(I, p. 161.)

Ces lettres pourraient se lire ainsi : « Ludovicus Nichinus Fecit. » Luigi (ou plutôt Alvise à la vénitienne) Anichini, célèbre graveur en pierres dures, Ferrarais. Il florissait à Venise en 1550. (*GM.*)

ADDITION.

M. G. Milanesi nous signale une autre médaille de Gianbattista Pisano, qui appartiendrait peut-être au même artiste. En voici la description :

A. « IOA . BATTA . PISANVS. » — ℟ « INOPEM . ME . COPIA . FECIT. »

Au droit : Buste de Gianbattista Pisano, barbu. — Au revers : Un arbre chargé de fruits. Au bas, un écusson. — Soc. colomb. (*GM.*)

LEONE LEONI

(I, p. 162 à 170.)

Né vers 1509 + 1590.

On doit aux recherches de M. le docteur Carlo Casati de connaître avec certitude l'époque de la mort de Leone Leoni. Cet événement arriva le 22 juillet 1590. L'artiste, dit l'extrait mortuaire, était âgé d'environ quatre-vingt-un ans. Il était donc né en 1509 ou environ.

La publication récente du bel ouvrage de M. Eugène Plon sur Leone Leoni, enrichi de nombreux et importants documents, et notamment d'une très-curieuse correspondance inédite entre Leone et le cardinal de Granvelle, nous a mis à même de reconstituer d'une manière certaine l'œuvre du maître, imparfaitement connu jusqu'à présent. Grâce aux découvertes de M. Plon, un certain nombre de médailles, placées d'une manière dubitative, et seulement à titre d'attribution, à la suite de l'œuvre, y sont entrées définitivement, et plusieurs pièces nouvelles y ont également pris place. Nous donnons la liste complète de l'œuvre, comprenant cinquante-neuf pièces disposées par ordre alphabétique.

Les trente-huit médailles qui figuraient déjà dans le chapitre consacré à Leone Leoni (Ier vol., p. 162 à 170), figureront dans cette nouvelle liste avec une désignation sommaire, afin d'éviter les longueurs, mais avec les indications de pages et numéros nécessaires pour recourir aux descriptions détaillées qui en ont été déjà faites. Elles seront distinguées par des lettres minuscules italiques.

Les vingt et une pièces nouvelles sont distinguées par des lettres majuscules italiques, et accompagnées de descriptions détaillées.

LISTE DES MÉDAILLES DE LEONE LEONI.

ALLEMAGNE (CHARLES-QUINT, empereur d').
ISABELLE DE PORTUGAL, femme de Charles-Quint.

Dans la correspondance de Leone Leoni, il est question, à diverses reprises, des médailles de l'Empereur et de l'Impératrice faites par cet artiste. Nous citerons notamment la lettre d'Antoine Perrenot à Leone, et la réponse de celui-ci (septembre 1546), desquelles il résulte qu'à cette époque il avait déjà fait une médaille de l'Empereur, et venait de faire celle de l'Impératrice. Dans une lettre en date du 29 juin 1549, Leone apprend à Ferrante Gonzague que l'Empereur vient de lui commander deux médailles en or, à savoir la sienne propre et celle de l'Impératrice; une autre lettre, datée de Malines (septembre 1549), dit qu'il s'occupe de terminer ces médailles. Les pièces dont nous venons de parler sont très-probablement celles décrites ci-après :

a. I, 162, 1. Dia. 73. « IMP . CAES . CAROLVS . V . AVG. » — ℟ « DISCITE . IVSTITIAM . MONITI. »

Le revers fait allusion à la victoire remportée par Charles-Quint sur les protestants à Mühlberg, en 1547.

Voir la description I, 162, 1. — PLON, XXXI, 1 et 2.

b. I, 168, 25. Dia. 73. « DIVA . ISABELLA . AVGVSTA . CAROLI . V . VX. » — ℟ « HAS . HABET . ET . SVPERAT. »

Voir la description I, 168, 25. — PLON, XXXI, 3 et 4.

D'une lettre de Leone à Granvelle, écrite de Plaisance en 1546, il résulte qu'à cette époque Leone avait fait, par ordre de l'Empereur, le coin d'une médaille d'Isabelle d'après le portrait de Titien. Il n'avait pu, en effet, travailler d'après nature, l'Impératrice étant morte en 1536.

c. I, 167, 23. Dia. 73. « IMP . CAES . CAROLVS . V . AVG. » — ℟ « DIVA . ISABELLA . AVGVSTA . CAROLI . V . VX. »

Voir la description I, 167, 23.

Cette pièce est formée par la réunion des droits des deux médailles précédentes.

d. I, 168, 24. Dia. 36. « IMP . CAES . CAROLVS . V. AVG. » — ℟ « DIVA . ISABELLA . CAROLI . V . VX. »

Cette médaille est formée par la réunion des têtes de Charles-Quint et d'Isabelle, semblables à celles de la médaille précédente. Voir la description I, 168, 24. — PLON, XXXI, 5 et 6.

e. I, 162, 2. Dia. 40. « IMP . CAES . CAROLVS . V . AVG. » — ℟. « IN . SPEM . PRISCI . HONORIS. — TYBERIS. »

Voir la description I, 162, 2. — PLON, XXX, 7 et 8.

Dans l'opinion de M. Plon, cette médaille pourrait être celle dont parle Patanella dans la lettre à Granvelle du 1er mai 1547, en lui envoyant une médaille de Charles-Quint exécutée « la dernière fois que Sa Majesté passa par l'Italie ».

f. I, 162, 3. Médaille de l'ARÉTIN (PIERRE).

Dia. 37. « DIVVS . P . ARRETINVS . FLAGELLVM . PRINCIPVM. — LEO. » — ℟ « VERITAS . ODIVM . PARIT. — 1537. »

Voir la description I, 162, 3. — PLON, XXIX, 10.

Cette médaille n'a pas de signature au revers.

AVALOS (ALFONSO II D'), marquis de Guast, né en 1502 + 1546, étant gouverneur de Milan.

AVALOS (MARIA D'ARAGONA, femme d'ALFONSO II d'), fille de Ferdinand d'Aragon, duc de Montalto. Elle mourut en 1568.

A. Dia. 46. « ALPHONSVS . DAVALOS . DE . AQVINO . II . VASTI . MARCH. » — ℟ « MARIA . DE . ARAGONIA . II . VASTI . MARCH. »

Au droit : Buste à droite d'Alphonse II d'Avalos, tête nue, barbu, drapé à l'antique. — Au revers : Buste à gauche de Marie d'Aragon, la tête couverte d'un voile qui tombe sur les épaules; vêtement à collet droit. — Cabinet impérial de Vienne. — PLON, XXX, 5 et 6.

Une lettre de Muzio à la marquise de Guast, écrite au moment de la mort du marquis, nous apprend que Leone Leoni avait fait des médailles de ce personnage. D'un autre côté, nous savons, par une lettre de Granvelle à Leone Leoni, que celui-ci avait fait une médaille de la marquise. Il est très-probable que ces médailles sont celles qui viennent d'être décrites.

AVALOS (FERNANDO FRANCESCO II D'), marquis de Pescaire et de Guast, vice-roi de Sicile, + 1571.

B. Dia. 62. « FERDINAND . FRAN . DAVALOS . DE . AQVIN . MAR . P . III. » — 1er ℟ « NON . IMITABILE . LVMEN. »

Au droit : Buste à droite de Ferdinand François II d'Avalos, tête nue, barbu, cheveux bouclés, couvert d'une riche cuirasse, avec écharpe et la Toison d'or. — Au revers : Le soleil resplendissant. — Musée royal de Parme. — *VM.*, III, 389, le droit. — PLON, XXXIII, 9, le droit.

C. 2e ℞ « HAVD . SIMPLEX . VIRTVTIS . OPVS. »

Pallas debout, vue de face, armée de la lance et du bouclier, et tenant un rameau d'olivier. — Collection A. Armand.

Ce revers est une reproduction modifiée et réduite de celui signé BOM (Bombarda), lequel a 68 de diamètre. (Voir III, 95, C.)

D. 3e ℞ « CONSALVVS . FERD . CORDVBA . II. »

On trouve, à l'Ambrosienne de Milan, la même médaille de Ferdinand François II d'Avalos accolée au buste de Gonsalve Ferdinand II de Cordoue, que nous décrivons à la page suivante sous la lettre *E*.

Par une lettre de Milan (15 mars 1561), Leone informe Granvelle qu'il lui envoie la médaille qu'il a faite du marquis de Pescaire. Il est très-probable que la médaille dont parle Leone est la première des trois.

g. I, 163, 4. Médaille de BANDINELLI (BACCIO).

Dia. 41. « BACIVS . BAN . SCVLP . FLO. — LEO. » — ℞ « CHANDOR . ILLESVS. »

Voir la description I, 163, 4. — PLON, XXXIII, 3.

h. I, 163, 5. Médaille de BEMBO (PIETRO).

Cette médaille, inconnue aujourd'hui, avait été faite en 1537.

i. I, 163, 6. Médaille de BUONARROTI (MICHEL-ANGELO).

Dia. 59. « MICHAELANGELVS . BONARROTVS . FLOR . AET . S . ANN . 88 — LEO. » — ℞ « DOCEBO . INIQVOS V . T . ET . IMPII . AD . TE . CONVER. »

Voir la description I, 163, 6. — PLON, XXXIII, 1 et 2

j. I, 163, 7. Médaille de CARAFFA (IPPOLITA GONZAGA).

Dia. 70. « HIPPOLYTA . GONZAGA . FERDINANDI . FIL . AN . XVI. — ΛΕΩΝ . ΑΡΗΤΙΝΟΣ. » — ℞ « PAR . VBIQ . POTESTAS. »

Voir la description I, 163, 7. — PLON, XXXII, 7 et 8.

CORDOUE (Gonsalve Ferdinand II de), duc de Sessa, né vers 1515 + 1578.

E. Dia. 60. « CONSALVVS . FERD . CORDVBA . II. » — 1er ℞ « DABIT . DEVS . HISQVOQ . FINEM. »

Au droit : Buste à droite de Gonsalve Ferdinand II de Cordoue, tête nue, barbu, couvert d'une cuirasse, avec écharpe, Toison d'or et petite fraise. — Au revers : Hercule nu, tourné à gauche, combattant l'hydre de Lerne. Un lion placé entre ses jambes semble se mettre sous sa protection. C'est sans doute une allusion à la protection dont le duc de Sessa couvrit Leone lors de son attentat sur Orazio Vecelli. — Cabinet impérial de Vienne. — *H.*, xxxiii, 6. — Plon, xxxiii, 7 et 8.

Ce revers, que l'on trouve aussi sur plusieurs autres médailles, doit avoir été fait pour celle-ci.

F. 2e ℞ « HABEO . TE. »

Un éléphant, marchant dans l'eau et portant une tour sur laquelle est un personnage penché en avant, s'approche d'un navire portant deux soldats dont l'un le saisit par la trompe. Ce revers a été emprunté à une médaille de Jean Parisot de la Valette, par Marius. (Voir I, 220.) — Cabinet impérial de Vienne. — *H.*, xxxiii, 5.

G. 3e ℞ « DOCEBO . INIQVOS . V . T . ET . IMPII . AD . TE . CONVER. »

Ce revers est emprunté à la médaille de Michel-Ange, ouvrage de Leone Leoni. Voir la description I, 163, 6. — Musée royal de Parme.

H. 4e ℞ « FERDINAN . FRAN . DAVALOS . DE . AQVIN . MAR . P . III. »

Ce quatrième revers est formé du droit de la médaille de Ferdinand-François II d'Avalos, marquis de Pescaire et de Guast, décrit plus haut. (III, 65, B.) — Bibliothèque Ambrosienne de Milan.

C'est dans une lettre en date de mars 1561 que Leone Leoni nous apprend qu'il a fait une médaille du duc de Sessa. On peut placer l'exécution de cette médaille entre 1559 et 1560. Le duc de Sessa était alors gouverneur de Milan, et eut à connaître du guet-apens commis par Leone, le 14 juin 1559, sur la personne d'Orazio Vecelli, fils du Titien.

I. DANAÉ.

Dans une lettre écrite de Milan en 1551, Leone Leoni dit à Granvelle avoir fait le portrait d'une courtisane remarquable par sa beauté, qu'il nomme Danaë, et il le lui envoie. Ce portrait nous est inconnu. (Voir Plon, *Leone Leoni*, p. 84.)

Médailles d'ANDREA DORIA.

k. I, 164, 8. Dia. 43. « ANDREAS . DORIA . P . P . » — 1er ℟ Sans légende.

Voir la description I, 164, 8. — PLON, XXIX, 1 et 1, f.

Le buste que l'on voit au revers de cette médaille est bien celui de Leone Leoni. C'est ce que l'on reconnaîtra en le comparant avec celui de la médaille « LEO . ARETINVS . SCVLPTOR. CES...VS », décrite plus loin. (Voir III, 73, S.) Malgré la différence d'âge, la ressemblance des deux bustes ne saurait faire de doute.

l. I. 164, 9. 2e ℟ Sans légende.

Ce revers représente une galère. Voir la description I, 164, 9. — PLON, XXIX, 2.

m. I. 164, 10. 3e ℟ « LIBERTAS . PVBLICA. »

Voir la description I, 164, 10. — PLON, XXIX, 3.

J. DORIA (GIANNETTINO), neveu d'Andrea Doria. Il fut tué en 1547, lors de la conjuration de Fieschi.

Il résulte d'une lettre de Granvelle à Leone Leoni que celui-ci avait fait une médaille de Giannettino Doria. Cette médaille doit avoir été exécutée pendant le séjour de Leone à Gênes en 1541. Elle nous est inconnue.

n. I, 164, 11. Médaille de PHILIPPE II, ROI D'ESPAGNE.

Dia. 84. « PHILIPVS . AVSTR . CAROLI . V . CAES . F. » — ℟ « COLIT . ARDVA . VIRTVS. — LEO . F. — ERCVLES. — VIRTVS. — VOLVPTAS. »

Voir la description I, 164, 11. — PLON, XXX, 9 et 10.

Leone accompagna l'infant don Philippe dans le voyage qu'il fit à travers l'Italie et l'Allemagne, de la fin de novembre 1548 à mars 1549. C'est pendant ce voyage qu'il fit la médaille du prince. Elle était terminée quand il arriva à Bruxelles le 11 mars 1549, et la présenta à l'Empereur.

K. FELIPINA.

En 1551 (?), Granvelle envoie à Leone un exemplaire d'une médaille de la « belle Felipina », fondue en Flandre sur la cire, exécutée par cet artiste. Cette médaille nous est inconnue. Nous ne pensons pas qu'on puisse confondre cette Felipina avec Philippine Welser, femme de l'archiduc Ferdinand, comte de Tyrol, dont nous avons décrit une médaille, avec la légende « DIVAE . PHILIPPINAE », parmi les pièces d'auteurs inconnus (II, 238, 13).

o. I. 164, 12. Médaille de GONZAGA (FERRANTE).

Il était non pas prince, mais comte de Guastalla et prince de Molfetta.

Dia. 72. « FER . GONZ . PRÆF . GAL . CISAL . TRIB . MAX . LEGG . CAROLI . V . CAES . AVG. » — ℟ « TV . NE . CEDE . MALIS. »

Voir la description I, 164, 12. — PLON, XXXII, 5 et 6.

p. I, 165, 13. Médaille de HANNA (MARTIN DE), riche marchand de Bruxelles. Il fut anobli en 1529 par Ferdinand, roi de Bohême.

Dia. 70. « MARTINVS . DE . HANNA. » — ℟ « SPES . MEA . IN . DEO . EST. — LEO. »

Voir la description I, 165, 13. — PLON, XXX, 1 et 2.
Sur les médailles des Hanna, voir l'article de M. T. W. Greene dans la *Numismatic chronicle*, 1885.

q. I, 165, 14. Médaille de HANNA (DANIEL DE).

Dia. 32. « DANIEL . HANNA. — LEO. » — ℟ « VOEI. »

Voir la description I, 165, 14. — PLON, XXX, 3 et 4.

r. I, 168, 26. Médaille de MARIE D'AUTRICHE, reine de Hongrie.

Dia. 73. « MARIA . HVN . BOH . REG . MDXXI. » — ℟ « IMP . CAES . CAROLVS . V . AVG. »

Voir la description I, 168, 26. — PLON, XXXI, 7.
Cette médaille est sans doute l'une des « médailles de la reine de Hongrie » auxquelles Leone travaillait en 1550, comme il résulte de la lettre adressée de Milan à Granvelle le 17 janvier de cette même année. A cette époque, Marie de Hongrie avait quarante-cinq ans, tandis que la médaille la représente à seize ans, c'est-à-dire à l'époque de son mariage. Pour faire cette restitution, Leone a dû se servir d'un portrait fait antérieurement, et pris probablement sur une médaille du temps.

s. I, 165, 15. Médaille de MOLZA (FRANCESCO MARIA), poëte modénais, né en 1489 + 1544.

Cette médaille, inconnue aujourd'hui, était faite en 1545.

Médailles du pape PAUL III.

t. I. 165, 16. Dia. 45. « PAVLVS . III . PONT . MAX . AN.

IIII . MDXXXVIII. — LEO. » — 1er ℞ « DOMINVS . CVSTODIT . TE . DOMINVS . PROTECTIO . TVA. »

Voir la description I, 165, 16. — PLON, XXIX, 4 et 7.

u. I, 166, 17. 2e ℞ « SECVRITAS . TEMPORVM. »

Voir la description I, 166, 17. — PLON, XXIX, 6.

v. I, 166, 18. 3e ℞ « S . C. »

Figures de la ville de Rome et du Tibre.

Voir la description I, 166, 18. — PLON, XXIX, 5.

On trouve des payements faits à Leone Leoni aux dates des 8 novembre 1537, 17 avril et 24 juillet 1538, pour l'exécution de médailles de Paul III. Le premier se rapporte à certaines médailles à mettre dans les fondements des fortifications de Rome. Le troisième se rapporte à une médaille « avec un revers du peuple romain », probablement celle avec le revers « S . C. ». (Voir E. MUNTZ, *l'Atelier monétaire de Rome.*)

Le pape PIE IV (GIOVAN ANGELO DE' MEDICI), né en 1499, élu pape en 1559 + 1565.

L. Dia. 48. « PIVS . IIII . PON . OPT . MAX . ET . ANNO . I . PON . MDLX. » — ℞ « DESIDERIO . DESIDERAMVS. »

Au droit : Buste à droite de Pie IV, tête nue, barbu, vêtu de la chape. — Au revers : Une poule et ses poussins. Au fond, le château Saint-Ange. — *BO.*, I, 271, 32. — *TN.*, Méd. pap., XII, 1. — Museo civico, à Bologne. — PLON, XXXIII, 5 et 6.

Par une lettre en date du 15 mars 1561, Leone Leoni informe Granvelle qu'il lui envoie la médaille de Pie IV au revers « DESIDERIO, etc. », qu'il a faite.

Médailles de PERRENOT (ANTOINE), cardinal de Granvelle.

x. I, 166, 19. Dia. 66. « ANT . PERRENOT . EPI . ATREBATEN. — LEO. » — ℞ « DVRATE. »

Voir la description I, 166, 19. — PLON, XXXII, 1 et 2.

M. II, 255, 36. Dia. 51. « ANTONII . PERRENOT . EPI . ATREBAT. » — ℞ « DVRATE. »

Voir la description II, 255, 36. — PLON, XXXII, 3 et 4.

Cette médaille est particulièrement intéressante par sa conformité avec la description donnée par Leone Leoni dans sa lettre à Granvelle, en date du 16 octobre 1555, qui équivaut à une signature. On relève dans cette lettre un détail curieux : c'est que cette médaille a été frappée, et que le coin qui a servi, et a été brisé dans l'opération, était le plus grand qui eût été encore fait par lui ou par d'autres.

N. Jeton ou médaille de Perrenot.

Une pièce d'argent de Perrenot, par Leone, est aussi mentionnée dans une lettre d'Antonio Patanella, datée de Milan (mai 1547), et accompagnant les coins gravés par Leone. Cette pièce, jeton ou médaille, nous est inconnue. (Voir Plon, *Leone Leoni*, p. 43.)

O. PERRENOT de Champagney (Jérôme), frère cadet de Granvelle, né en 1524 + 1554. Il était baron d'Autremont.

Leone a fait une médaille de ce personnage; il en est question dans trois lettres adressées à Granvelle. De la première, en date du 2 décembre 1549, il résulte qu'elle est commencée. On voit, par la dernière (juin 1550), qu'elle était achevée « selon la bizarrerie de sa chevelure »; il y manquait seulement la légende et le revers. — Plon, *Leone Leoni*, p. 54 et 65. — Cette médaille nous est inconnue.

z. I, 166, 20. Médaille de la princesse de Salerne.

Le nom de cette princesse était : Isabella Villamarina. Elle avait épousé Ferrante Sanseverino, prince de Salerne.

aa. I, 166, 21. Médaille du Titien.

Dia. 34. « TITIANVS . PICTOR . ET . EQVES . C. » — ℞ Sans légende.

Le revers représente une Bacchante.

Voir la description I, 166, 21. — Plon, xxix, 8 et 9.

bb. I, 167, 22. Médaille de Vasari (Giorgio).

Dia. 62. « GIORGIVS . VASARVS . PICTOR. — LEO. » — Sans ℞.

Voir la description I, 167, 22. — Plon, xxxiii, 4.

MÉDAILLES ATTRIBUÉES A LEONE LEONI.

Les médailles de Charles-Quint, d'Isabelle de Portugal et de Marie, reine de Hongrie, décrites sous les numéros 23, 24, 25 et 26 comme attribuées à Leone Leoni, ayant pris place dans l'œuvre de ce maître, doivent disparaître de la liste des attributions.

CHARLES-QUINT et PHILIPPE II.

P. Dia. 42. « IMP . CAR . V . ET . PHI . PRINC . ISP. » — ℞ « PLVS . OVLTRE. »

Voir la description II, 182, 12. — Plon, xxxi, 8 et 9.

Cette médaille est peut-être la pièce « con il toso » dont Leoni parle dans sa lettre du 14 août 1553, adressée de Milan à Granvelle.

L'ARÉTIN (Pierre).

Q. Dia. 60. « DIVVS . PETRVS . ARETINVS. » — ℞ « VERITAS . ODIVM . PARIT. »

Voir la description II, 153, 11. — Plon, xxix, 11 et 12.

CASTALDI (Gian Battista).

R. Dia. 51. « IOAN . BAPT . CASTALDVS . DVX . BELLI . MAX. » — ℞ « SVBACTÆ . DACIÆ . RESTITVTORI . OPTIMO. »

Voir la description II, 163, 4. — Plon, xxxiv, 4 et 5.

PHILIPPE II.

cc. I, 168, 27. Dia. 78. « PHILIPPVS . AVSTR . CAROLI . V . CAES . F . PRINC . HISP . ET . ANGL . R. » — ℞ « VIRTVS . NVNQ . DEFICIT. »

Voir la description I, 168, 27.

Médailles des Hanna.

dd. I, 169, 28. Dia. 47. « DANIEL . HANNA. » — ℞ « NE . QVID . NIMIS. »

Voir la description I, 169, 28.

ee. I, 169, 29. Dia. 53. « DANIEL . DE . HANNA. » — ℞ « OMNE . VANVM. »

Voir la description I, 169, 29.

ff. I, 169, 30. Dia. 41. « DANIEL . DE . HANNA. » — ℞ Sans légende.

Voir la description I, 169, 30.

gg. I, 169, 31. Dia. 49. « DANIEL . DE . HANNA. » — ℞ « STVDIO . ET . INDVSTRIA . IVVANTE . DEO. »

Voir la description I, 169, 31.

hh. I, 169, 32. Dia. 33. « DANIEL . DE . HANNA . MER . MAR . F. » — ℞ Sans légende.

Voir la description I, 169, 32.

ii. I, 169, 33. Dia. 32. « IOANNES . HANNA. » — ℞ « NVMINA . CVNCTA . EGO. »

Voir la description I, 169, 33.

jj. I, 169, 34. Dia. 54. « IOANNES . DE . HANNA. » — ℞ « PAVLVS . DE . HANNA. »

Voir la description I, 169, 34.

kk. I, 170, 35. Dia. 31. « PAVLVS . HANNA. » — ℞ « CVNCTA . NIHIL »

Voir la description I, 170, 35.

LEONI (Leone), sculpteur et médailleur, originaire d'Arezzo, né vers 1509 + 1590.

S. Dia. 59. « LEO . ARETINVS . SCVLPTOR . CAES . . . VS. » — Sans ℞.

Buste à droite de Leone Leoni, tête nue, cheveux courts, barbu, drapé à l'antique. — Plon, I, 2.

Cette médaille, qui appartient à la Bibliothèque Ambrosienne de Milan, et qui représente Leone Leoni à l'âge d'environ quarante ans, porte tous les caractères d'un ouvrage de cet artiste. Nous n'hésitons pas à la lui attribuer.

Médailles de Perrenot (Antoine), cardinal de Granvelle.

ll. I, 170, 36. Dia. 62. « ANTONII . PERRENOT . EPISC ATREBATEN. » — ℞ « DVRATE. »

Voir la description I, 170, 36.

mm. I, 170, 37. Dia. 71. « ANT . S . R . E . PBR . CARD . GRANVELLANVS. » — ℞ Sans légende.

Voir la description I, 170, 37.

Nous avons décrit encore dans le deuxième volume, pages 254 et 255, plusieurs médailles d'Antoine Perrenot, parmi lesquelles il peut s'en trouver qui soient de la main de Leone Leoni. C'est ce que permet de supposer l'intimité connue qui existait entre le prélat et l'artiste.

SPINA (Bernardo).

T. Dia. 46. « BERNARDVS . SPINA . CALABER. » — ℞ « SUPERAT . OMNIA . VIRTVS. »

Voir la description II, 165, 11. — Plon, xxxiv, 6 et 7.

Les relations d'amitié qui existaient entre Bernardo Spina et Leone, ainsi que le style de cette médaille, nous semblent permettre de l'attribuer à cet artiste.

TASSO (Bernardo).

U. Dia. 51. « BERNARDVS . TASSVS. » — ℟ « TVTE . SITIM . PELLE. »

Voir la description II, 228, 18.

L'attribution de cette médaille à Leone Leoni semble résulter d'une lettre qu'il écrivait à l'Arétin en 1537.

nn. I, 170, 38. Médaille de Torre (Gianello della).

Dia. 81. « IANELLVS . TVRRIAN . CREMON . HOROLOG . ARCHITECT. » — ℟ « VIRTVS . NVNQ . DEFICIT. »

Voir la description I, 170, 38. — Plon, xxxiv, 8 et 9.

D'un passage de la notice de M. C. Casati sur Leone Leoni, il résulte que les rapports entre l'artiste et Janello n'étaient rien moins qu'amicaux. Leone accuse Janello de l'avoir desservi auprès de Charles-Quint à Bruxelles (1550), et le traite de « Bue in forma umana ». Dans ces circonstances, on peut douter que la médaille de Janello soit l'ouvrage de Leone Leoni ; peut-être appartient-elle à Jacopo da Trezzo.

MONNAIES DE LEONE LEONI.

Dès 1542, Leone Leoni fut appelé à Milan par le gouverneur Alfonso II d'Avalos, et chargé de graver les coins de la monnaie impériale. Il remplit ces fonctions jusqu'en 1545. Il les reprit en 1550, et les conserva jusqu'en 1589. Durant cette longue période, il grava un nombre considérable de coins. Nous donnerons, à titre de spécimens, les trois monnaies qui suivent. Nous les décrivons d'après les reproductions contenues dans les « *Monete di Milano* » des frères Gnecchi. Elles font partie de la collection municipale de Milan.

Monnaies de CHARLES-QUINT.

V. Dia. 43. « IMP . CAES . CAROLVS . V . AVG. » — ℟ « DISCITE . IVSTITIAM . MONITI. »

Au droit : Buste à droite de Charles-Quint, tête nue, lauré, barbu, cuirassé à la romaine. — Au revers : Jupiter foudroyant les Géants. — « Ducatone » en argent. — *GN.*, xxiv, 3.

X. Dia. 33. « IMP . CAES . CAROLVS . V . AVG. » — ℟ « CVIQ . SVVM. »

Au droit : Buste à droite de Charles-Quint, tête nue, lauré, barbu, cuirassé à la romaine. — Au revers : Un aigle couronné, les ailes déployées, tourné à droite, tenant dans ses serres la foudre et une branche de laurier.

Au-dessous, un globe avec la date 1551. — « Mezzo ducatone » d'argent. — *GN.*, xxiv, 5.

Y. Dia. 31. « IMP . CAES . CAROLVS . V . AVG. » — ℟ « S . P . Q . MEDIOL . OPTIMO . PRINCIPI. — PIETAS. »

Voir la description II, 181, 3.
Teston ou médaille d'argent. — *GN.*, xxv, 1.

CESATI (ALESSANDRO), dit IL GRECHETTO

(I, p. 171 à 173.)

Il fut employé comme graveur de coins à la *Zecca* de Rome depuis 1540 environ jusqu'en 1561.

ADDITIONS.

MÉDAILLES ATTRIBUÉES A CESATI.

Le pape PAUL III.

A. Dia. 36. « PAVLVS . TERTIVS . PONT . OPT . MAX . A . XVI. » — ℟ « PETRO . APOST . PRINC. — ANNO . IOBILAEO . M . D . L ⁎ ◡ ⁎ »

Au droit : Buste à droite de Paul III, coiffé de la tiare, vêtu de la chape. — Au revers : Façade de Saint-Pierre de Rome. — *TN.*, Méd. pap., vii, 3. Le droit seul. — *BO.*, I, 199, 13. — Musée royal de Parme.

B. 2ᵉ ℟ « HARVM . AEDIVM . FVNDATOR. »

Le palais Farnèse, à Rome. — *TN.*, Méd. pap., vii, 3. — *BO.*, I, 199, 17. — Cabinet national de France.

C. 3ᵉ ℟ « FARNESIA . DOMVS . CVRA . EIVSD . IMPENDIISQ. — A . SOLO . EXCITATA. »

Le palais Farnèse, à Rome. — *TN.*, Méd. pap., vii, 2, le revers. — Musée royal de Parme.

Le pape JULES III.

D. « IVLIVS . III . PONT . MAX . AN . I. — ALEXANDER. » — ℟ « MDL . APERVIT . ET . CLAVSIT. »

Au droit : Le Pape, suivi d'un nombreux cortége, ouvrant la porte Sainte. En haut, des anges volant et saint Pierre ouvrant la porte du ciel. — Au revers : La porte Sainte murée. — Galerie de Florence.

E. « IVLIVS . III . PONT . MAX . AN . IVBILEI. — ALEXANDER. » — ℞ « GVIDASC . S . R . E . CAMER . S . MAR . MAIORIS . ARCHIPB . APERVIT . IDEMQ . CLAVSIT. — 1550. »

Au droit : Le Pape ouvrant la porte Sainte. — Au revers : Inscription sur le champ. — Galerie de Florence.

Ces deux médailles doivent appartenir au Grechetto. (*GM.*)

F. Dia. 33. « IVLIVS . III . PONT . MAX . AN . PRIMO. — ANNO . IVBILEI . MDL. — ROMA. » — ℞ « BEATI . QVI . CVSTODIVNT . VIAS . MEAS. »

Au droit : La porte Sainte du Jubilé. — Au revers : Buste à gauche de Jésus-Christ nimbé. — Cabinet royal de Parme.

G. Dia. 33. « IVLIVS . III . PONT . MAX . A . III. » — 1er ℞ « BEATI . QVI . CVSTODIVNT . VIAS . MEAS. »

Au droit : Buste à droite de Jules III, barbu, avec la tiare et la chape. — Au revers : Buste à gauche de Jésus-Christ, comme sur la médaille précédente — Musée royal de Parme.

H. 2e ℞ « FONS . VIRGINIS. — VILLAE . IVLIAE. »

Vue de la villa Giulia, à Fontevergine. — Musée royal de Parme. — *BO.*, I, 243, 24. — *TN.*, Méd. pap., IX, 9.

I. 3e ℞ « ANNONA . PONT. »

Une femme demi-nue, debout, tournée à gauche, tenant de la main droite une figure de Minerve, et de l'autre une corne d'abondance. Devant elle, un vase avec des épis; derrière elle, une proue de navire. — Cabinet national de France. — *TN.*, Méd. pap., IX, 7.

J. Dia. 26. « IVLIVS . III . P . MAX. » — ℞ « OMNIA . TVTA . VIDES. — ROMA. — AC. »

Au droit : Buste à gauche de Jules III, tête nue, barbu, vêtu de la chape. — Au revers : Un guerrier romain assis, tenant à la main une couronne. — Monnaie d'argent. *TN.*, Monn., XXVIII, 1.

Cette monnaie, qui porte la signature A C., était placée précédemment dans le deuxième volume. (Voir II, 216, 11.)

OBSERVATIONS ET RECTIFICATIONS.

a. I, 172, 8. Médaille du pape Paul III.

Cette médaille, qui fut frappée l'an XIV de Paul III, c'est-à-dire en 1546, pourrait appartenir à Gian Giacomo Bonzagna, qui fut nommé, cette même année, « *maestro delle stampe* » de la Monnaie pontificale. (*GM.*)

b. I, 173, 13 et 14. Médailles d'EMMANUEL DE SAVOIE et de MARGUERITE DE FRANCE.

Ces deux médailles portent la marque A. P., qui n'est pas celle de Cesati peut-être appartient-elle à ANDREA PIACENTINO, dont le nom de famille est Casalino. (*GM.*)

CESARE DA BAGNO (CESARE DI NICCOLO DI MARIANO FEDERIGHI, dit)

(I, p. 173 à 175.)

Né vers 1530, à Santa Maria in Bagno. Il mourut à Milan en 1564.

a, I, 174, 3. Médaille de COSME Ier DE MÉDICIS.

Trompé par une ressemblance de style, nous avons cru pouvoir attribuer cette médaille à Cesare da Bagno. Celui-ci n'en peut pas être l'auteur, étant mort en 1564. La pièce en question n'a pu, en effet, être faite avant 1569, comme nous l'avons fait remarquer.

ANNIBAL

(I, p. 176.)

ADDITION.

GONSALVE DE CORDOUE.

A. Dia. 58. « CONSALVVS . III . DICTATOR . MAGNI . DVCIS . COGNOMENTO . ET . GLORIA . CLARVS. — ANNIBAL. » — 2e ℟ « MERCVRIVS . QVADRATVS. »

Au droit : Buste à gauche de Gonsalve de Cordoue, comme sur la médaille I, 176, 1. — Au revers : Mercure nu, debout sur un socle cubique. Il tient de la main gauche son caducée. Au fond, un paysage. — Collection Feuardent.

OBSERVATIONS ET RECTIFICATION.

Les médailles de Gonsalve de Cordoue furent très-probablement exécutées par ordre de Gonsalve Ferdinand II de Cordoue (né vers 1515 + 1578), petit-fils du Grand Capitaine, par Elvira sa mère.

a. I. 176, 1. Médaille de GONSALVE DE CORDOUE.

Cette médaille et la suivante font allusion aux victoires remportées par Gonsalve de Cordoue sur les Français, en 1503, à Cerignola et sur le Garigliano. Cerignola est désigné sous le nom de Cannes, célèbre par la victoire d'Annibal sur les Romains. Liris est le nom latin du Garigliano.

b. I, 176, 2. Médaille de GONSALVE DE CORDOUE.

Dans les légendes du droit et du revers : Au lieu de : GONSALVI et GONSALVVS, lire : CONSALVI et CONSALVVS.

ANN.

(I, p. 177.)

Peut-être cette signature désigne-t-elle un Antonio di Desiderio de Ferrare; de son nom de famille ANNIZATI, graveur de pierres dures, élève et compagnon, à Florence, de Domenico di Polo. Il est mentionné en 1536. (*GM.*)

CASELLI

(I, p. 177 et 178.)

ADDITION.

GADIVS (IACOBVS), général de l'Ordre des « Umiliati ».

A. Dia. 39. « IACOBVS . GADIVS . IV . V . D . ET . ORDINIS . HVMILIATORVM . MAGISTER . GENERAL. » — ℞ « SINE . MATRE . HONOR . MATER. »

Au droit : Buste à droite de Jacobus Gadius, barbu, coiffé de la barrette, vêtu du camail. — Au revers : Une femme drapée s'appuyant sur un pilier, Autour d'elle sont des armes. — Cabinet impérial de Vienne. — Cabinet de France.

Au dire de Grasselli (*Abecedario degli artisti cremonesi*), Caselli fit la médaille du général des Umiliati de Sant Abondio, à Crémone. (*GM.*) La médaille mentionnée par Grasselli est peut-être celle de Jacobus Gadius.

CAVINO (GIOVANNI)

(I, p. 178 à 185.)

ADDITIONS.

AVALOS (ALFONSO II D'), marquis de Guast.

A. Dia. 39. « ALFON . AVOL . MAR . GVAS . CAP . GEN . CAR . V . IMP. » — ℞ « AFRICA . CAPTA. — C . C. »

Voir la description II, 163, 1.

BATTAGLINI (Giovanni).

B. Dia. 37. « IOHANNES . BATTAGLINVS. » — ℟ Sans légende.

Au droit : Buste à gauche de Battaglini, comme sur la médaille I, 179, 3. — Au revers : Une femme assise, tournée à droite, tenant dans la main droite une corne d'abondance, et dans la gauche une patère au-dessus d'un autel allumé. — Cabinet impérial de Vienne.

JÉSUS-CHRIST.

C. Dia. 36. « PORVS . CONSILII . FILIVS. — IOANNES . CAVINEVS. » — ℟ « OMNIA . SVRSVM . TRACTA . SVNT. »

Au droit : Buste à droite de Jésus-Christ, tête nue, barbu, cheveux longs, vêtu d'une robe. — Au revers : Jésus sur la croix ; sur les côtés, la Vierge et saint Jean debout ; au pied de la croix, la Madeleine agenouillée.

Cette médaille a été reproduite dans le *Zeitschrift für Numismatik*, VIII. La légende du droit serait inspirée d'un passage de Platon, où figure un personnage mythologique, ΠΟΡΟΣ (voie, chemin), qui était fils de ΜΗΤΙΣ (conseil, sagesse). L'application du nom de Porvs à Jésus-Christ serait une allusion aux paroles de l'Évangile : Ego svm via, etc.

MÉDAILLE ATTRIBUÉE A CAVINO.

SALVIATI (Giovanni), né à Florence en 1490, fait cardinal en 1517 + 1553.

D. Dia. 36. « ΙΩ . Ο . ΚΑΡ . ΣΑΛΒΙΑΤΟΣ. » — ℟ « ΚΟΠΕΙΣΑΠΕΡ ΑΝΘΗΛΗΣΕΙ. »

Au droit : Buste à droite du cardinal Salviati, barbu, coiffé de la barrette, vêtu du camail. — Au revers : Une femme drapée, tournée à gauche, tenant la corne d'abondance et le gouvernail, enlève avec une hache les branches d'un petit arbre. — Cabinet impérial de Vienne.

OBSERVATIONS ET RECTIFICATIONS.

a. I, 181, 14. Médaille de Dolce (Giovanni An Vin). Le nom de ce personnage est Dolce (Giovanni Antonio Vincenzo), et non Dulci.

b. I, 182, 19. Médaille de Jésus-Christ.

La description de cette pièce doit être complétée ainsi : Dia. 34. Au droit : Buste à gauche de Jésus-Christ, tête nue, avec cheveux longs et barbe courte ; la main droite levée, bénissant. — Au revers : Dieu à triple visage vu de face, coiffé de la tiare. Il est assis, bénissant de la main droite. En haut, deux têtes de chérubins ; au bas, deux anges sonnant de la trompette. — Musée royal de Parme.

c. I, 183, 27. Médaille du pape Jules III.

Cette médaille fut faite à l'occasion de la restauration du culte catholique en Angleterre par la reine Marie Tudor.

F . M . L (1)

Signature d'un médailleur qui travaillait en 1550-1555.

Le pape JULES III.

A. Dia. 60. « D.IVLIVS.III. REIPVB. CHRISTIANÆ. REX. AC. PATER. — F. M. L. » — ℟ « IMMANE. PONDVS. VIRES. INFRACTÆ. »

Nous renvoyons le lecteur à la description donnée II, 215, 9, où nous avions placé à tort cette médaille. — *TN*., Méd. pap., x, 1.

A . V (2)

Signature d'un médailleur qui travaillait en 1550-1555.

Le pape JULES III.

A. Dia. 30. « IVLIVS. III. PONT. MAX. — A. V. » — 1er ℟ « IVSTI. INTRABVNT. PER. EAM. — HAEC. PORTA. MDL. — ROMA. »

Au droit : Buste à droite de Jules III, tête nue rasée, barbu, vêtu de la chape. — Au revers : La porte sainte du Jubilé. — Cabinet national de France. — *BO*., I, 243, 3.

B. 2e ℟ « IVLIVS. TERTIVS. PONT. OPT. MAX. — ANNO. IVBILEI. — ROMA. »

La porte sainte du Jubilé. — Cabinet national de France. — *BO*., I, 243, 4.

C. 3e ℟ « ANNONA. PONT. — A. V. »

Une femme assise tournée à gauche, tenant des épis et une corne d'abondance; derrière elle est une proue de navire. — Cabinet national de France. — *BO*., I, 243, 13. — *TN*., Méd. pap., ix, 2.

(1) Ce médailleur nouveau se placerait à la page 185 du premier volume.
(2) Ce médailleur nouveau se placerait à la page 185 du premier volume.

D. 4e ℟ « HILARITAS . PONTIFICIA. — ROMA. »

Une femme debout, tenant une palme et une corne d'abondance; près d'elle est un baril de poudre qui éclate. — Cabinet de France. — *BO.*, I, 243, 9.

E. 5e ℟ « VIRGO . TVA . GLORIA . PARTVS. »

Voir la description, II, 216, 10.

F. 6e ℟ « PORTVS . CENTVM . CELL. — INSTAVR . VRBE . Q . VALLO . AVXIT. »

Plan du port et de la forteresse de Cività-Vecchia. — Cabinet royal de Parme.

Ce revers appartient à Fed. Bonzagna. Les travaux auxquels il a rapport ayant été exécutés sous Pie IV, son emploi sur une médaille de Jules III constitue une pièce hybride.

JAC . VRB

(I, p. 185.)

Le nom de ce médailleur doit être JACOBUS URBINAS ou URBEVETANUS. *(GM.)*

GB . CAPO (1)

Ce médailleur travaillait vers 1555.

ROVERE (GUIDUBALDO II DELLA), quatrième duc d'Urbin, né en 1514; duc d'Urbin en 1538 + 1574.

A. Dia. 49. « GVIDVSVBALDVS . II . VRBINI . DVX . IIII. » — ℟ « ΦΙΛΑΡΕΤΩΤΑΤΩ. — GB . CAPO. »

Au droit : Buste à droite de Guidubaldo II, tête nue, barbu, cuirassé, avec écharpe et petite fraise. — Au revers : Un cirque antique avec les *metæ* au milieu, et sur le devant un quadrige. — Cabinet impérial de Vienne.

(1) Ce médailleur nouveau se placerait à la page 186 du premier volume.

CAMPI (Bartolommeo)

(I, p. 186 et 187.)

ORFÉVRE, MÉDAILLEUR, ARCHITECTE ET INGÉNIEUR MILITAIRE

Né à Pesaro en 1525. Il mourut à Harlem en 1573.

RECTIFICATION.

a. I, 186, 1. Médaille de Guidubaldo II della Rovere.

Dans la légende du droit il faut lire GVIDVS . VBALDVS au lieu de GVIDVS . VBAL.

R . C

(I, p. 187.)

« Peut-être Regolo Coccapani de Carpi (+ 1620), orfévre établi à Florence, ou bien Raffaello Casellesi, orfévre florentin. » (*GM.*)

I . BO

(I, p. 187.)

« Peut-être les lettres I BO signifient-elles Giulio Bonasone, graveur. » (*GM.*)

V . D (1)

Ce médailleur travaillait en 1557.

BAGLIONE (Leone).

A. Dia. 60. « LEO . BALIONIVS . ARCHIPRESB. — V : D. » — ℞ « AEI . ΘΑΛΕΕC . AD . MDLVII. »

Au droit : Buste à gauche de Baglione, tête nue, chauve, barbu. — Au revers : Trois femmes drapées, debout, symbolisant la Foi, l'Espérance et la Charité. — Cabinet impérial de Vienne.

PASTORINO

(I, p. 188 à 215.)

On trouve Pastorino employé comme graveur de monnaies en 1552

---

(1) Ce médailleur nouveau se placerait à la page 187 du premier volume.

à Parme; 1554-1557, 1563 à Ferrare; 1574 à Novellara; 1576-1589 à Florence.

ADDITIONS.

ARMAGNAC (Georges d'), né en 1501; fait cardinal en 1544 + 1585.

A. Dia. 39. « GEOR . CAR . ARMAIGNACIVS. — 1554 . P. » — Sans ℞.

Buste à droite de Georges d'Armagnac, coiffé de la barrette, cheveux courts, barbu. — Collection T. W. Greene.

BAIARDI (Francesco), de Parme. Il vivait en 1556.

B. « FRANCISCVS . BAIARDVS . EQ. — 1556. » — Sans ℞.

Buste de Francesco Baiardi avec la barbe courte, vêtu d'une robe. C'est probablement le Francesco Baiardi, mari de la Giulia Barattieri, dont Pastorino fit la médaille en 1556. (Voir I, 188, 3.) — Soc. Colomb.

BOURBON-VENDOME (Charles de), né en 1523; fait cardinal en 1548 + 1590. Il fut proclamé roi en 1589 par les ligueurs sous le nom de Charles X.

C. Dia. 57. « CAROLVS . BORBON . CARD . VAND. — 1555 . P. » — Sans ℞.

Buste à droite de Charles de Bourbon-Vendôme, barbu, coiffé de la barrette, vêtu d'un manteau à collet rabattu, avec petite fraise. — Cabinet impérial de Vienne. — *H.*, XXVII, 1.

BRENIERI (Paolo Emilio).

D. Dia. 72. « PAVLO . EMILIO . BRENIERI . EQS. — 1559 . P. » — ℞ « TV . NE . CEDE . MALIS. »

Au droit : Buste à droite de Brenieri, tête nue, barbu, cheveux courts, cuirassé. — Au revers : Hercule combattant les monstres. Ce revers est emprunté à une médaille de Leone Leoni. Voir I, 164, 12. — Cabinet impérial de Vienne.

CALCAGNINI (Leonora), de Ferrare, née en 1524. Peut-être est-ce Leonora, fille d'Ercole Calcagnini, laquelle épousa Bernardino Contugoni et mourut en 1595.

E. Dia. 50. « LEONORA . CALCAGNINA . A . A . XXXII. — 1556. » — Sans ℞.

Buste de Leonora, tête nue, les cheveux tressés, vêtement à l'antique, avec un collier. — Soc. Colomb.

CARAFFA (Antonio).

F. Dia. 57. « DON . ANTON . CARRAFA. — 1556 . P. » — Sans R/.

Buste à droite d'Antonio Caraffa, tête nue, barbu, cuirassé. — Cabinet impérial de Vienne.

ESTE (Cesare d'), petit-fils du duc Alphonse Ier, né en 1562 + 1628. Il devint duc de Modène en 1597.

G. Dia. 49. « CÆSAR . EST . ALF . DVCIS . NEP . 1575. » — R/ « OSCVLA . IVSTITIÆ . PAX . AVREA . FIGIT . IN . ORBE. »

Au droit : Buste à gauche de César d'Este adolescent, la tête nue, vêtu d'un pourpoint avec petite fraise, manteau garni de fourrure. — Au revers : Deux femmes drapées debout : l'une (la Justice) tient un glaive; l'autre (la Paix) tient une branche de laurier. Au bas est couché un guerrier armé à l'antique (Mars). — Cabinet impérial de Vienne.

La même médaille se trouve avec un revers du dix-huitième siècle, représentant un cavalier cuirassé galopant vers la droite. — Collection A. Armand.

ESTE (Ercole II d'), quatrième duc de Ferrare.

H. Dia. 38. « HERCVLES . II . DVX . FERRAR . IIII. » — R/ « SVPERANDA . OMNIS . FORTVNA. »

Cette pièce a été décrite dans l'œuvre de Pompeo Leoni, où elle avait été placée à tort. (Voir I, 250, 6.)

I. Dia. 29. « HERCVLES . II . FERRARIE . DVX . IIII. — 1559. — P. » — R/ « SVPERANDA . OMNIS . FORTVNA. — (A). »

Cette monnaie a été décrite dans le deuxième volume, où elle avait été placée à tort. (Voir II, 148, 6.)

ESTE (Alfonso II d'), cinquième duc de Ferrare.

J. Dia. 38. « ALFON . ESTEN . FERR . PRIN. » — R/ « PVDICITIA. — 1547. »

Cette pièce a été décrite dans le deuxième volume, où elle avait été placée à tort. (Voir II, 193, 1.)

La même pièce se rencontre ayant pour revers la médaille de Francesco d'Este, marquis de Massa, décrite I, 193, 30.

FLORATI (GIROLAMO).

K. Dia. 54. « F . HIERO . FLORATVS . FERR . MIN . CON . — 1555 . P. » — ℟ « OMNE . VANVM. »

Au droit : Buste à droite de Florati, tête nue, chauve, barbu, vêtu du camail. — Au revers : Une femme drapée portant un vase d'où sort de la fumée. Ce revers appartient à Leone Leoni. Voir I, 169, 29. — Cabinet impérial de Vienne.

FRANCE (HENRI II, roi de), né en 1519; roi en 1547 + 1559.

L. Dia. 40. « HENRICVS . II . DEI . GR . FRAN . REX. — 1554 . P. » — ℟ « PVDICITIA . 1547. »

Au droit : Buste à droite de Henri II, tête nue, barbe longue, cuirasse ornée avec un lys sur la poitrine, petite fraise. — Au revers : Femme nue, tournée à gauche, assise sur un piédestal. Ce revers est emprunté à la médaille d'Alphonse II d'Este par Pastorino décrite ci-dessus à la lettre *J.* — Cabinet royal de Parme.

GOLETTI (CONTESSINA).

M. Dia. 67. « CONTESSINA . GOLETTI . A . A . XXI. — 5... P. » — ℟ Sans légende.

Au droit : Buste à gauche de la Contessina Goletti, coiffée d'une natte en arrière, avec collier et boucles d'oreilles, corsage coupé carrément. — Au revers : L'Amour endormi s'inclinant à gauche et posant le bras droit sur un autel auquel l'arc et le carquois sont suspendus. — Cabinet impérial de Vienne.

GUARINI (ALESSANDRO) + 1556. Il fut secrétaire d'Hercule II d'Este.

N. Dia. 56. « ALEXAN . BAPTISTAE . GVARINVS. — 1556 . P. » — ℟ Sans légende.

Au droit : Buste à droite d'Alessandro Guarini, tête nue, cheveux courts, barbu, vêtement à collet de fourrure. — Au revers : Orphée aux enfers. A gauche, Pluton et Proserpine assis sur un trône; à droite, Orphée jouant de la lyre et Eurydice nue, les bras croisés sur sa poitrine, dans l'attitude de suppliante. Sur le devant on voit Cerbère, et au fond Tantale. — *M.*, I, LXVIII, 1. Le droit. — Cabinet impérial de Vienne.

Cette pièce était placée à tort et incomplétement décrite dans la deuxième partie. (Voir II, 195, 10.)

HARRACH (Léonard V de), né en 1541.

O. Dia. 65. « LEONHAR . AB . HARROCH . BARO . ET . XVII. — . P . 1558. » — ℟ Sans légende.

Au droit : Buste à gauche de Léonard jeune. — Au revers : Un navire, une tête de Minerve, Pégase et divers emblèmes mythologiques. — Cabinet royal de Parme.

LOPEZ (Ursula), née en 1537.

P. Dia. 64. « VRSVLAE . LOPES . M . P . C . ÆT . XVIII . 1555. » — Sans ℟.

Nous renvoyons, pour la description de cette pièce, au deuxième volume (II, 245, 5), où elle avait été placée à tort.

LORRAINE (Louis de), cardinal de Guise; fait cardinal en 1553 + 1578.

Q. Dia. 67. « LVDOVICVS . CARDINALIS . AGVYSIA. — 1560 . P. » — Sans ℟.

Buste à droite de Louis de Lorraine, barbu, coiffé de la barrette, vêtu du camail. — Cabinet impérial de Vienne.

MALAGUZZI (Ippolito), de Reggio; jurisconsulte + 1596.

R. Dia. 52. « HIPPOLYT . MALEG . IV . VT . DOCT . REG. — 1554 . P. » — ℟ « MORS . HINC . ET . VITA. »

Voir la description II, 150, 16, où cette médaille a été placée à tort. Le Cabinet royal de Parme possède un exemplaire avec la signature P qui nous autorise à lui donner place dans l'œuvre de Pastorino.

MONTMORENCY (François de), né en 1530 + 1579. Il fut fait maréchal de France en 1559.

S. Dia. 69. « FRANCOYS . DE . MONTMORENCY. — P . 1556. » — Sans ℟.

Buste à gauche de François de Montmorency, tête nue, barbu, pourpoint à collet rabattu. — Cabinet impérial de Vienne.

NICCOLINI (Angelo), Florentin; jurisconsulte. Il fut archevêque de Pise en 1564; cardinal en 1565 + 1567.

T. « ANGELVS . NICOLINVS . CONS . D . FLO. — 1555 . P. » Sans ℟.

Buste de Niccolini. — Soc. Colomb.

NURCIA (Abramo-Emanuele).

U. Dia. 41. « ABR . EMA . NVR. — 1557 . P. » — Sans ℞.

Buste à droite de Nurcia, tête nue, barbe longue, avec un vêtement orné de broderies et fraise. — Cabinet royal de Parme.

ROVERE (Giulio Feltrio della), de Montefeltro, né en 1533 + 1578. Il fut fait cardinal en 1547; évêque d'Urbin en 1548; archevêque de Ravenne en 1566.

V. Dia. 66. « IVLIVS . FELT . DE . RVVERE . S . P . VINC . CAR . VRB. — P . 1559. » — Sans ℞.

Buste à gauche de Giulio Feltrio, barbu, coiffé de la barrette, vêtu du camail. — Cabinet impérial de Vienne.

SACRATA (Girolama).

X. Dia. 42. « IVRAVI . ET . NON . PENIT. — 1560 . P. » Sans ℞.

Même buste que sur la médaille I, 206, 107. — Collection A. Hess, à Francfort S. M.

SFORZA (Sforza), comte de Santa Fiora, né en 1520 + 1575.

Y. Dia. 58. « SFORTIA . SFORTIA . COMES . SANTE . FLORA. — P . 1555. » — Sans ℞.

Buste à gauche de Sforza Sforza, tête nue, barbu, cuirassé. — Cabinet impérial de Vienne.

TASSONI (Galeazzo d'ESTE).

Z. Dia. 64. « GALEATIVS . ESTEN . TASSON. » — ℞ « VOX . DOMINI . IN . VIRTVTE. »

Au droit : Buste à droite de Galeazzo, comme sur la médaille I, 208, 121. — Au revers : Une main sortant d'un nuage, tenant une épée enflammée. — Musée royal de Parme.

TOLOMEI (Aurelia), de Sienne.

AA. Dia. 35. « D . AVRELIA . TOLOMEI. — P. » — Sans ℞.

Buste à gauche d'Aurelia Tolomei, tête nue, avec chignon formé d'une natte roulée. — Collection T. W. Green.

TROTTI (Ercole).

BB. Dia. 64. « HERCVLES . TROTT . EQV . HYER. — P . 1555. » — ℟ « DABIT . DEVS . HISQVOQ . FINEM. »

Au droit : Buste à gauche d'Ercole Trotti, tête nue, barbu, cuirassé. — Au revers : Hercule combattant l'hydre de Lerne. Ce revers appartient à Leone Leoni. Voir III, p. 67 *E*. — Cabinet impérial de Vienne.

VECCHI (Giambattista), Siennois.

CC. Dia. 51. « IOANES . BAPTISTA . DE . VECHIS. — P . 1555. » — Sans ℟.

Buste à droite de Giambattista Vecchi, tête nue, cheveux courts, barbu, cuirassé, avec col rabattu. — Collection A. Armand.

MÉDAILLES ATTRIBUÉES A PASTORINO.

BORNATI (Annibale).

DD. Dia. 34. « HANNIBAL . BORNATVS. » — ℟ « ΕΙΔΩΛΩΝ. ΤΗΣ . ΦΙΛΙΑΣ. »

Au droit : Buste à gauche d'Annibale jeune, tête nue, barbe naissante, ayant au col une chaîne à deux rangs. — Au revers : Une abeille volant au milieu des flammes qui s'élèvent au-dessus d'un autel. — Cabinet royal de Parme.

CAVERZAGO (Marcantonio).

EE. Dia. 64. « MARCVS . ANTONIVS . CAVERZAGVS. — 1555. » — ℟ « IHOANNIS . FRANCISI . HENZOLE . AVRIFICIS . PARMENSIS . OPVS . 1467. »

Au droit : Buste à gauche de Marcantonio Caverzago, tête nue, cheveux courts, barbu. — Au revers : Quatre enfants nus ailés, jouant ensemble; un d'eux est assis. — Cabinet impérial de Vienne.

Pièce hybride. Le revers est emprunté à Enzola. (Voir I, 46, 13.)

FERRERO (Camilla SFORZA, des comtes de Santa Fiora, femme de Besso), marquis de Masserano, mariée en 1546 + 1569.

FF. Dia. 35. « CAMILLA SFORTIA. » — Sans ℟.

Buste à gauche de Camilla, tête nue, avec chignon formé d'une natte roulée. — Collection A. Armand.

FRANKAERT (Giovanni), né en 1518.

GG. Dia. 58. « IOHANNES . FRANCKAERT . ÆT . XLV . — 1563. » — Sans ℟.

Buste à droite de Frankaert, tête nue, barbu, cheveux courts, vêtu d'un pourpoint. — Museo civico à Bologne.

MUNICH (Lucas), abbé de Saint-Bavon de Gand, né en 1493 + 1562.

HH. Dia. 67. « LVCAS . M . ABBAS . S . BAVONIS . GANDENSIS . ÆT . LXVI. — 1559. » — ℟ « INTELLECTVM . DA . MIHI . ET . VIVAM. — L — M. »

Au droit : Buste à droite de Lucas Munich, tête nue, sans barbe, vêtu de la chape. — Au revers : Un écusson entre les lettres L et M. — *VL.*, I, 54. — M. Pinchart attribue cette médaille à Stephan van Holland.

RONCHEGALLI (Giovanni), jurisconsulte ferrarais. Il vivait encore en 1567.

II. Dia. 67. « IOAN . RONCHEGALIVS . I . C . FERRAR. » — ℟ « AETATIS . LVBRICVM. »

Voir la description de cette médaille dans le deuxième volume, p. 195, nº 13, où elle était placée primitivement. Sa ressemblance avec celle de Visdomini motive son attribution à Pastorino.

RECTIFICATIONS ET OBSERVATIONS.

Nous devons à l'obligeance de M. Gaetano Milanesi la plus grande partie des rectifications qui suivent, surtout pour ce qui concerne les personnages siennois.

a. I, 189, 7. Médaille de Bembo (Pietro).

Cette pièce appartient au médailleur à la marque ⳩, et doit être placée dans son œuvre. (Voir III, 60 *A*.)

b. I, 189, 8. Médaille de Bentivoglio (Cornelio).

Nous avons déjà mentionné quatre revers de cette médaille. L'exemplaire que possède le Museo civico de Bologne nous en fait connaître un cinquième avec la légende :

« NEC . SINIT . ESSE . FEROS. »

Il représente Diane, un javelot à la main, marchant à droite. Elle pousse devant elle trois lions dont elle tient les rênes.

c. I, 190, 12. Médaille de Boniperti (Gianfrancesco).

L'exemplaire de cette médaille que possède le Cabinet impérial de Vienne a le revers suivant :

« NEQVE . VNQVAM . ALITER. »

Une pomme avec sa tige.

d. I, 190, 13 et 191, 19. Médaille de Bonzagni (Alessandro) et de Cicilia, sa deuxième femme.

Les deux pièces de Pastorino que nous avons décrites sous les n°s 13 et 19 doivent être réunies en une seule médaille, comme nous le voyons au Cabinet royal de Turin. Elle aura au droit le buste du mari et au revers celui de la femme avec les légendes suivantes :

Dia. 50. « ALEX . BONZAN . A . A . LXV. — 1553 . P. » — ℟ « CICILIA . CONS . II . ALEX . B. — 1554. »

Alessandro Bonzagni (et non Bonzano) était de Reggio (Émilie). Il mourut en 1572.

e. I, 191, 21. Médaille de Colonna Savelli.

L'abréviation SAV est pour SAVELLI.

f. I. 192, 25. Médaille de Crispi (Tiberio).

Le revers de cette médaille porte la signature P. sur l'exemplaire de la collection T. W. Greene.

g. I, 192, 27. Médaille de Donati (Atalanta, et non Atlanta); c'était une Siennoise, poëte, née en 1530 + 1588.

h. I, 192, 28. Médaille du cardinal Ippolito II d'Este.

On trouve cette médaille avec un revers sans légende représentant quatre personnages, un homme et trois femmes, sacrifiant devant le temple de Janus. — Collection T. W. Greene.

i. I. 193, 34. Médaille d'Alfonso d'Este, marquis de Montecchio.

Ce personnage, né en 1561, mourut en 1578.

j. I, 196, 45. Médaille du cardinal Alessandro Farnese.

Luckius a donné cette médaille avec un revers qui représente un terme couvert d'un bouclier, au centre duquel est fichée une flèche. La légende est ΒΑΛΛΑ ΟΥΤΟΣ. Ce sujet, ainsi que la légende, fait partie des « emblèmes de la maison Farnèse », décrits par Annibale Caro dans sa lettre de janvier 1563, adressée à Vittoria Farnèse, duchesse d'Urbin. Elle est, dit-il, de l'invention de Molza. Il ne paraît pas que cet « emblème » ait jamais été exécuté en médaille. Celle-ci a été cependant reproduite, sur la foi de Luckius, par Litta (Farn. II, 9) et Van Mieris (III, 26). Elle doit être tenue pour apocryphe. (Note de M. Umberto Rossi.)

k. I, 197, 53. Médaille d'ALESSANDRO FIASCHI.

Ce personnage se nommait Fiaschi et non Flaschi. Il était Ferrarais.

l. I, 197, 54. Médaille de FAUSTA FORTEGUERRI.

Elle était Siennoise, de la famille des Venturi. — Dans la légende, au lieu de FONTEGVERRI, il faut lire FORTEGVERRI.

m. I, 197, 55. Médaille de FORTINI (PIETRO).

La description de cette pièce doit être complétée comme il suit :

Dia. 51 × 41. « PIETRO . FORTINI. » — ℟ Sans légende.

Au droit : Buste à droite de Fortini, tête nue, barbu, vêtu d'un pourpoint à col rabattu. — Au revers : Le jugement de Pâris. — Bibliothèque communale de Sienne.

n. I, 198, 56. Médaille de FOURQUEVAULX.

Le nom du personnage est FOURQUEVAULX (RAIMOND DE PAVIE, baron DE), né en 1509 + 1574.

o. I, 198, 60. Médaille de GIORDANI (GIULIO).

Ce personnage était de Pesaro. Il fut secrétaire et conseiller du duc d'Urbin, Francesco-Maria II della Rovere.

p. I, 199, 64. Médaille d'ÉLÉONORE D'AUTRICHE, femme de Guglielmo I° Gonzaga.

L'exemplaire de cette médaille, qui est au Musée de Parme, a pour revers :

« VIRTVTIS . FORMÆQ . PRÆVIA. »

Ce revers est emprunté à Jacopo da Trezzo. (Voir I, 241, 1.)

q. I, 200, 68. Médaille de GRIMALDI (AURELIO).

Ce personnage était de Reggio (Émilie), et non de Gênes.

r. I, 200, 72. Médaille de GUTTIERREZ ? (BALTHAZAR).

Le nom de ce personnage désigné ainsi : GVT est probablement GUTTIERREZ.

s. I, 200, 75. LOLLIO (ALBERTO).

Le nom de ce personnage était LOLLIO et non LOLLI. Il était Ferrarais, naquit entre 1508 et 1510, et mourut en 1568.

t. I, 201, 80. Médaille de MARZI (LIVIA).

Elle était fille de Lodovico Marzi, née en 1539; elle épousa en 1562 Angelo Placidi.

u. I, 203, 92. Médaille de PENDALIA (POMPEO).

Ce personnage était Ferrarais. L'exemplaire du Cabinet impérial de Vienne a le revers suivant :

« IVSTVS . VT . PALMA . FLOREBIT. — DOMINE . IN . TE . SPERAVI. »

Deux branches de palmier enlacées d'une banderole portant l'inscription DOMINE, etc. Elles sont assaillies par une tempête de grêle.

v. I, 204, 95. Médaille de PETRUCCI (CAMILLA).

Elle était fille de Scipione Petrucci, de Sienne, et était née en 1525.

x. I, 204, 97. Médaille de PICCOLOMINI (ELENA SFORZA).

La description de cette médaille doit être remplacée comme il suit :

PICCOLOMINI (ELENA SFORZA, des comtes de Santa Fiora, femme d'Antonmaria Enea).

Dia. 38. « ELENA . SFORTIA. » — Sans ℟.

Buste à gauche d'Elena, tête nue, les cheveux pris dans une résille, corsage coupé carrément avec chemisette à collet droit. — *L.*, Sforza, 17.

y. I, 204, 98. Médaille de PICCOLOMINI (VIRGINIA).

L'exemplaire de la galerie de Florence a le revers suivant :

« PVDICITIA. »

Une femme nue assise sous un grand arc.

z. I, 205, 100. Médaille de BONA SFORZA, reine de POLOGNE.

Elle était née en 1493, et non en 1500. Nous avons vu cette médaille avec le revers suivant :

« FORTIS . BONA . PRVDENS. — A . D . MDXL. »

Écusson mi-partie aux armes de Pologne et de Milan.

aa. I, 205, 101. Médaille de MARIA DE ROIAS.

Cette médaille appartient au médailleur à la marque [marque], et a été rangée dans l'œuvre de cet artiste. (Voir III, 60 *C.*)

bb. I, 205, 103. Médaille de LODOVICA FELICINA ROSSI.

L'exemplaire du Musée impérial de Vienne a le revers suivant :

« DVCE . VIRTVTE . COMITE . FORTVNA. — MDXIII. »

La Vertu et la Fortune se donnant la main. Ce revers n'appartient pas à Pastorino.

Il faut remarquer dans cette médaille, comme dans le n° 102 de Pastorino, que le nom de FELICINA n'est pas un prénom, mais qu'il indique que

Lodovica appartenait, soit par la naissance, soit par alliance, à la famille Felicini, de Bologne.

cc. I, 206, 112. Médaille de Giuditta Santi.

Siennoise, fille de Giulio Santi. Elle était née en 1510.

dd. I, 207, 115. Médaille de Scaruffi (Gasparo).

Le nom de ce personnage était Scaruffi et non Scaruffa.

ee. I, 207, 116. Médaille de Sergardi Spannocchi.

Son nom était Spannocchi et non Spanochi.

ff. I, 207, 117. Médaille de Sozzini (Mariano).

Son nom était Sozzini (Mariano), dit le jeune, et non Sozi (Maria). Il était né en 1482, et mourut en 1556.

gg. I, 207, 118. Médaille de Spagiari (Isabella).

Son nom était Spagiari, de Reggio (Émilie), et non Spag.

hh. I, 207, 119. Médaille de Spannocchi (Girolamo).

Son nom était Spannocchi, de Sienne, au lieu de Spanochi. Le buste de ce personnage est à droite.

ii I, 208, 124. Médaille de Tolomei (Girolamo).

Ce personnage était Siennois, fils de Lattanzio. Né en 1511, il mourut en 1551.

jj. I, 208, 126. Médaille de Torelli (Giovanna).

Giovanna était fille de Lelio Torelli. Elle épousa Camillo Giordani, de Pesaro.

kk. I, 209, 131. Médaille de Vecchi (Virginia).

Siennoise. Elle épousa en 1540 Simone Simoni.

ll. I, 209, 132. Médaille de Vigarani (Baldassare).

Riche marchand de Reggio (Émilie). Il mourut en 1563.

mm. I, 210, 134. Médaille de Vitozzi.

Il faut lire Vitozzi, au lieu de Vitozio. Ce personnage était Romain.

ARCO (Marco)

(I, p. 211.)

Il était élève du Grechetto. Il est mentionné dans le Collége des Orfévres, à Rome, vers la fin du seizième siècle. (Voir Bertolotti, *Artisti belgi ed olandesi a Roma.*)

GIOVAN BATTISTA DI BERNARDINO (1)

ORFÉVRE SIENNOIS

Il travaillait en 1560.

Suivant M. G. Milanesi, le cardinal Jean de Médicis, deuxième fils du duc Cosme Ier, chargea cet orfévre, en 1560, de faire les médailles de trois membres de la famille des Médicis, savoir :

A. Médaille de GIOVANNI DELLE BANDE NERE.

B. Médaille de GIULIANO, duc de Nemours.

C. Médaille de LORENZO II, duc d'Urbin.

Ces médailles nous sont inconnues.

NICCOLO DI FROSINO (2)

ORFÉVRE PISAN

Il travaillait en 1560.

A. Médaille de CHARLES LE TÉMÉRAIRE, duc de Bourgogne.

Cette médaille, qui nous est inconnue, fut commandée à Niccolò di Frosino, en 1560, par le cardinal Jean de Médicis, deuxième fils de Cosme Ier. (*GM.*)

S.

(I, p. 213.)

Ce médailleur est probablement NICCOLO SIGNORETTI, graveur en monnaies de Reggio (Émilie), qui travaillait de 1556 à 1562. Il appartenait à une famille d'orfévres qui est mentionnée à Reggio de 1421 à 1692. (Umberto Rossi.)

ADDITION.

INCONNUE.

A. Dia. 68. Sans légende. — Sans ℟.

Buste à droite jusqu'à la ceinture d'une jeune femme, tête nue, les cheveux frisés et mêlés de joyaux, ornements d'orfévrerie et rubans; collier

(1) Ce médailleur nouveau se placerait à la page 212 du premier volume.

(2) Ce médailleur nouveau se placerait à la page 212 du premier volume.

de perles à deux rangs; draperie à plis nombreux, se terminant par un rinceau dans lequel se voit la lettre S. Il est renfermé dans un cartouche ovale. — Collection J. C. Robinson.

OBSERVATIONS ET RECTIFICATIONS.

a. I, 213, 1. Médaille de Bocchi (Costanza).

Elle épousa Gianfrancesco Malvezzi, et mourut en 1566.

L'exemplaire de cette médaille que possède le Cabinet impérial de Vienne a un revers sans légende qui représente Orphée attaché à un arbre, assailli par les Ménades.

b. I, 213, 2. Médaille de Lippi (Gabriele).

Ce personnage était de Reggio (Émilie).

c. I, 213, 3. Médaille de Pratonieri (Giulia).

Ce personnage, dont le nom était Pratonieri, et non Pratonero, était de Reggio (Émilie).

BOMBARDA (Andrea Cambi, dit il)

(I, p. 214 et 215.)

ADDITIONS.

ARANZIO (Giulio Cesare), anatomiste bolonais, né en 1530 + 1589.

A. Dia. 66. « IVLIVS . CAESAR . ARANTIVS . — ANN . XXVII. — BOM. » — Sans ℟.

Buste à gauche d'Aranzio, tête nue, barbu, vêtement à collet rabattu. — Cabinet royal de Parme.

ARMI (Alessandro dall'), noble bolonais, chevalier de Saint-Michel. Il vivait encore en 1578.

B. Dia. 69. « ALEXANDER . ABARMIS. — BOM. » — ℟ « ALACRITATE . ANIMI . ET . LABORE. »

Au droit : Buste à droite d'Alessandro jeune, tête nue, cheveux courts, barbe naissante, vêtu d'un pourpoint avec collet rabattu. — Au revers : Un cheval galopant vers la gauche. — Cabinet royal de Parme.

AVALOS (Fernando Francesco II d'), marquis de Pescaire et de Guast; vice-roi de Sicile + 1571.

C. Dia. 68. « FERDIN . FRAN . DAVALOS . DE . AQV .

MAR . P. » — ℟ « HAVD . SIMPLEX . VIRTVTIS . OPVS. — BOM. »

Au droit : Buste à droite jusqu'à la ceinture de Ferdinand-François II d'Avalos, tête nue, cheveux courts, barbu, couvert d'une riche cuirasse, avec la Toison d'or et fraise. Il tient dans la main droite une écharpe; devant lui est un casque orné de plumes. — Au revers : Pallas casquée, debout, tournée à gauche; elle tient dans la main droite une lance et une branche d'olivier, et au bras gauche le bouclier. — Cabinet impérial de Vienne.

La même médaille se trouve ayant pour revers le buste par Pastorino de Marguerite Paléologue, femme de Frédéric II de Gonzague, et belle-mère de Ferdinand François II d'Avalos. (Voir Pastorino, I, 198, 62.—*L.*, Gonz., 79.)

CHIZZOLA (Ippolito), chanoine, prédicateur + vers 1560, à Padoue.

D. Dia. 64. « D . HIPPOLYTVS . CHIZZOLA. — BOMB. » — Sans ℟.

Buste à gauche d'Hippolyte Chizzola vu jusqu'à la ceinture, la tête nue, chauve, barbu, vêtu d'une aube. — Collection A. Armand.

FIAMMA (Gabriele), Vénitien, prédicateur, évêque de Chioggia en 1584 + 1585.

E. Dia. 81. « MEMINISSE . IVVABIT. — BOM. » — ℟ « GABRIEL . FLAMMA . VENETVS. . . . . . ANNVM . AGIT . XLV. »

Au droit : Buste à droite de Gabriele Fiamma, tête nue, le front chauve, barbe courte, vêtu d'une robe. — Au revers : Inscription en vingt-cinq lignes, dont nous donnons seulement la première et la dernière. — *M.*, *I*, LXXXVI, 1.

Cette pièce était placée précédemment II, 227, 13.

MISERONI (Girolamo), Milanais, graveur en cristal de roche. Il travaillait dans la deuxième moitié du seizième siècle.

F. Dia. 62. « IERONIMVS . MISERONVS . A . 42. — BOM. » — ℟ « SI . DEVS . PRO . ME. »

Au droit : Buste à gauche de Girolamo Miseroni, tête nue, chauve, barbu, vêtement à collet rabattu. — Au revers : Pan et Syrinx. — Cabinet royal de Parme.

PIGNA (Giambattista Nicolucci, dit), né en 1503 + 1575.

Médecin, historien et poëte. Il fut secrétaire d'Alfonse II d'Este.

G. Dia. 65. « IO . BAPTISTAE . PIGNAE. — BOM. » — 1er ℟. Sans légende.

Au droit : Buste à gauche de Pigna, tête nue, barbu, cheveux courts, vêtu d'une pelisse. — Au revers : Pan et Syrinx. — *M.*, I, LIX, 6.

H. 2e ℟ « SERVABO. »

Un berger, auprès de son troupeau, s'entretenant avec une femme drapée qui tient un rameau. — *M.*, I, LX, 1. — Cabinet royal de Parme.

Cette médaille avec ses deux revers était placée précédemment II, 195, 11 et 12.

RINALDO (Lodovico).

I. Dia. 63. « LVDOVICVS . RINALDVS. — BOM. » — Sans ℟.

Buste à gauche de Rinaldo, tête nue, cheveux et barbe courts, vêtu d'un pourpoint à collet droit avec fraise. — Collection T. W. Greene.

INCONNU.

J. Dia. 58. « FELIX . SORTE . TVA. — BOMB. » — 2e ℟ « CHARITAS . OMNIA . SVFFERT. »

Au droit : Buste à droite comme sur la médaille I, 215, 7. — Au revers : Une femme assise allaitant un enfant. Trois autres enfants sont autour d'elle. — Museo civico de Bologne.

Cette médaille est une pièce hybride. Le revers original est évidemment celui donné I, 215, 7. « QVE . MEA . CVLPA . TAMEN », forme en effet la continuation de la légende « FELIX . SORTE . TVA. »

INCONNUE.

K. Dia. 69. « BOM. » — Sans ℟.

Buste à gauche jusqu'à la ceinture d'une jeune femme, tête nue, coiffée en cheveux avec nattes et motifs d'orfévrerie, dont le plus apparent forme une volute en forme de corne; un voile léger tombe à l'arrière sur ses épaules; corsage montant à collet droit, le haut de la manche formant une sorte d'épaulette. — Collection G. Dreyfus.

INCONNUE.

L. Dia. 62. « BOM. » — Sans ℟.

Buste à droite d'une jeune femme, la tête nue, les cheveux frisés et entremêlés de bijoux et de rubans, avec un voile attaché en arrière, tombant sur les épaules; corsage droit décolleté avec chemisette, manche bouffant à

13

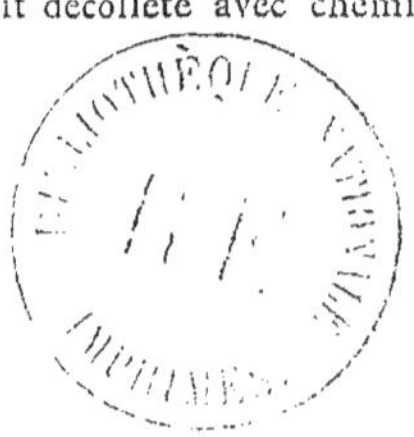

l'épaule avec crevés; collier de perles à double rang avec pendeloque d'où part une écharpe tombant à droite et à gauche. — Museo civico de Bologne.

INCONNUE.

M. Dia. 62. Sans légende. — Sans R̸.

Buste à droite d'une jeune femme, la tête nue, les cheveux frisés avec nattes et joyaux; une sorte de mentonnière attachée au-dessus de l'oreille; collier de perles à deux rangs; écharpe ou draperie agrafée au-dessus de l'épaule, passant sur le sein gauche. — Museo civico de Bologne.

MÉDAILLE ATTRIBUÉE A BOMBARDA.

CARCASS... (ISABELLA MARIANI, femme de I. F.).

N. Dia. 72. « YSABELA . MARIANA . VXOR . I . F . C. » — R̸ « INDITA . SAPIENTIA . VIRTVTE . DIVA . MINERVA. »

Au droit : Buste à gauche d'Isabella Mariani, tête nue, avec petite coiffe à l'arrière de la tête; manches bouffantes, col rabattu. — Au revers : Minerve casquée assise, tournée à gauche, avec une haste à la main gauche. — Collection T. W. Greene.

OBSERVATIONS ET RECTIFICATIONS.

a. I, 214, 2. DANEMARK (ÉLISABETH D'AUTRICHE, reine de).

Nous avions suivi l'exemple d'Heraeus, qui, se basant sur une interprétation fautive de la légende, a vu dans le personnage représenté sur cette médaille Élisabeth d'Autriche, sœur de Charles-Quint. La rencontre que nous avons faite d'une autre médaille du même personnage (celle décrite ci-dessus, lettre *N*) nous a convaincu de notre erreur. La pièce de Bombarda 214, 2, doit maintenant être présentée ainsi :

CARCASS... (ISABELLA MARIANI, femme de I. F.).

Dia. 69. « ISABELLA . MARIANA . CARCASS. — BOM. » — Sans R̸.

Buste à gauche d'Isabella, les cheveux couverts d'une résille avec un voile tombant en arrière; corsage montant avec petite fraise, le haut des manches bouffant. — *H.*, XVIII, 21. — Cabinet impérial de Vienne.

Sur l'exemplaire du Cabinet impérial de Vienne, la signature est ROM, au lieu de BOM. On sait maintenant que ce changement est le fait d'un ciseleur qui travaillait au commencement de ce siècle.

b. I, 215, 4. Médaille de PIGNA (VIOLANTE).

Le nom de ce personnage est VIOLANTE BRASAVOLA, femme de Gianbattista PIGNA.

c. I, 215, 6. Médaille de Vedriani (Giulio).

Le nom de ce personnage est Vedriani et non Vitriani. Vedriani de Reggio, notaire, était né au plus tôt en 1508 + vers 1572 (Umberto Rossi).

F. V. (1)

Signature d'un médailleur qui travaillait vers 1560.

PORTUGAL (Édouard II de), duc de Guimarens, connétable de Portugal, fils de l'infant Édouard Ier de Portugal, duc de Guimarens, et d'Isabelle de Portugal-Bragance, né en 1541 + 1576.

A. Dia. 70. « EDVARDVS . EDVARDI . ET . ISABELÆ . INFANTV . FILIVS. — F. V. » — ℟ « HAVD. SIMPLEX . VIRTVTIS . OPVS. — BOM. »

Au droit : Buste à gauche d'Édouard vu jusqu'à la ceinture, tête nue, cheveux courts, barbe naissante, riche cuirasse, fraise. De la main droite il tient le bâton de commandement; sur la gauche, un casque empanaché. — Au revers : Pallas debout, tournée à gauche, casquée avec le bouclier au bras gauche et à la main droite la haste et un rameau d'olivier. — Cabinet royal de Parme.

Le revers avec la signature bom appartient à Bombarda. (Voir III, 95, *C*.)

RUSPAGIARI (Alfonso)

(I, p. 215 à 219.)

ADDITIONS.

PANCALIERI (Claudia).

A. Dia. 65. « A . R. » — Sans ℟.

Buste à gauche de Claudia Pancalieri, tête nue, les cheveux bouclés, mêlés de joyaux et de rubans, avec voile léger tombant sur le cou; collier de perles, draperie flottante sur les épaules. — Cabinet royal de Munich.

Le nom de Claudia Pancalieri est écrit à la main sur l'exemplaire en argent que possède le cabinet royal de Munich. Cette pièce est sans doute celle que Bolzenthal donne à Ruspagiari.

---

(1) Ce médailleur nouveau se placerait à la page 215 du premier volume.

PINGONE (Filiberto), baron de Cusi en Savoie, historien, né en 1526 + 1582.

B. Dia. 50. « PHILIB . PINGONIVS . CVSIACI . BARO . SAB . R. — 1573. — A . R. » — ℟ « SAPIENTER . AVDE. »

Voir la description de cette médaille I, 262.

INCONNUE.

C. Dia. 62. « A . R. » — Sans ℟.

Buste à gauche d'une jeune femme sous les traits de Pallas, casquée. Le bras gauche est couvert par un bouclier sur lequel est figuré un aigle; elle tient deux javelots dans la main droite. — Cabinet royal de Turin.

Le buste est renfermé dans un ovale de 59 sur 45.

INCONNUE.

D. Dia. 72. « VIRTVTI . VICTRICI. » — Sans ℟.

Buste à gauche d'une jeune femme sous les traits de Pallas, casquée, avec le bouclier au bras gauche et deux javelots dans la main droite. — Cabinet national de France.

SAVOIE (Charles-Emmanuel, duc de).

E. Dia. 76. « CAROLVS . EMANVEL . A . SABAV . PRIN . PEDEMON. — Æ. » — ℟ « HAS . HABET . ET . SVPERAT. »

Au droit : Buste à droite de Charles-Emmanuel enfant, tête nue, cheveux frisés, avec riche cuirasse, écharpe et petite fraise. — Au revers : Les trois Grâces. Ce revers appartient à Leone Leoni. (Voir I, 168, 25.)— Cabinet national de France.

OBSERVATIONS ET RECTIFICATIONS.

a. I, 216, 2. Médaille de Ruggieri (Camilla).

Le nom de ce personnage est Ruggieri, et non Rugeri.

b. I, 217, 6. Médaille de Lucia Ruspagiari.

Cette médaille, qui était désignée dans l'œuvre de Ruspagiari comme celle d'une inconnue, nous présente le buste de Lucia Ruspagiari, ainsi que le prouve l'exemplaire du Musée royal de Parme, avec la légende suivante :

« LVCIA . RVSP . ANN . L. — A . R. »

Nous ignorons quel degré de parenté existait entre ce personnage et l'artiste.

c. I, 217, 7. Médaille de Bambasi (Asdrubale), poëte de Reggio, né vers 1541 + 1632.

L'exemplaire de cette médaille que possède le Cabinet impérial de Vienne a le revers suivant :

« DABIT . DEVS . HISQVOQ . FINEM. »

Hercule combattant l'hydre de Lerne. Ce revers appartient à Leone Leoni. (Voir III, 67, *E*.)

d. I, 217, 10. Médaille d'EMMANUEL PHILIBERT, duc de Savoie.

L'exemplaire de cette médaille, qui est au Cabinet national de France, a un revers à légende illisible représentant Jupiter assis sur un lion tourné à droite, tendant la main à Vénus, assise sur un taureau (?). A droite est un petit Amour bandant son arc; à gauche, un aigle.

e. I, 218, 12. Médaille de MARIE DE GONDI.

Ce personnage est Marie de GONDI, qui épousa en premières noces Nicolas de Grillet, devint veuve en 1557 et se remaria à Claude II (et non Bernardin) de Savoie, comte de Pancalieri. Elle vivait encore en 1576.

BONZAGNA (GIAN GIACOMO)

(I, p. 220.)

Il fut appelé en 1546 (8 janvier) aux fonctions de graveur de la Monnaie romaine. Il figure à diverses reprises, depuis cette époque, dans les comptes de dépenses des papes Paul III et Jules III, tant pour son traitement à raison desdites fonctions que pour l'exécution de médailles et pour divers travaux d'orfévrerie. Il fut aussi, vers 1552, pourvu de la charge de « *piombatore apostolico* », qu'il remplissait encore à l'époque de sa mort. Son épitaphe nous apprend en même temps qu'il réussit excellemment dans l'imitation des médailles antiques. « *Antiquorum numismatum imitator excellentissimus.* »

L'œuvre de Gian Giacomo Bonzagna doit être important; malheureusement, il est difficile de déterminer les pièces dont il se compose. Ses monnaies se confondent avec celles d'Alessandro Cesati et des autres artistes qui exercèrent concurremment avec lui les fonctions de graveurs de la Monnaie romaine. Il en est de même pour les médailles sur lesquelles Gian Giacomo, différant en cela des habitudes de son frère Gian Federigo, ne paraît avoir laissé ni marque ni signature. Telles sont les médailles décrites ci-après. En l'absence de toute signature, nous n'aurions pas songé à les mentionner comme pouvant être l'ouvrage de Gian Giacomo Bonzagna, si M. Bertolotti ne nous avait fait connaître (*Artisti modenesi e parmensi in Roma*) un article de dépense qui semble s'y appliquer. Il est ainsi conçu :

« 14 gen. 1551 scudi 50 di oro a M^ro^ Gio. Giacomo da Parma orefice i quali N. S. gli dona per mancia per le medaglie da lui fatte della Porta Santa. »

JULES III (Giammaria del Monte San Savino), né en 1487; élu pape en 1550 + 1555.

A. Dia. 39. « IVLIVS . III . PONT . MAX . ANNO . IVBILÆI. » — ℞ « IVSTI . INTRABVNT . PER . EAM. — AN . DNI . MDL. — ROMA. »

Au droit : Buste à droite de Jules III, tête nue, barbu, vêtu de la chape. — Au revers : La porte sainte du Jubilé. — *VM.*, III, 258.

Cette pièce était précédemment II, 215, 4.

B. Dia. 45. « IVLIVS . III . PONT . MAX . AN . IVBILEI. » — 1er ℞ « MDL. — APERVIT . ET . CLAVSIT. — ROMA. »

Au droit : Buste à droite de Jules III, tête nue, barbu, vêtu de la chape. — Au revers : La porte sainte du Jubilé murée avec une petite croix sur le mur. — *BO.*, I, 243, 5. — Cabinet national de France.

C. 2e ℞ « HAEC . PORTA . DOMINI . MDL. — IVSTI . INTRABVNT . PER . EAM. — ROMA. »

La porte sainte du Jubilé. Voir la description II, 215, 5.

D. Dia. 27. « IVLIVS . III . PONT . MAX . ANNO . I. — SVRGE . ROMA. » — ℞ « IVSTI . INTRABVNT . PER . EAM. — HAEC . PORTA . DNI. — ROMA. »

Au droit : Buste à droite de Jules III, tête nue, barbu, vêtu de la chape. — Au revers : La porte sainte du Jubilé. — Cabinet national de France.

E. Dia. 27. « IVLIVS . III . PONT . MAX . ANNO . I. — ROMA. » — ℞ « AN . IVBILEI . APERVIT . ET . CLAVSIT. — MDL. »

Au droit : Buste à droite de Jules III, tête nue, vêtu de la chape. — Au revers : La porte sainte murée avec une petite croix sur le mur. — Cabinet national de France.

MARIUS

(I, p. 220.)

RECTIFICATION.

a. I, 220, Médaille de Jean Parisot de la Valette.

La description du revers doit être modifiée comme il suit : Un éléphant, marchant dans l'eau et portant une tour sur laquelle est un personnage penché en avant, s'approche d'un navire portant deux soldats, dont un le saisit par la trompe.

MÉDAILLE ATTRIBUÉE A MARIUS.

PRATONIERI (GIULIA), de Reggio (Émilie).

A. Dia. 68. « HONESTISSI . D . IVLIA . BRAM . A . PRATONERIA . REGIEN. — PETRVS . MARIVS. » — Sans ℞.

Buste à gauche de Giulia avec une riche coiffure, vêtue d'une draperie à petits plis. — Cabinet impérial de Vienne.

V. G. L. F. F

(I, p. 220.)

M. G. Milanesi, cherchant parmi les orfévres florentins de cette époque, en a rencontré un dont les noms satisfont aux initiales V. G. L. F. F. C'est Vincenzo di Giovanni LUPICINI. Il fut enregistré dans l'art des orfévres florentins en 1576, et mourut en 1610.

ROMANELLI (GASPERO), d'Aquila (1).

Il travaillait vers 1560.

DONI (ANTON FRANCESCO), littérateur florentin, né en 1513 + 1574.

A. Dia. 52. « A . F . DONI . FIOREN. » — ℞ Sans légende.

Voir la description de cette médaille, II, 200, 25, où elle a été placée à tort. Dans une lettre adressée à Romanelli, et insérée dans l'édition qu'il a donnée des sonnets de Burchiello, Doni remercie l'artiste de lui avoir fait sa médaille. (*GM.*)

AAR (?) (2)

Signature d'un médailleur qui devait travailler vers 1560.

MACCHIAVELLI (PIETRO). C'est peut-être Pietro, l'un des fils de Niccolò Macchiavelli + 1564.

A. Dia. 82. « PETRVS . MACCHIAVL . LVCIENSIS. — AAR. (?) . » — Sans ℞.

Buste à droite de Pietro Macchiavelli, tête nue, cheveux et barbe frisés,

(1) Ce médailleur nouveau se placerait à la page 221 du premier volume.
(2) Ce médailleur nouveau se placerait à la page 221 du premier volume.

vêtu d'un pourpoint orné de rangs de perles disposés en losanges, avec petite fraise. Il tient de la main gauche une branche de feuillage. — *Bulletin des Antiquaires,* 1885, p. 265.

Le Musée du Louvre possède un médaillon en cire coloriée et orné de rangs de perles et grenats rapportés, dont notre médaille est évidemment le surmoulage. Le médaillon en cire n'a pas de légende ni de signature.

BONZAGNA (Gian Federigo)

(I, p. 221 à 227.)

On relève dans les comptes de la « *Tesoreria segreta* » divers payements faits à Gianfederigo Bonzagna, pour médailles, en 1554 et 1561. A cette dernière date sont mentionnés trois coins : l'un, de la tête du Pape (Pie IV); le deuxième, avec le port de Civitâ-Vecchia; le troisième, pour la Via Pia.

ADDITIONS.

FARNESE (Ottavio), deuxième duc de Parme.

A. Dia. 39. « OCTAVIVS . F . PARM . ET . PLAC . DVX . II. » — ℟ « P . LOYSIVS . FAR . PAR . ET . PLAC . DVX . I. — Δ. »

Au droit : Buste à droite d'Octave Farnèse, tête nue, barbu, cuirassé. — Au revers : Buste à droite de Pierre-Louis Farnèse, comme sur les médailles I, 222, nos 6 et 7. — Collection T. W. Greene.

B. Dia. 38. « OCTAVIVS . F . PARM . ET . PLAC . DVX. — Δ. » — ℟ « PARMA. »

Au droit : Buste à droite d'Octave Farnèse, tête nue, cheveux courts, barbu, cuirassé. — Au revers : Même revers que la médaille I, 223, n° 12. — Musée royal de Parme.

Le pape PAUL IV.

C. Dia. 25. « PAVLVS . IIII . PONT . MAX . AN . V. — I . F . P. » — ℟ « BEATI . QVI . CVSTODIVNT . VIAS . MEAS. »

Au droit : Buste à droite de Paul IV. Comme sur la médaille I, 224, 18. — Au revers : Buste à gauche de Jésus-Christ nimbé. — *BO.*, I, 263, 4. — Cabinet national de France.

D. Dia. 31. « PAVLVS . IIII . PONT . OPT . M. — Δ. » — 1er ℟ « ROMA . RESVRGENS. »

Au droit : Buste à droite de Paul IV, avec la calotte et le camail. — Au revers : Une femme debout, armée de la lance et du bouclier au milieu de diverses armes. — Cabinet national de France. — *BO.*, I, 263, 3.

E. 2ᵉ ℟. Sans légende.

Buste à gauche de Jésus-Christ. — Cabinet national de France. — *BO.*, I, 263, 5.

Le pape PIE IV.

F. Dia. 32. « PIVS . IIII . PON . MAX . O . P. » — 1ᵉʳ ℟ « VIA . PIA . ROMA. »

Au droit : Buste à droite de Pie IV, tête nue, barbu, vêtu de la chape. — Au revers : Inscription sur le champ dans une couronne de feuillage. — *BO.*, I, 271, 15.

G. 2ᵉ ℟ « PORTVS . CENTVMCELL . INSTAVR . VRBEQ . VALLO . AVXIT. »

Vue du port et des fortifications de Cività-Vecchia. — *TN.*, Méd. pap., XII, 5. — *BO.*, I, 271, 34. — Museo civico, à Bologne.

H. 3ᵉ ℟ « VIRGO . TVA . GLORIA . PARTVS. »

La Vierge et l'Enfant Jésus sur un nuage. — *BO.*, I, 271, 24.

L'attribution des pièces F et G à Gian Federigo Bonzagna résulte d'un payement fait, à la date du 31 octobre 1561, pour l'exécution de leurs coins. On doit y joindre la médaille suivante, dont le droit ne diffère du précédent que par la suppression du grènetis placé au-dessous de la légende.

I. Dia. 32. « PIVS . IIII . PON . MAX . O . P. » — ℟ « PORTA . PIA. — ROMA. »

Au droit : Buste de Pie IV comme le précédent. — Au revers : La Porta Pia à Rome. — *BO.*, I, 271, 14. — *TN.*, Méd. pap., XI, 3.

Cette pièce était placée précédemment, II, 217, 18.

Le pape PIE V.

J. Dia. 30. « PIVS . V . PONTIFEX . MAX. — F . P. » — ℟ « E . TENEBRIS . DIES . E . LVCO . LVX . LVCET. »

Paysage avec un temple au fond. En haut, le Saint-Esprit. — *BO.*, I, 291, 16.

K. Dia. 22. « PIVS . V . PONTIFEX . MAX. — F . P. » — ℟ « DOMVS . MEA . DOMVS . ORATIONIS . VOC. »

Au droit : Buste à droite de Pie V, tête nue, vêtu de la chape. — Au revers : Jésus chassant les marchands du temple. — Museo civico de Bologne.

Le pape GRÉGOIRE XIII.

L. Dia. 26. « GREGORIVS . XIII . PONT . MAX . A . III. — I . F . P. » — ℟ « RESTAVRAVIT. »

Au droit : Buste à droite du Pape vêtu de la chape. — Au revers : Un pont sur un torrent. — Musée royal de Parme.

OBSERVATIONS ET RECTIFICATIONS.

a. I, 226, 34. Médaille du pape Pie V.

L'église figurée au revers de cette médaille est celle que Pie V érigea à Bosco, sa patrie, pour l'Ordre des Prédicateurs. — Museo civico de Bologne.

b. I, 226, 37. Médaille du pape Grégoire XIII.

On trouve au Cabinet de France une répétition ou copie de cette pièce avec un relief plus accentué et quelques changements au revers dans le groupe des victimes. — Cabinet national de France.

GALEOTTI (Pietro-Paolo)

(I, p. 227 à 236.)

ADDITIONS.

AVALOS (D. Ruiz Lopez d').

A. Dia. 44. « DON . RVI . LOPEZ . DAVALOS. — PPR. » — ℟ « DVM . SPIRITVS . HOS . REGET . ARTVS. »

Au droit : Buste à gauche d'Avalos, tête nue, barbu, cuirassé, avec petite fraise. — Au revers : Une femme drapée courant à droite. Elle tient un calice dans la main gauche et élève la main droite vers le ciel. — Cabinet impérial de Vienne.

CALDERINI (Girolamo), Bolonais.

B. Dia. 33. « HIERONIMVS . CALDERINVS . AN . XXII. — . PPR. » — ℟ « FALLERIS . IAM . DATA . EST . FID. »

Au droit : Buste à droite de Girolamo, tête nue, cheveux courts, barbu, vêtu d'un pourpoint avec fraise. — Au revers : A gauche, un homme assis au-dessus des flots; à droite, une femme s'adressant à lui (scène mythologique). — Museo civico, à Bologne.

CARAFFA (Carlo), né en 1517, fait cardinal en 1555 + 1561.

C. Dia. 45. « CAROLVS . CARAFFA . CAR . SANCTISS .

FOEDERIS . NVNCIVS. — PPR. » — ℟ « SIC . OMNIA . SERVANTVR. »

Au droit : Buste à gauche du cardinal Carlo Caraffa, barbu, coiffé de la barrette, vêtu du camail, avec petite fraise. — Au revers : Un groupe de personnages, tête nue, drapés, se présente devant la porte d'un palais ? — Cabinet impérial de Vienne.

COLIN (Alexandre), sculpteur, né à Malines en 1526 + 1612 à Inspruck.

D. Dia. 38. « ALEXANDER . COLIN. — PPR. » — ℟ « VIRTVS . VIGILAT. »

Au droit : Buste à droite d'Alexandre Colin, tête nue, barbu, vêtu d'un pourpoint avec petit col rabattu. — Au revers : Mercure nu, couché sur des nuages, tourné à droite. — *BG.*, II, XXI, 105.

CORENBURG (Johannes Rieter von).

E. Dia. 35. « IOAN . RIETTER . A . CORENBVRG. — PPR. » — ℟ « SPES . NVTRIT . PACIENTIAM. »

Au droit : Buste à gauche de Jean de Corenbourg, tête nue, front découvert, cheveux courts, longue barbe, cuirassé, avec petite fraise et écharpe. — Au revers : Un enfant nu pêchant à la ligne. — Cabinet national de France.

CUEVA (don Gabriel de), duc d'Albuquerque, gouverneur du Milanais en 1564 + 1571.

F. Dia. 41. « DON . GABRIEL . A . CVEVA . ALBVRQVERQVIENSIVM . DVX . V . — PPR. » — Sans ℟.

Buste à gauche de don Gabriel, tête nue, barbu, cheveux courts, cuirassé, avec fraise. — Museo civico, à Bologne.

FARNÈSE (Marguerite d'Autriche, femme d'Octave).

G. Dia. 47. « MARGARITA . AVSTRIA . CAROLI . V . IMP . F. — PPR. » — ℟ « NEC . ME . MEA . CVRA . FEFELLIT. »

Cette médaille a été placée par erreur dans le deuxième volume. Nous y renvoyons le lecteur pour en trouver la description. (Voir II, 210, 38.) — Cabinet impérial de Vienne.

FIGUEROA (Juan de). Il était gouverneur du duché de Milan en 1558.

H. Dia. 57. « D . IO . A . FIGVEROA . ORD . S . IAC .

MARCIS . MLI . PRÆF . D . MI . GVB . ET . EX . IMP. — PPR. 1558. » — ℟ « LABORE . ATQ . ARTE . PARANTVR. »

Au droit : Buste à droite de Juan de Figueroa, tête nue, barbu, cuirassé, avec écharpe. — Au revers : Un guerrier armé à l'antique, debout, le pied droit posé sur un casque, et tenant une lance de la main droite, est couronné par la Victoire. — *VM.*, III, 412. — *LU.*, 187. — Cabinet impérial de Vienne. — Précédemment II, 245, 4.

GONFALONIERI (Camillo).

I. Dia. 44 × 33. « CAMILLVS . CONFALONERIVS . ÆT . ANN. . . . — PPR. » — ℟ « DVM . SPIRITVS . HOS . REGET . ARTVS. »

Au droit : Buste à droite de Camillo, tête nue, cheveux courts, barbe naissante, riche justaucorps, collet montant et petite fraise. — Au revers : Une femme drapée, debout, tournée à gauche, le bras droit levé, tenant une coupe dans la main gauche. — Musée royal de Parme.

MARINI (Leonardo de'). Génois + 1572. Il fut archevêque de Lanciano en 1562; évêque d'Alba, en Piémont, en 1566.

J. Dia. 58. « LEONAR . MARINVS . ARCHIEP . LAN. — PPR. » — ℟ « IN . LEGE . DNI . MEDITABITVR . ET . FOLIVM . EIVS . NO . DEFLVE. »

Au droit : Buste à gauche de Leonardo Marini. — Au revers : Daphné changée en laurier. — Médaille faite à Trente à l'époque du Concile. — Avignone, n° 97.

MARINI (Andrea), fils de Tommaso.

K. Dia. 50. « AND . MARINVS . THO . DVCIS . TERRAE NOVAE . TERIN . F . — PPR. » — ℟ « FORTITVDO . MARINA. »

Au droit : Buste à gauche d'Andrea Marini jeune, tête nue, cheveux courts, barbe naissante, petite fraise, cuirassé, avec écharpe. — Au revers : Amphitrite au milieu de la mer, dans un char traîné par des monstres marins. — Cabinet impérial de Vienne.

MEDICI (Cosimo I° de'), premier grand-duc de Toscane.

Nous avons formé deux groupes des médailles de Cosme Ier, ouvrages de Galeotti. Le premier comprend les médailles faites avant 1569, c'est-à-dire avant que Cosme reçût le titre de grand-duc; le second comprend les médailles faites postérieurement à cette date.

L'attribution à Galeotti des médailles de Cosme de Médicis formant le premier groupe repose sur le témoignage de Vasari, qui les mentionne dans le chapitre consacré à Leone Leoni à la fin de son ouvrage (voir édition Milanesi, t. VII, p. 542). Nous reproduisons ci-dessous ce passage (1). On remarquera que Vasari en parle comme d'œuvres faites récemment, c'est-à-dire peu de temps avant 1568, ce qui s'accorde avec un document tiré des comptes de la *Depositeria granducale,* à la date du 21 juin 1569, lequel constate l'exécution par Galeotti de douze médailles de Cosme Ier. Quant aux médailles du second groupe, c'est-à-dire celles faites après 1569, leur attribution à Galeotti ne saurait faire de doute, puisque le buste du droit, ainsi que les revers, sont l'exacte reproduction des pièces du premier groupe, la légende du droit étant seule changée.

Les médailles de ces deux groupes ayant été déjà décrites d'une manière détaillée dans notre ouvrage, nous nous contenterons ici d'en faire une description sommaire, renvoyant pour les détails à notre deuxième volume.

1° Médailles faites avant 1569.

Les médailles dont se compose cette première série sont exécutées avec un même droit, savoir :

---

(1) Voici le passage de Vasari. Parlant du mérite des médailleurs de son temps qui ont égalé les anciens artistes romains par la beauté des figures, et les ont surpassés par le mérite des lettres et accessoires, il continue ainsi :

« Il che si può vedere chiaramente oltre molti altri, in dodici rovesci che a fatto ultimamente Pietro Paolo Galeotti nelle medaglie del duca Cosimo e sono questi :

« Pisa quasì tornata nel suo primo essere per opera del duca avendole egli asciutto il paese intorno e seccati i luoghi paludosi e fattole altri assai miglioramenti;

« L'acque condotte in Firenze da luoghi diversi;

« La fabrica de' magistrati ornata e magnifica per comodità publica;

« L'unione degli Stati di Fiorenza et Siena;

« L'edificazione d'una città e dua fortezze nell' Elba;

« La colonna condotta da Roma e posta in Fiorenza in sulla piazza di Santa Trinità;

« La conservazione, fine ed augumentazione della libreria di San Lorenzo per utilità publica;

« La fondazione de' cavalieri di Santo Stefano;

« La rinunzia del governo al principe;

« Le fortificazioni dello Stato;

« La milizia, ovvero bande del suo stato;

« Il palazzo de' Pitti con giardini, acque e fabrica condotto sí magnifico e regio. »

Dia. 42. « COSMVS . MED . FLOREN . ET . SENAR . DVX . II. »

Buste à droite de Cosme Ier, tête nue, cheveux frisés, barbu, cuirassé avec draperie à l'antique, agrafe sur l'épaule gauche, petit col rabattu.

Les revers sont les suivants :

L. 1er ℟ « PVBLICAE . VTILITATI. »

Voir la description II, 198, 5.

M. 2e ℟ « MVNITA . THVSCIA. — SINE . IVSTITIA . IMMVNITA. »

Voir la description II, 198, 6.

N. 3e ℟ « PVLCHRIORA . LATENT. »

Voir la description II, 198, 7.

O. 4e ℟ « EXPLICANDO . IMPLICATVR. »

Voir la description II, 198, 8.

P. 5e ℟ « RES . MILITARIS . CONSTITVTA. »

Voir la description II, 198, 9.

Q. 6e ℟ « IMMINVTVS . CREVIT. »

Voir la description II, 198, 10.

R. 7e ℟ « SICCATIS . MARITIMIS . PALVDIBVS. — CŒLVM . SALVBRE . SIREM. »

Voir la description II, 198, 11.

S. 8e ℟ « VICTOR . VINCITVR. »

Voir la description II, 198, 12.

T. 9e ℟ « IVSTITIA . VICTRIX. »

Voir la description II, 199, 13.

U. 10e ℟ « QVO . MELIOR . OPTABILIOR. »

Fontaine surmontée de la statue de Neptune. Au fond, on voit une ligne d'aqueducs. — *L.*, Méd., n° 31. Le revers. — Collection A. Armand, la médaille complète.

V. 11e ℟ « THVSCORVM . ET . LIGVRVM . SECVRITATI. — ILVA . RENASCENS. »

Neptune couché à l'entrée d'un port garni de six galères. — Collection A. Armand.

Un revers analogue se trouve dans l'œuvre de Domenico Poggini. (Voir I, 256, 10.)

2° Médailles faites après 1569.

Ces médailles, non mentionnées par Vasari, dont l'ouvrage s'arrête en 1568, sont faites avec un même droit, qui ne diffère de celui des médailles de la première série que par la légende, le buste du personnage restant exactement le même. La première pièce de cette série est la suivante :

X. Dia. 42. « COS . MED . MAGNVS . DVX . ETRVRIÆ. » — ℟ « P . V . P . M . OB . EXIM . DIL . AC . CAT . REL . ZEL . PREC . Q . IV . STVD . DONAVIT. »

Au droit : Buste à droite de Cosme Ier, exactement semblable au précédent. — Au revers : L'écusson des Médicis entouré du collier de la Toison d'or et surmonté de la couronne grand-ducale. — *L.*, Méd., 43. — *M.*, LXXVIII, 10.

Voir II, 199, 14.

Les revers de la première série ont dû resservir pour en former une seconde avec le nouveau droit. Nous en connaissons les spécimens suivants :

Y. Le 4e ℟ « EXPLICANDO IMPLICATVR. »

Voir la description II, 199, 17.

Z. Le 5e ℟ « RES . MILITARIS . CONSTITVTA. »

Voir la description II, 199, 18.

AA. Le 8e ℟ « VICTOR . VINCITVR. »

Voir la description II, 199, 19.

BB. Le 9e ℟ « IVSTITIA . VICTRIX. »

Voir la description II, 199, 15.

CC. Le 10e ℟. « QVO . MELIOR . OPTABILIOR. »

Voir la description II, 199, 16.

PANSANA (Blanca).

DD. Dia. 56. « BLANCA . PANSANA . CARCANIA. — PPR. » — ℟ Sans légende.

Au droit : Buste à gauche de Blanca, comme sur la médaille I, 233, 30. — Au revers : Au milieu d'un paysage, une jeune femme élève la main gauche, chargée d'une corbeille, et porte des épis dans la main droite. — Cabinet impérial de Vienne.

SANSEVERINO (Pierantonio), prince de Bisignano.

EE. Dia. 38. « PETRVS . ANT . SANSEVER . PR . BISIGN. — PPR. » — ℟ « LIBERALITATI. »

Au droit : Buste à gauche de Pierantonio Sanseverino, tête nue, barbu, cuirassé avec écharpe, Toison d'or, petite fraise. — Au revers : Une femme nue tournée à droite, assise sur une boule, et tenant dans la main droite une corne d'abondance, étend la main gauche sur la tête d'une autre femme nue renversée. — Cabinet impérial de Vienne.

VISCONTI (ISABELLA).

FF. Dia. 40. « ISABELLA . VICECOMES . 1558. — PPR. » — ℟ Sans légende.

Au droit : Buste à gauche d'Isabelle Visconti, la tête couverte du voile des veuves. — Au revers : Deux enfants nus, debout, se donnant la main. — Collection Feuardent.

MÉDAILLE ATTRIBUÉE A GALEOTTI.

LITTA (ALBERTO).

GG. Dia. 50. « ALBERTVS . LITTA . 1565. » — ℟ « POTIVS . MORI . QVAM . ANIMO . IMMVTARI. »

Au droit : Buste à gauche d'Alberto Litta, tête nue, cheveux courts, barbu, avec pourpoint et petite fraise. —Au revers : Un homme nu debout, comme sur la médaille de Goffredo Franco, du même Galeotti. (Voir I, 229, nº 7.) — Musée Brera, à Milan.

OBSERVATIONS ET RECTIFICATIONS.

a. I, 233, 30. Médaille de BIANCA PANSANA.

La médaille de Bianca Pansana se rencontre aussi réunie à celle d'un Flamand, Hans van de Broeck, qui porte la date de 1559 (voir *VL*., I, 353), que l'on attribue à Étienne de Hollande. — L'accolement de ces deux pièces d'artistes différents est resté inexpliqué.

b. I, 234, 33. Médaille de GIUSEPPE ROSSI.

M. G. Milanesi pense que ce Giuseppe Rossi est un orfévre mantouan, dit aussi Giuseppe Rossino. Il fut élu surintendant de la Monnaie papale en 1584. On croit qu'il mourut en 1591.

c. I, 234, 35. Médaille de FAUSTINA SFORZA.

Ajouter à la fin de la légende du droit : « AN . XX. »

d. I, 234, 36. Médaille de FRANCESCO SFORZA, marquis de Caravage.

Après la description, ajouter : Médaille hybride. Le revers est d'une époque antérieure au droit.

e. I, 234, 37. Médaille de FRANCESCO TAVERNA.

Ce personnage était né en 1488; il mourut en 1560.

f. I, 235, 39. Médaille de Chiara Taverna.

Elle appartenait à la famille des comtes de Tolentino, et épousa Francesco Taverna.

g. I, 235, 40. Médaille de Cesare Taverna.

Fils naturel de Francesco, légitimé en 1552. Il mourut en 1569.

D. MONDI (1)

Signature d'un médailleur qui travaillait vers 1561.

CASTIGLIONE (Camillo), fils de Baldassare, né en 1517 + 1598.

A. Dia. 51. « CAMILLVS . DE . CASTILIONO . BAL . F. — D . MONDI. » — ℟ « EX . VARIO . CONSTANS. »

Au droit : Buste à droite de Camillo Castiglione, tête nue, barbu, cheveux courts, cuirassé, avec écharpe et petite fraise. — Au revers : Dans un paysage, Diane descendant du ciel sur un nuage, et Endymion endormi. — Cabinet impérial de Vienne.

TIM . REF . MANT . F

(I, p. 236 et 237.)

M. G. Milanesi pense que ce médailleur est Timoteo degli Aliprandi, référendaire du duc de Mantoue. Dans son opinion, cet artiste serait le même qui a signé T. R. les médailles décrites aux pages 82 et 286 du premier volume.

ASCANIO

(I, p. 237.)

M. G. Milanesi verrait plutôt dans cet artiste Ascanio Condivi, élève et biographe de Michel-Ange. Le personnage de la médaille pourrait être sa femme, Porzia Caro, nièce d'Annibal Caro. M. G. Milanesi rappelle aussi un orfévre de vingt-deux ans, Ascanio Rosini, qui vivait à Rome en 1560, et qui est mentionné par Bertolotti, *Artisti lombardi in Roma*.

(1) Ce médailleur nouveau se placerait à la page 236 du premier volume.

POGGINI (Gian Paolo)

(I, p. 237 à 240.)

En 1547 on voit cet artiste attaché au service du duc Cosme Ier de Médicis en qualité d'« orefice in Guardaroba ». Il travailla aussi, conjointement avec son frère Domenico, aux monnaies de ce prince.

On le trouve à Bruxelles de 1555 à 1559, travaillant à la gravure des coins des monnaies de Philippe II. Après 1560 il passa en Espagne, où il continua à travailler pour le Roi, et y mourut en 1582.

ADDITION.

A. MEDICI (Cosimo I° de'), deuxième duc de Florence et premier grand-duc de Toscane.

Gian Paolo Poggini écrivant à Cosme Ier en 1548, lui parle d'une médaille (sans doute celle de ce prince) « à laquelle il est en train de travailler ». Cette médaille nous est inconnue.

RECTIFICATION.

a. I, 238. France (Élisabeth de), troisième femme de Philippe II.

La date de son mariage est 1559, et non 1560.

TREZZO (Jacopo Nizzola, dit Iacopo da)

(I, 241 à 243.)

Le nom de famille de cet artiste était Nizzola. On voit ce nom sur sa médaille par Abondio (I, p. 273, n° 30), et aussi dans une lettre adressée au duc Cosme Ier. (*GM.*)

Dans la première édition de son ouvrage, parue en 1550, Vasari, parlant de Jacopo da Trezzo, dit qu'à cette époque c'était déjà un artiste de grande réputation qui travaillait avec les graveurs en pierres dures, Filippo Negroli, Gasparo et Girolamo Misuroni. Nous sommes fondé à croire qu'il fut également l'élève de Leone Leoni. La date de sa naissance n'est pas connue; mais il est vraisemblable qu'il n'avait pas moins de trente à trente-cinq ans en 1550, c'est-à-dire qu'il serait né vers 1515 ou 1520.

Jacopo da Trezzo est mentionné dans les comptes des Pays-Bas, de 1555 à 1559. Il y figure en 1557 pour avoir fait le sceau et le contre-sceau de Philippe II. Il suivit ce prince en Espagne en 1559, et prit une part importante aux travaux faits à l'Escurial.

ADDITIONS.

A. CHARLES-QUINT.

Suivant Lomazzo (*Trattato della pittura*), Jacopo da Trezzo fit plusieurs belles médailles de Charles-Quint.

MÉDAILLES ATTRIBUÉES A JACOPO DA TREZZO.

MONTAGU (ANTOINE BROWN, vicomte), né vers 1526 + 1592.

Il fut élevé à la pairie par la reine Marie Tudor en 1554.

B. Dia. 65. « ANTONIVS . BRVNEVS . VICECO . MONTACVTI. » — ℟ Sans légende.

Au droit : Buste à droite d'Antoine Brown, tête nue, barbu, cuirassé, avec écharpe et petit col rabattu. — Au revers : Mars armé à l'antique, vu de face, assis au milieu d'un trophée d'armes. — Collection du British Museum. — *NC.*, 1886, pl. VIII.

On suppose que cette médaille a pu être faite par Jacopo da Trezzo vers 1560, époque à laquelle le vicomte Montagu était ambassadeur en Espagne.

TORRE (GIANELLO DELLA).

C. Dia. 81. « IANELLVS . TVRRIAN . CREMON . HOROLOG . ARCHITECT. » — ℟ « VIRTVS . NVNQ . DEFICIT. »

Cette médaille a été attribuée à Leone Leoni, et elle a été décrite à la fin de l'œuvre de ce maître. (Voir I, p. 170, n° 38.) Nous avons expliqué plus haut (voir III, 74 *nn*) les motifs qui nous portent à la donner plutôt à Jacopo da Trezzo.

OBSERVATIONS ET RECTIFICATIONS.

a. I, 241, 1. Médaille d'IPPOLITA GONZAGA.

Au dire d'Affò (*Memorie di tre celebri principesse della famiglia Gonzaga*), Jacopo da Trezzo aurait fait le coin de cette médaille d'après le dessin de Leone Leoni. Il faudrait en conclure que Jacopo da Trezzo était élève de Leone. Peut-être est-ce l'élève, devenu son rival, dont Leone se plaint dans la lettre adressée à Granvelle le 16 octobre 1555, lorsqu'il dit : « .....Certo mio creato, che mi deve più che al padre proprio, e mi sopeda con la lingua. » (Voir PLON, *Leone Leoni*, p. 375.)

b. I, 241, 2. Médaille de PHILIPPE II.

On voit au Cabinet de France une variante de cette médaille avec HISPAN au lieu de HISP, et avec la date de 1588 au lieu de la signature de l'artiste.

ROSSI (GIOVAN ANTONIO)

(I, p. 243 à 247.)

Né en 1517 + vers 1574.

On trouve cet artiste établi à Rome en 1546 et 1554. En décembre 1560, il commença à paraître dans les comptes comme graveur à la Monnaie romaine, en compagnie d'Alessandro Cesati, et continua à exercer ces fonctions jusqu'en 1573. (Voir Bertolotti, *Artisti lombardi in Roma.*)

ADDITIONS.

BORROMEO (SAN CARLO), né à Arona en 1538; fait cardinal et archevêque de Milan en 1560 + 1584.

A. Dia. 70. « CAROLVS . BORROMEVS . MEDIOL . S . R . E. PBR . CAR . AN . AG . XXV. » — ℟ « S . P . Q . R . CIVI . OPTIME . MERITO. — IO . ANT . RVB . MEDIOL . F. »

Au droit : Buste à gauche de saint Charles Borromée, tête nue, barbu, vêtu du camail. — Au revers : La ville de Rome sous la figure d'une femme casquée, cuirassée et drapée, assise sur des trophées et deux captifs, tournée à droite. Elle tient à la main droite le sceptre et le globe du monde, et présente une couronne de laurier au cardinal, debout, en habit ecclésiastique, et suivi de deux prêtres. — Cabinet impérial de Vienne.

Le pape PAUL IV.

B. Dia. 70. « PAVLVS . IIII . PONT . MAX.—IO . ANT . RVB . MEDIOL. » — 4ᵉ ℟ « ROMA . RESVRGENS. »

Au droit : Même buste que sur la médaille I, 244, 7.

Voir la description de la pièce dans le deuxième volume, où elle a été placée à tort, p. 216, nº 14. Ce revers est la reproduction agrandie d'une médaille de Federigo Bonzagna.

Le pape PIE IV.

C. Dia. 34. « PIVS . IIII . PONT . MAX. — IO . ANT . R . F. » — 3ᵉ ℟ « PROVIDENTIA . PONT. — A . B. »

Au droit : Même buste que sur la médaille I, 245, 12.

Cette médaille a été formée en réunissant au droit de la médaille nº 12, qui a 34 de diamètre, le revers de la médaille nº 14, qui n'en a que 27. — Collection A. Armand.

D. Dia. 34. « PIVS . IIII . PONTIFEX . MAX. » — ℟ « AQVA . PIA. »

Buste à droite de Pie IV, tête nue, vêtu de la chape. — Au revers : Fontaine de Neptune érigée sur la place publique de Bologne, sous le pontificat de Pie IV, par le sculpteur Jean de Bologne. — Museo civico de Bologne. — *BO.*, I, 271, 16.

Le pape PIE V.

E. Dia. 41. « PIVS . V . PONTIFEX . MAX. AN . IIII. — IO . ANT . R . F. » — 4' ℟ « FECIT . POTENTIA . IN . BRACHIO . SVO . DISPERSIT . SVPERBOS. — 1570. »

Au droit : Même buste que sur la médaille I, 246, 17.

Le revers, qui appartient à la médaille n° 20, a été accolé au droit de la pièce n° 17, bien qu'étant d'un diamètre plus grand que cette pièce. — Collection A. Armand.

OBSERVATIONS.

a. I, 244, 7. Médaille du pape Paul IV.

Le pape est vêtu du camail et non de la chape.

b. I, 245, 14. Médaille du pape Pie IV.

Les lettres A — B au revers de cette médaille sont peut-être la marque d'Andrea Baruzzo de Brescia, né en 1532, mort à Rome en 1569. (*GM.*)

VITTORIA (Alessandro)

(I, p. 248.)

Ainsi que nous l'avons déjà fait dans l'*errata* de notre seconde édition, nous rendons à Alessandro Vittoria les quatre médailles signées A. V. et placées à tort aux pages 159 et 160 de la première partie, savoir :

a. Médaille de l'Arétin.

Voir la desription I, 159, 1.

b. Médaille de Chieregata (Caterina).

Voir la description I, 160, 2.

c. Médaille de Liomparda (Maddalena).

Voir la description I, 160, 3.

d. Médaille de Sandella (Caterina).

Voir la description I, 160, 4.

ADDITIONS.

A. ESPAGNE (PHILIPPE II, roi d').

On lit dans une lettre d'Alessandro Vittoria au duc de Ferrare (1552) : « L'ill° S^or conte Lodovico di Thiene essendo io l'altro giorno coiti mostrò a V. E. una mia medaglia del principe di Spagna. » Document publié par Campori. Cette médaille nous est inconnue.

MÉDAILLE ATTRIBUÉE A ALESSANDRO VITTORIA.

VITTORIA (Alessandro), sculpteur, né à Trente en 1525 + à Venise en 1608.

B. Dia. 57. « ALEXANDER . VICTORIA . SCVLPTOR. » — Sans R/.

Buste à droite d'Alessandro Vittoria, tête nue, cheveux frisés, barbe épaisse; vêtu d'un pourpoint à petit col rabattu, par-dessus lequel passe une écharpe. — Cabinet royal de Munich.

LEONI (Pompeo)

(I, p. 249 à 251.)

Pompeo, né entre 1530 et 1535, et mort en 1610, fut envoyé en Espagne dès 1556, et non en 1558, au service de Philippe II. Il y fut chargé de nombreux travaux, dont les plus importants se voient encore dans la chapelle royale de l'Escurial. M. E. Plon, le savant historien des Leoni, a donné la description de ces travaux, dus à la collaboration du père et du fils, dont le premier expédiait de Milan une partie des figures destinées à l'Escurial.

L'œuvre de Pompeo comme médailleur est beaucoup moins important que celui de Leone. Nous n'en connaissons pas d'autres pièces que celles décrites dans notre premier volume (voir I, p. 249 et 250). Ces médailles sont reproduites par M. Plon dans la planche XXXIX de son livre.

RECTIFICATIONS.

a. I, 250, 6. Médaille d'Hercule II d'Este.

Cette médaille appartient à Pastorino, et a été réunie à l'œuvre de ce maître. (Voir III, 84 *H*.)

b. I, 251, 9. Médaille de Marguerite Polites.

L'attribution de cette pièce à Pompeo nous paraît être la suite d'une erreur de Bolzenthal. Elle appartiendrait plutôt à Étienne de Hollande.

LEONI (Lodovico)

(I, p. 251 et 252.)

Il était depuis 1574 « incisore » à la Monnaie romaine. On trouve, aux dates de 1576 et 1586, des payements qui lui sont faits en cette qualité, conjointement avec Lorenzo Fragni. (Voir Bertolotti, *Artisti Veneti in Roma.*) Suivant Petrucci, il mourut en 1612.

ADDITIONS.

BENAVIDES (Marco Mantova), jurisconsulte padouan, né en 1489 + 1582.

A. Dia. 61. « M . MANT . BENAVIDIVS . PATAVIN . I . C . . COMES . ET . EQ. — LVD . LEO. » — ℞ Sans légende.

Au droit : Buste à gauche de Benavides, âgé, tête nue, avec longue barbe, vêtu d'une robe. — Au revers : Au milieu d'un jardin, une jeune femme debout, drapée, tenant dans la main gauche une corbeille, et dans la main droite des épis. — Cabinet impérial de Vienne.

MONTE Santa Maria (Francesco Maria del), né à Venise en 1549; fait cardinal en 1588 + à Rome en 1626.

B. Dia. 59. « FRANCISCVS . MARIA . EX . MARCH . MON . AN . XVII. — LVD . LEO. » — Sans ℞.

Buste à gauche de Francesco Maria, tête nue, imberbe, cheveux frisés, vêtu d'un pourpoint avec écharpe et petite fraise. — Collection W. Boyne, à Florence.

C. Le pape GRÉGOIRE XIII.

Lodovico Leoni, qui fut graveur à la Monnaie romaine pendant tout le règne de Grégoire XIII, n'a pas laissé de signature sur les pièces sorties de sa main. Elles doivent se trouver parmi celles d'auteurs anonymes, classées dans le deuxième volume, page 267.

Il est probable que la médaille de Grégoire XIII, décrite I, 266, avec la signature L. L. P., est l'ouvrage de Lodovico Leoni.

RECTIFICATION.

a. I, 251, 1. Médaille de Basingstoke.

Le nom de ce personnage, Anglais de nation, était Richard White de Basingstoke, jurisconsulte et écrivain, professant le culte catholique. Il quitta l'Angleterre en 1559 et s'établit à Paris, où il prit ses degrés comme docteur en droit civil et canon, et entra dans l'Église. Il mourut en 1612.

COMPAGNI (Domenico de') (1)

Médailleur qui travaillait en 1567.

A. PERRENOT (Antoine), cardinal de Granvelle.

Une note de la main de Granvelle, datée de Rome 1568, nous apprend que Domenico de' Compagni a fait sa médaille. Le cardinal envoie cette médaille en Flandre pour que Jongling en fasse « sortir » cinq grandes et douze petites d'argent. On croit que cette pièce pourrait être celle décrite II, 255, n° 39, laquelle se trouve au Museo civico de Bologne.

BOSIO (2)

Médailleur qui travaillait en 1566 et 1568.

PARISOT de la VALETTE (Jean), né en 1494; élu grand maître de l'Ordre de Malte en 1557 + 1568.

A. Dia. 48. « F . IO . DE . VALLETTA . M . M . H . H . MELITEN . PRIN. — BOSIVS. » — ℟ « TVRCICÆ . OBSIDIONIS . PERPETVO . PROPVGNACVLO. — DEO. — LVX. — 1568. »

Au droit : Buste à droite de Jean Parisot de la Valette âgé, tête nue, barbu, cuirassé, avec la croix de Malte sur la poitrine et l'écharpe. Sur la tranche de l'épaule est le nom du médailleur. — Au revers : Plan des fortifications de Malte. — *TN.*, Méd. franç., I, xlvi, 4. — *LU.*, 215. — Furse, p. 324.

B. Dia. 41. « F . IO . VALLETA . M . M . HOSP . HIER. » — ℟ « DEI . PROPVGNATORIS . SEQVENDÆ . VICTORIÆ. — MDLXVI. »

Au droit : Buste à droite de Jean Parisot, semblable au précédent. — Au revers : Plan des fortifications de Malte. — Cabinet national de France.

(1) Ce médailleur nouveau se placerait à la page 253 du premier volume.
(2) Ce médailleur nouveau se placerait à la page 253 du premier volume.

AN . GO

(I, p. 253.)

a. I, 253. Au lieu de Teodora (Cosmica), il faut mettre Cosmica (Teodora).

HN

(I, p. 253.)

Ce monogramme pourrait désigner l'orfévre crémonais Orazio Nazaro, qui demeurait à Rome à la fin du seizième siècle. *(GM.)*

A . LVD . D . (1)

Signature d'un médailleur qui travaillait vers 1570.

LOMELLINI (Angelo), Génois, frère du cardinal Benedetto et de Francesco Lomellini.

A. Dia. 68. « AN . LOMELLINVS . DAVID . F . ET . B . CARD . FR . ÆT . AN . LXV. — A . LVD . D. » — ℟ « IN . ROMA. »

Au droit : Buste à droite d'Angelo Lomellini. — Au revers : L'écusson des Lomellini. — Avignone.

FONTANA (Annibale)

(I, p. 253 et 254.)

a. I, 254, 2. Médaille de Lomazzo (Gianpaolo).

Cette médaille, que nous hésitions à attribuer à Fontana, lui appartient certainement. Lomazzo lui-même nous en a fourni la preuve dans un sonnet adressé à l'artiste, et qui débute ainsi :

« Sopra una medaglia fatta da Annibale Fontana.
« La Prudenza ch' insieme è la Fortuna
« A cui sto innanzi chin, soprà un roverso
« Por fei d'una medaglia, u con stil terso
« Un mi ritrasse per furor di luna. »

(1) Ce médailleur nouveau se placerait à la page 253 du premier volume.

POGGINI (Domenico)

(I, p. 254 à 261.)

Né en 1520. Il fut attaché, comme graveur de coins, à la Monnaie ducale de Florence en 1556, et conserva cet emploi jusqu'en 1585, époque à laquelle il passa au service du pape Sixte-Quint. Il mourut à Rome en 1590.

ADDITIONS.

ORSINI (Paolo Giordano I°), né entre 1535 et 1540; fait duc de Bracciano en 1560 + 1585.

ORSINI (Isabella de' Medici, femme de Paolo Giordano I°), née en 1541, mariée en 1560; tuée en 1576.

A. Dia. 50. « PAVLVS . IORDANVS . VRSINVS. — D . P . 1560. » — ℟ « ISABELLA . MEDICEA . VRSINA. »

Au droit : Buste à droite de Paolo Giordano, tête nue, cheveux courts, cuirassé, avec écharpe. — Au revers : Buste à droite d'Isabelle de Médicis, tête nue, collerette entr'ouverte. — Cabinet royal de Munich. — Museo civico, à Bologne.

B. Dia. 47. « ISABELLA . MEDICEA . VRSINA. » — ℟ « DONEC . MELIVS . NITEAT. »

Le droit de cette médaille est semblable au revers de la précédente. — Au revers : Une femme drapée, debout, tenant des épis et une corne d'abondance. — Musée du Louvre. — Cette médaille avait été placée à tort II, 218, 23.

Le pape SIXTE-QUINT.

C. Dia. 35. « SIXTVS . V . PONT . MAX . ANN . III. » — 3e ℟ « PERFECTA . SECVRITAS. »

Au droit : Même buste que sur la médaille I, 258, 21. — Au revers: Un voyageur dormant sous un arbre. — Musée royal de Parme.

D. Dia. 35. « SIXTVS . V . PONT . MAX . ANN . III. — DOM . POG . F. » — 5e ℟ « EXALTAVIT . HVMILES. — 1587. »

Au droit : Même buste que sur la médaille I, 258, 21. — Au revers : Les statues des apôtres saint Pierre et saint Paul érigées sur des colonnes. — Collection J. C. Robinson. — *BO.*, I, 381, 16.

MÉDAILLES ATTRIBUÉES A DOM. POGGINI.

ESTE (LUCREZIA DE' MEDICI, femme d'ALFONSO II D').

E. Dia. 49. « LVCRETIA . MEDIC . FER . DVC. » — ℟ « NOVA . ERIDANO . FVLXIT . LVX. »

Cette pièce, qui nous paraît appartenir à Domenico Poggini, était placée précédemment dans le deuxième volume. (Voir II, 194, 8.)

NOBILI (GIULIO), Florentin, sénateur, né en 1537 + 1612.

F. Dia. 42. « IVLIVS . NOBILIVS . P . FLOR. — 1570. » — ℟ « HVIVS . BENIGNITATE . NOBILIS . ET . CLARVS. »

Au droit : Buste à droite de Giulio Nobili, tête nue, barbu. — Au revers : Une femme nue, debout, avec une balance à la main et un cygne à ses pieds. — Galerie de Florence.

TEMPESTI (SIBILLA LIPPI, femme de ALESSANDRO), petite-fille de Filippino Lippi, née en 1537 + 1593. Elle se maria en 1566.

G. Dia. 50. « NIL . NATVRA . PVLCHRIVS. — SIBILA . DE . LIPPI . DANI . XVII . FATTA . A . DI . XX . DI . DICEMBRE . MDLIIII. » — ℟ « MVNERA . A . DIIS . CONCESSA. »

Au droit : Buste à droite de Sibilla, la tête nue, avec natte roulée à l'arrière de la tête; elle porte un collier de perles. Le nom du personnage est gravé en creux dans l'épaisseur de la médaille. — Au revers : Sibilla debout, entourée d'animaux qui symbolisent ses qualités, savoir : un cygne, un phénix, un chien, une hermine, une colombe, des passereaux et un aigle. — Médaille d'argent avec incrustation d'or à la Galerie de Florence.

OBSERVATIONS ET RECTIFICATIONS.

a. I, 254, 1. Médaille d'ANTONIO DA LUCCA.

Ce musicien était attaché au service de Cosme Ier. Il mourut en 1554.

b. I, 255, 6. Médaille d'IPPOLITO II d'ESTE.

Le revers de cette pièce est de l'invention de Paul Jove.

c. I, 255, 8. Médaille d'ORAZIO FUSCO.

Le nom de ce personnage est Fusco, et non Fosco.

d. I, 256, 9. Médaille de COSME Ier DE MÉDICIS.

Cette médaille et la suivante sont mentionnées par Lodovico Domenichi, qui les vit à l'époque où il écrivait son « *Ragionamento* » sur les « *Imprese d'armi e d'amore* ». Les coins en acier de la première étaient terminés; la seconde était modelée en stuc. Il paraît certain que ces médailles sont les premières que Dom. Poggini ait faites avec l'effigie du duc Cosme, car Domenichi, passant en revue l'œuvre de son ami, n'en cite aucune autre. On remarquera que, sur ces médailles, Cosme Ier porte seulement le titre de duc de Florence. Domenichi, en effet, écrivait en 1555 environ, et Cosme ne devint maître de Sienne qu'en 1557. Dom. Poggini fit plus tard d'autres médailles de Cosme Ier avec le titre de duc de Florence et de Sienne. Nous avons donné I, 256, sous les numéros 12 et 13, deux de ces pièces. Quoiqu'elles n'aient pas plus que les précédentes la signature de l'artiste, il est facile de les reconnaître comme son ouvrage, car Poggini y a reproduit exactement l'effigie placée sur les premières, en se contentant de changer la légende et d'y ajouter la date de 1561. Ces médailles ne doivent pas être les seules que Dom. Poggini ait exécutées pour le duc Cosme Ier, pendant le long séjour qu'il fit à la cour de Florence en qualité de graveur des monnaies; mais nous ne les connaissons pas. Nous mentionnerons cependant, mais à titre d'attribution seulement, une médaille à la date de 1567, reproduite dans Litta sous le nº 31. Cette pièce, d'un type différent des autres, pourrait bien être celle que Vasari avait en vue lorsque, à la fin de son ouvrage, c'est-à-dire en 1567 environ, il dit, en parlant de Domenico Poggini : « .....*che ultimamente ha fatto una medaglia del duca similissima al naturale e molto bella.* »

e. I, 257, 16. Médaille de François de Médicis.

L'exemplaire du Museo civico de Bologne porte la date 1564 à l'exergue du revers, c'est-à-dire qu'il est entièrement semblable à celui de la médaille I, 256, 14. Cette date de 1564 aura été effacée sur notre exemplaire, comme sur celui de Litta.

f. I, 261, 40, 41. Médailles de Cosme Ier de Médicis.

Ces médailles sont attribuées à tort à Domenico Poggini ; elles appartiennent à Galeotti, et figurent dans la suite des médailles de Cosme qui ont été décrites dans l'œuvre de ce maître (voir III, 110, *U* et *V*.)

ANIEUS . F

(I, p. 261.)

Le nom de ce médailleur est Anteus, et non Anieus. Voir plus loin le médailleur Anteo.

A . R

(I, p. 262.)

a. I, 262. Médaille de Pingone.

Cette médaille appartient à Alfonso Ruspagiari, dont elle porte la marque. Elle a été réunie à l'œuvre de ce maître. (Voir III, 100, *B*.)

FED . COC

(I, p. 262 et 263.)

La signature FED. COC, dit M. G. Milanesi, appartient certainement à FEDERIGO COCCOLA ou COCCIOLA d'Amalia, qui fut graveur à la Monnaie pontificale sous Grégoire XIII. La signature F. Co pourrait être celle de FRANCESCO DE COCCHIS de Gallese, qui faisait partie du collége des orfévres romains vers la fin du seizième siècle. (*GM.*)

ADDITION.

PARISOT DE LA VALETTE (JEAN).

A. Dia. 39. « F . IO . VALLETA . M . HOSP . HIER. — F . CO. » — ℟ « MELITA . RENASCENS. »

Au droit : Buste à gauche de Jean Parisot de la Valette, tête nue, barbu, couvert d'une armure. — Au revers : Carte de l'île de Malte. — Furse, p. 325.

M . B . R . F

(I, p. 263.)

Ces initiales peuvent s'interpréter ainsi : MICHAEL BALLA Romanus Fecit. (*GM.*) Cet artiste est mentionné par Bertolotti (*Artisti Lombardi a Roma*).

MELON OU MILON

(I, p. 264 et 265.)

M. G. Milanesi croit que cet artiste est Crémonais, et peut être fils ou neveu du peintre Altobello Melone ou Milone.

ADDITIONS.

Le pape GRÉGOIRE XIII.

A. Dia. 45. « GREGORIVS . XIII . PONT . MAX. » — 5ᵉ ℟ « OPTIME . REGITVR. — AN . D . MDLXXIX. »

Au droit : Même buste que sur la médaille I, 264, nº 5. — Au revers : Un gouvernail surmonté des armes papales. — Musée royal de Parme.

B. Dia. 46. « GREGORIVS . XIII . PONT . MAX . ANN . VII. » — 1ᵉʳ ℟ « VIGILAT. »

Au droit : Buste à gauche de Grégoire XIII, barbu, coiffé d'une calotte, vêtu du camail. — Au revers : Un dragon gardant une porte. — *BO*, I, 323, 10. — *TN.*, Méd. pap., XVI, 1.

C. 2e ℟ « S . P . Q . R . OPTIMO . PRINCIPI. »

Inscription sur le champ, entourée d'une couronne de laurier. — *BO.*, I, 323, 44.

D. 3e ℟ « VIATORVM . SALVTI. — ANN . DNI . MDLXXIX. »

Pont sur une rivière torrentueuse. — *BO.*, I, 323, 41.

L'attribution à Mélon des pièces B C D résulte de ce que leurs droits sont semblables à celui de la médaille I, 264, 5, dans lequel on a supprimé la main qui bénit pour la remplacer par l'inscription ANN . VII.

Le pape SIXTE-QUINT.

E. Dia. 54. « SIXTVS . V . P . F . MAX . AD . BENEDICTIONES . A . V. — MILLON . F . 1589. » — Sans ℟.

Buste à droite de Sixte-Quint, tête nue, barbu, vêtu de la chape, élevant la main droite pour donner la bénédiction. — Cabinet impérial de Vienne.

PERRENOT (Antoine), cardinal de Granvelle.

F. Dia. 43. « ANT . S . R . E . PBR . CARD . GRANVELANVS . — MELON . F. » — 2e ℟ « DVRATE. »

Au droit : Même buste que sur la médaille I, 265, 10. — Au revers : Le vaisseau d'Énée battu par la tempête. — Collection Taverna, à Milan.

OBSERVATION ET RECTIFICATION.

a. I, 264, 3. Médaille du cardinal Farnese (Alessandro).

La même pièce est au Cabinet impérial de Vienne avec Dom, au lieu de Sal.

b. I, 264, 4. Médaille de Mendoza (Inigo Lopez de).

A ajouter après la légende du droit : Revers sans légende.

L . L . P

(I, p. 266.)

« Peut-être est-ce la marque de Lodovico Leoni Padovano. » (*GM.*) (Voir III, p. 119.)

FABIO . F....

(I, p. 266.)

« Cette marque doit avoir été mal lue. Elle doit être : FA MANT AQV, c'est-à-dire « Fabius Marci Antonii Aquilii ». Celui-ci fut le petit-fils du peintre romain Antonazzo Aquilio, qui vivait sous Sixte IV, et sur lequel il y a un savant mémoire par Corvisieri, publié dans le journal romain *Il Buonarroti.* » (*GM.*)

I. AUG

(I, p. 266.)

« Ce médailleur est sans doute Giovanni Maria AUGUSTELLO, sculpteur piémontais. » (*GM.*)

ABONDIO (ANTONIO) LE JEUNE

(I, p. 267 à 274.)

ADDITIONS.

ALLEMAGNE (MAXIMILIEN II, empereur d').

A. Dia. 38. « MAXIMILI . II . ROM . IMP . SEMP . AVGV. — A . A. » — Sans *R/*.

Buste à droite de Maximilien II, tête nue, chauve, barbu, cuirassé avec petite fraise. — Collection A. Armand.

BAVIÈRE (GUILLAUME II, duc de), né en 1548 + 1626. Il devint duc de Bavière en 1579 et abdiqua en 1596.

B. Dia. 34. « GVLIELMVS . COM . PAL . RHENI . VTR . BAVA . DVX. — AN . AB. » — *R/* « VINCIT . VIM . VIRTVS. »

Au droit : Buste à gauche de Guillaume de Bavière, tête nue, cheveux courts, barbu, cuirassé avec fraise. — Au revers : Un lion se jetant sur un singe renversé à terre; à gauche, un singe grimpant à un arbre. — Cabinet royal de Munich.

C. Dia. 31. « GVLIELMVS . COM . PAL . RHENI . VTR . BAVARIAE . DVX. — AN . AB. » — *R/* « VINCIT . VIM . VIRTVS. »

Au droit : Buste à gauche de Guillaume, tête nue, cheveux courts, barbu, cuirassé avec écharpe et fraise. — Au revers : Un arbre debout, assailli par un violent orage. — Cabinet royal de Munich.

BAVIÈRE (ERNEST DE), né en 1554 + 1612. Il devint évêque de Freising en 1566.

D. Dia. 40. « ERNESTVS . ADMI . FRISING . BAVARIAE . DVX . 1572. — AN . AB. » — Sans *R/*.

Buste à droite d'Ernest de Bavière, jeune, coiffé de la barrette, cheveux courts, barbe naissante, vêtu d'une robe à large collet rabattu. — Cabinet royal de Munich.

DONI (Anton Francesco), Florentin, né en 1513 + 1574.

E. Dia. 70. « ANT . FRAN . DONI . FLOR . A . A. » — Sans R/.

Nous renvoyons, pour la description de cette médaille, au deuxième volume, p. 200, n° 24, où elle a été mise par erreur. — *M.*, I, XLIX, 3. — Collection Robinson.

GONZAGA-Bozzolo (Giulio Cesare), né en 1552 + 1609. Il devint prince de Bozzolo en 1593.

F. Dia. 38. « IVL . CAES . GON . S . R . IMP . PRIN . ET . MAR. — AN . AB. » — R/ « FRVSTATA . NON DESINAM. »

Voir la description II, 262, 7, où cette médaille avait été placée d'abord par erreur. — *L.*, Gonz., Méd., 46. — Cabinet royal de Munich.

MADONE (la).

G. Dia. 100 × 77. « AN . AB. » — Sans R/.

Buste de trois quarts à droite de la Madone, nimbée, allaitant l'Enfant Jésus. — Collection A. Armand.

MUYS (Antonius), menuisier à la cour de Rodolphe II.

H. Dia. 53. « ANTONIVS . MVYS . ANNO . SVAE . AET . XXXXI. — AN . AB. » — R/ « RELIGIO. »

Au droit : Buste à droite de Muys, tête nue, barbu, vêtement à collet droit, petite fraise. — Au revers : La Religion sous la figure d'une femme ailée, drapée, le pied posé sur un masque, tenant dans la main droite un livre, et dans la gauche un mors. — Cabinet impérial de Vienne.

PANZIRUOLO (Guido), de Reggio, jurisconsulte, né en 1523 + 1599.

I. Dia. 75 × 61. « GVIDVS . PANCIROLVS . REGIEN . IVRC . AN . ÆT . XL. — A . A. » — Sans R/.

Buste à droite de Guido Panziruolo, tête nue, cheveux et barbe frisés, couvert d'une draperie à l'antique. — Collection A. Armand.

RAVOYRA (Baldassare de), seigneur della Croce en Savoie, baron de Charvensod, né en 1535. Il vivait encore en 1587.

J. Dia. 41. « BALT . A . RAVO . D . CRVCIS . BARO .

CHARANSO. — AN . AB . 1578. » — ℞ « IMMORTALE . QVOD . OPTO. »

Au droit : Buste à droite, tête nue, barbu, cuirassé, drapé, petite fraise. — Au revers : Une femme nue, debout, la main droite levée vers le soleil. — Cabinet impérial de Vienne.

ROSSI (?) (GIULIO), de Carpi.

K. Dia. 61. « IVLIVS . ROS . . VS . CARPE. — A . A. » — Sans ℞.

Buste à gauche de Giulio Rossi (?), tête nue, cheveux et barbe courts, cuirassé à l'antique. Ce buste est contenu dans un médaillon ovale entouré d'un cartouche à retroussis. — Collection A. Armand.

MÉDAILLES ATTRIBUÉES A ANTONIO ABONDIO LE JEUNE.

AUTRICHE (MAXIMILIEN, archiduc d'), quatrième fils de Maximilien II.

L. Dia. 30. « MAXIMIL . D . G . ARCH . AVST. — 1586. » — ℞ « MILITEMVS. »

Au droit : Buste à gauche, tête nue, cheveux courts, moustache et barbe, cuirassé avec écharpe et fraise. — Au revers : Un camp. — Cabinet impérial de Vienne.

UDALRIC, abbé du monastère de Sainte-Croix.

M. Dia. 35. « UDALRICVS . ABBAS . MO . SA . CRVCIS . Æ . S . LV. — A . A (?). » — ℞ « GLORIATIO . NRA . IN . CRVCE . CHRI. »

Au droit : Buste à droite d'Udalric, barbu, avec calotte et fraise. — Au revers : Un écusson surmonté d'une mitre abbatiale. — Musée royal de Parme.

RECTIFICATION.

a. I, 273, 30. Médaille de TREZZO (JACOPO NIZZOLA DA).

La description de cette médaille doit être rectifiée et complétée comme il suit : Dans la légende du droit, lire : NIZOLLA, au lieu de NIZZOLA. — Au droit : Buste à gauche de Jacopo, tête nue, cheveux courts, barbu, vêtu d'un pourpoint avec petite fraise; par-dessus, il a un manteau à large collet rabattu. — Au revers : Vulcain, un marteau à la main, est assis sur son enclume; Minerve, casquée, est debout devant lui. — Museo civico de Bologne.

ANTEO . F

(I, p. 274 et 275.)

ADDITIONS.

REQUESENS (Luiz de Zuniga y), gouverneur des Pays-Bas en 1574 + 1576.

A. Dia. 61. « LVDVICVS . RICASENIVS . MAIOR . CASTILLIE . COMENDATARIVS — ANTEVS . F. » — ℟ « FORTITVDINE . AC . CONSILIO. »

Voir I, 261, la description de cette médaille, mise par erreur sous le nom d'un médailleur Anieus au lieu de Anteus.

SAVOIE (Marguerite de France, femme d'Emmanuel-Philibert, duc de), née en 1523; mariée en 1559 + 1574.

B. Dia. 47. « MARGARETA . A . FRANCIA . EMAN . PHIL . ALLOB . DVCIS . CONIVX. » — ℟ « DIV . POST . FATA . NITESCET. »

C. Dia. 71 × 52. « MARGARETA . A . FRANCIA . EMAN . PHIL . ALLOB . DVCIS . CONIVX. » — Sans ℟.

Cette médaille, ainsi que la précédente, étaient placées II, 224, 11 et 12. Nous y renvoyons le lecteur pour leur description, que nous complétons et rectifions comme il suit :

La seconde médaille, ainsi que le fait connaître sa description, est placée dans la partie supérieure d'une plaque commémorative portant une longue inscription à l'honneur de cette princesse. Au bas, on lit : « ANTEVS . FECIT. » C'est ainsi que nous apprenons quel est l'auteur de la deuxième médaille, et en même temps l'auteur de la première, les bustes qu'elles représentent étant identiques. Dans la description de celle-ci (la première), deux erreurs doivent être rectifiées. En premier lieu, le voile que porte Marguerite n'est pas le voile des veuves, car la princesse mourut avant son mari. En second lieu, les mots écrits sur le coffret ont été mal lus, et n'ont aucune signification; ils doivent être lus ainsi : « HIS . SVMMAM. — MERVIT . CELO. »

SEIPIO de Sard.

D. Dia. 49. « SEIPIO . DE . SARD. — ANT. . . » — ℟ « VIRTVTE . NON . FATIS. »

Au droit : Buste à gauche de Seipio de Sard..., tête nue, cheveux frisés, barbe courte, draperie à l'antique laissant à nu le cou et la partie supérieure de la poitrine. — Au revers : Une main sortant d'un nuage, armée d'une lance dont elle frappe une hydre à sept têtes. — Collection Robinson.

R. T (1)

Signature d'un médailleur qui travaillait en 1579.

Le pape GRÉGOIRE XIII.

A. Dia. 42. « GREGORIVS . XIII . PONT . MAX . AN . VIII. — R . T. » — 1er ℞ « VIA . AB . VRBE . AD . SACRAM . AEDEM . EXPEDITA. »

Au droit : Buste à droite du Pape, tête nue, barbu, vêtu de la chape. — Au revers : La Vierge et l'Enfant Jésus au-dessus d'une église. — *BO.*, I, 323, 37. — Cabinet de France.

B. 2e ℞ « VIATORVM . SALVTI. »

Un pont sur un torrent. — Musée royal de Parme.

PRIMAVERA (Jacopo)

(I, p. 275 à 278.)

ADDITION.

MARIE STUART.

A. Dia. 53. « MARIA . REG . SCOT . ET . ANG. » — Sans ℞.

Buste à droite de Marie Stuart. Elle porte une coiffe de veuve qui laisse voir sur les tempes des touffes de cheveux frisés. A l'arrière de la tête est attaché un voile tombant sur les épaules. Corsage montant boutonné, avec collet droit et fraise.

Cette médaille est la reproduction partielle de celle de Primavera (voir I, p. 277, 10), dont on a seulement supprimé la partie inférieure du buste et changé la légende.

FRAGNI (Lorenzo)

(I, p. 278 à 282.)

Lorenzo Fragni fut graveur à la Monnaie romaine. On le trouve mentionné dans les comptes pour le payement de son traitement, en cette qualité, dans les années 1572, 1576, 1586. (Bertolotti, *Artisti lombardi* et *Artisti veneziani*.)

---

(1) Ce médailleur nouveau se placerait à la page 275 du premier volume.

ADDITIONS.

Le pape GRÉGOIRE XIII.

A. Dia. 32. « GREGORIVS . XIII . PONT . AN . II. — L . P. » — 4ᵉ ℟ « ET . PORTÆ . CÆLI . APERTÆ . SVNT. — ROMA. »

Au droit : Même buste que sur la médaille I, 278, 2. — Au revers : La porte sainte du Jubilé. — Musée royal de Parme. — *BO.*, I, 323, 18.

B. Dia. 35. « GREGORIVS . XIII . PONTIFEX . MAX . A . 1583. — LO . P. » — 6ᵉ ℟ « PROVIDENTIA . CHRISTI. »

Au droit : Buste à gauche de Grégoire XIII, tête nue, vêtu de la chape, comme sur la médaille I, 280, 11. — Au revers : Femme debout, drapée, tenant de la main gauche une haste, de la droite un gouvernail. — *BO.*, I, 323, 4. — *TN.*, Méd. pap., XVI, 8. Le revers.

C. 7ᵉ ℟ « ANNONA . PONT. »

Femme debout, tenant une corne d'abondance et une statuette de Minerve. A gauche, une corbeille d'épis ; à droite, un navire. — Musée royal de Parme. — *BO.*, I, 323, 6.

D. Dia. 39. « GREGORIVS . XIII . PONTIFEX . MAXIMVS. — LAV . PARM. » — 4ᵉ ℟ « APERVIT . ET . CLAVSIT . ANNO . MDLXXV. — ROMA. »

Au droit : Même buste que sur la médaille I, 280, 16. — Au revers : La porte sainte du Jubilé. — Musée royal de Parme. — *BO.*, I, 323, 21.

E. 5ᵉ ℟. « ET . IN . NATIONES . GRATIA . SPIRITVS . SANCTI. »

Saint Paul prêchant à Athènes. — Musée royal de Parme. — *BO.*, I, 323, 30.

OBSERVATIONS ET RECTIFICATIONS.

a. I, 279, 7. Médaille du pape GRÉGOIRE XIII.

Le diamètre de cette médaille est de 32 au lieu de 38. Son droit est le même que celui de la pièce nº 6.

b. I, 279, 8. Médaille du même pape.

Cette médaille a le même droit que la pièce nº 6.

c. I, 280, 10. Médaille du même pape.

Dans la légende du droit, lire : XIII au lieu de VIII. — Dans la description du droit, lire : Buste à gauche du Pape, tête nue, barbu, vêtu de la chape.

d. I, 280, 11. Médaille du même pape.

Lire : Même buste que sur la médaille nº 10.

G . R . F

(I, p. 282.)

a. I, 282. Médaille de Vettori (Pietro).

Une erreur due à l'imperfection de la médaille de Pietro Vettori que nous avions sous les yeux nous avait fait lire R . F . au lieu de G . R . F . sur la légende du revers de cette médaille. Cette légende doit être rétablie ainsi :

« CONCEDAT . LAVREA . LINGVÆ. — CIↃ . IↃ . LXXX — G . R . F. »

Dans l'opinion de M. G. Milanesi, cette signature désignerait Gaspero Romanelli, d'Aquila, l'auteur de la médaille d'Anton Francesco Doni (voir III, p. 103).

IO . BA . BO . F

(I, p. 282.)

M. G. Milanesi ne doute pas que cette signature ne soit celle de Giovanni Battista Bonini, orféyre de Côme, qui habitait à Rome en 1573.

CAPOCACCIA (Mario)

(I, p. 283.)

Capocaccia, qui paraît comme médailleur en 1581, était déjà mentionné par Vasari (1568) pour ses portraits en stuc colorié. (*GM.*)

ARGENTERIO (Bartolommeo), de Turin

et

PASSERO (Bernardino) (1)

SCULPTEURS ET MÉDAILLEURS

Ces deux artistes travaillaient à Rome en 1582 ; ils y exécutèrent, à cette époque, des médailles à l'effigie de Grégoire XIII, destinées à être placées dans les fondations du collége des Jésuites. Les payements faits à ces artistes en février et mars 1582 dont témoignent les

(1) Ces médailleurs nouveaux se placeraient à la page 283 du premier volume.

documents reproduits par Bertolotti (*Artisti subalpini in Roma*) nous font connaître que Passero fit trois médailles pour cette destination, et qu'Argenterio en fit deux. Ces cinq pièces sont sans doute celles figurées dans Bonanni sous les nos 47 à 57 des médailles de Grégoire XIII, et dont voici la description :

Le pape GRÉGOIRE XIII.

A. Dia. 58. « GREGORIVS . XIII . AN . PON . X . — COLLEG . SOC . IESV . OMNIVM . NATIONVM . GRATIA . FVNDATO . DE . RELIG . ET . LIT . OPT . MER. » — ℟ « VT . ERVAT . PRAEDAM . CAPTIVORVM . FRATRVM. — ABRAHAM . TRECENTOS . VERNACVLOS . EXPEDITOS . NVMERAT. »

Voir la description II, 267, 3. —*BO.*, I, 323, 56. — *TN.*, Méd. pap., XVI, 6.

B. Dia. 59. « GREGORIVS . XIII . AN . PON . X. — SOC. IESV . EXTRVXIT . COLLEGIVM . OMNIVM . NATIONVM. » — ℟ « SACERDOS . MAGNVS . . . . . ECCL . L. »

Au droit : Buste à gauche de Grégoire XIII, coiffé de la tiare, vêtu de la chape, bénissant de la main droite. — Au revers : Inscription en neuf lignes, dont nous ne donnons que la première et la dernière. — *BO.*, I, 323, 47 et 48. — Cabinet national de France.

C. Dia. 58. « GREGORIVS . XIII . AN . PON . X. — SOCIETATIS . IESV . GENERALE . COLLEGIVM . EXTRVXIT . ET . DOTAVIT. » — ℟ « BONAS . ARTES . ALIT . ET . VERAE . RELIGIONI . SUBIICIT . GREGORIVS. »

Au droit : Buste à gauche de Grégoire XIII, barbu, coiffé de la calotte, vêtu du camail. — Au revers : La Religion sur un trône au milieu de quatre femmes drapées et agenouillées symbolisant la Théologie, les Mathématiques, la Philosophie et la Poésie. — *BO.*, I, 323, 49 et 50. — Cabinet national de France.

D. Dia. 59. « GREGORIVS . XIII . PONT . MAX . COLLEGIVM . . . . . ROMAE. » — ℟ « SEMINANS . IN . BENEDICTIONIBVS . DE . BENEDICTIONIBVS . ET . METET . — ITE . OPERAMINI . IN . VINEA . DOMINI. »

Au droit : Inscription sur le champ en quinze lignes, dont nous ne donnons que le commencement et la fin. — Au revers : Le Pape sur son trône bénissant des Jésuites.— *BO.*, I, 323, 51 et 52. — *TN.*, Méd. pap., XVI, 5, le revers. — Cabinet national de France.

E. Dia. 58. « GREGORIVS . XIII . AN . PON . X. — GENE-

RALI . COLLEG . SOCIETATIS . IESV . ROME . EXTRVCTO . ET . DOTATO. » — ℟ « GREGORIO . PASTORI . OPTIMO . PATERNA . CARITATE . OVES . PASCENTI. — PASCE . OVES . MEAS. »

Au droit : Buste à droite de Grégoire XIII, barbu, coiffé de la calotte, vêtu du camail, la main droite levée bénissant. — Au revers : Dieu apparaissant au Pape agenouillé; devant lui, un troupeau de brebis et sa tiare. — *BO.*, I, 323, 53 et 54. — Musée royal de Parme.

GAGGINI (Annibale) (1)

MÉDAILLEUR

Neveu du sculpteur Antonio Gaggini. Il travaillait à Palerme en 1583 + 1607.

COLONNA (Marcantonio), duc de Paliano, né en 1535 + 1584. Il fut vice-roi de Sicile en 1577.

A. Dia. 64. « MARCVS . ANTONIVS . COLVMNA . PROREX . ET . CAPI . GENE. » — ℟ « IN . IMPOSICIONE . PRIMARII . LAPIDIS . IN . SEMINARIO . PANORMITANO. — 1583. »

Au droit : Buste à droite de Marcantonio Colonna, cuirassé. — Au revers : Inscription sur le champ. — Musée de Palerme.

MARULLO (Cesare). Il fut archevêque de Palerme en 1578 + 1588.

B. Dia. 64. « DON . CAESAR . MARVLLVS . ARCHIEPISCOPVS . PANORMITANVS. » — ℟ « IN . IMPOSICIONE . PRIMARII . LAPIDIS . IN . SEMINARIO . PANOR. — 1583. — PAX . PAX. »

Au droit : Buste à droite de Cesare Marullo, tête nue, vêtu du camail. — Au revers : La colombe avec un rameau d'olivier au bec, volant vers l'arche de Noé. — Musée de Palerme.

C. Dia. 58. « CAESAR . MARVLLVS . ARCHIEPISCOPVS . PANORMITANVS. » — ℟ « S^mo . GREGORIO . PP . XIII . SEDENTE . SERENISSIMO . PHILIPPO . REGE . IMPERANTE .

(1) Ce médailleur nouveau se placerait à la page 283 du premier volume.

ILL^{mo} . ET . EX^{mo} . MARCO . ANT . COLVMNA . PROREGE . FAVENTE . ILL^{mo} . ET . R^{mo} . CAESARE . MARVLLO . ARCHIEP . PANORMITANO . ERIGENTE . FIT . HEC . SEMINARII . BASILICA . A . D . MDLXXXIII. »

Au droit : Buste à droite de Cesare Marullo, tête nue, vêtu du camail. — Au revers : Inscription sur le champ. — Musée de Palerme.

MAZZAFIRRI (Michele di Battista)

(I, p. 283 à 285.)

Le nom de ce médailleur florentin est Mazzafirri et non Mazza. Il était né vers 1530 + 1597.

ADDITION.

MEDICI (Christine de Lorraine, femme de Fernando I° de').

A. Dia. 45. « CHRISTIANA . PRINC . LOTHAR . MAG . DVX . HETR. — 1592. » — ℞ « FRVCTVM . LVMENQVE . PVDORIS. »

Au droit : Buste à droite de Christine de Lorraine, semblable au revers de la médaille I, 285, 11. — Au revers : Un épi de blé au milieu de sept étoiles. — Musée royal de Parme.

RECTIFICATION.

a. I, 284, 7. Médaille de Medici (Fernando I° de').

La forteresse représentée sur ce revers est celle de Livourne, et non celle du Belvédère de Florence.

C . S

(I, p. 285.)

« C. S. est peut-être la marque de Costantino de' Servi, peintre, sculpteur et architecte florentin, né en 1554 + 1622. Costantino était à Rome en 1585, et travaillait à une statue de saint Paul pour Sixte V. » (*GM.*)

D . S

(I, p. 285.)

« Cette marque D. S. est peut-être celle de Domenico Santini, orfévre florentin. » (*GM.*)

CANTILENA (Antonio)

(I, p. 286.)

ADDITIONS.

COLONNA (Marcantonio), duc de Paliano, né en 1535 + 1584.

A. Dia. 52. « MARCVS . ANT . COLVMNA. — ANT . CANTILENA . F. » — ℟ « NEC . FATIS . PARCAM. »

Au droit : Buste à droite de Marcantonio Colonna. — Au revers : La Victoire dans un quadrige, suivie de la Fortune et de la Paix. — Collection Rossi.

MONTI (Scipione de').

B. Dia. 50. « SCIPIO . DE . MONTIBVS. » — 2e ℟ « INVICEM . CEDVNT. — ANT . CANTILENA . F. »

Au droit : Buste à droite de Scipione, comme sur la médaille I, 286, 1. — Au revers : Un violon, un arc et une flèche. — Collection A. Armand.

QUADRIMANO (Sertorivs).

C. Dia. 44. « SERTORIVS . QVADRIMAN. » — ℟ « CANDORE . NOTABILIS. — A . CANT . F. »

Au droit : Buste à droite de Sertorius, tête nue, barbu, cuirassé, avec écharpe et petite fraise. — Au revers : Un cercle garni d'étoiles. — Cabinet impérial de Vienne.

RECTIFICATION.

a. I, 286, 2. Médaille d'Orseoli.

Le diamètre de cette médaille est de quarante-cinq millimètres.

T . R.

(I, p. 286 et 287.)

M. G. Milanesi pense que les lettres T. R. représentent un artiste dont nous avons déjà rencontré la signature sous la forme Tim. Ref. Mant. F. sur la médaille des religieux Qualla et Piosna, datée 1562. (Voir I, 236.) Nous hésitons à admettre cette identification, moins à cause de la différence des dates, point sur lequel nous nous expliquerons tout à l'heure, qu'à cause de la différence de travail qui existe entre la médaille unique signée Tim. Ref. Mant. F. et les nombreuses pièces signées T. R. Par contre, nous n'hésitons pas à donner au médailleur T. R. la médaille de Pic de la Mirandole placée à tort I, 82, et qui n'est qu'une pièce de restitution, comme nous le fait observer M. G. Milanesi.

C'est également à tort que nous avons placé le médailleur T. R. à la date moyenne de 1585. Cette date doit être avancée d'une dizaine d'années, et se placer avant 1579, date de la mort du cardinal Benedetto Lomellini.

ADDITIONS.

ALDROVANDI (Teseo di Teseo), Bolonais, chanoine de San Salvador. Il était frère d'Ulisse. Il fut fait commandeur du Saint-Esprit par Grégoire XIII ; + à Rome en 1582.

A. Dia. 42. « THESEVS . ALDROVANDVS . G . PRECEPT . S . SPIRITI. — T . R. » — Sans ℟.

Buste à droite de Teseo Aldrovandi, tête nue, vêtu du camail sur lequel se voit la croix du Saint-Esprit. — Museo civico, à Bologne.

ALDROVANDI (Ulisse di Teseo), philosophe et médecin bolonais, né en 1522 + 1605.

B. Dia. 42. « VLYSSES . ALDROVAND[S] . PHI . AC . MED. — T . R . » — ℟ « SENSIBVS . HAEC . IMIS . . . RE . S . . NON . PARVA . REPONIT. — T . R. »

Au droit : Buste à droite d'Ulysse, tête nue, chauve, barbu, vêtu d'une robe. — Au revers : Un coq tourné à gauche, tenant dans sa patte droite une branche d'olivier. — Musée royal de Parme et Musée civique de Bologne.

C. Dia. 46. « VLYSSES . ALDROANDVS . PHI . BONON. — T . R. — 1570. » — Sans ℟.

Voir la description II, 269, 12.

DANTE (Ignazio), né à Pérouse en 1537. Il fut fait évêque d'Alatri en 1583 + 1586.

D. Dia. 38. « EGNATIVS . DANTHES . M.... D . ETRVRIE . COSMOGR. — 1572. — T . R. » — ℟ « IN . CONDITORIS . GLORIAM. — T . R. »

Au droit : Buste à droite d'Ignazio Dante, tête nue, avec large tonsure, barbe courte, vêtu du camail. — Au revers : Globe terrestre et instruments de géodésie. Sur le globe on lit ces mots : EVROPA — ASIA — AFRICA. — Cabinet impérial de Vienne.

PICO DELLA MIRANDOLA (GIOVANNI), philosophe, érudit et poëte, né en 1463 + 1494.

E. Dia 47. « IO . PICVS . MIRANDVLE . DOM . PHIL . ACVTISS. — T . R. » — Sans ℞.

Voir la description de cette médaille à la page 82 du premier volume, où elle avait été placée à tort.

OBSERVATIONS.

a. I, 287, 2 et 3. Médailles de FRANCESCO VOLTERRANO et DIANA GHISI.

« Le nom de famille de Francesco Volterrano était Capriani. — Sa femme, Diana, était née en 1536. La famille d'artistes graveurs à laquelle elle appartenait est connue sous le nom de Ghisi; mais le véritable nom de cette famille est Scultori. » (*GM.*)

BONIS (NICCOLO DE')

(I, p. 287 à 290.)

Niccolò de Bonis est mentionné en 1591 pour un payement en qualité d'« Incisore della Zecca romana ». (Bertolotti, *Artisti veneziani in Roma.)*

ADDITIONS.

Le pape SIXTE-QUINT.

A. Dia. 35. « SIXTVS . V . PONT . MAX . AN . V. — NI . BONIS. » — 4e ℞ « DEXTERA . DOMINI . FACIAT . VIRTVTEM . 1591 . »

Au droit : Buste à gauche du Pape, comme sur la médaille I, 288, 3. — Au revers : Le Pape sur son trône donnant un étendard, comme sur la médaille I, 289, 11. — Musée royal de Parme.

Le pape GRÉGOIRE XIV.

B. Dia. 34. « GREGORIVS . XIIII . PON . MAX. — NIC . BONIS. » — 5e ℞ « DEXTERA . DOMINI . FACIAT . VIRTVTEM . 1591 . »

Au droit : Buste à droite comme sur la médaille I, 288, 6. — Au revers : Le Pape sur son trône, comme sur la médaille précédente. — Musée royal de Parme.

C. 6e ℞. Sans légende.

Le buste du Christ tourné à gauche. — Musée royal de Parme.

JULIANO F. F.

(I, p. 290 et 291.)

MÉDAILLEUR ITALIEN, PROBABLEMENT FLORENTIN

Le nom de cet artiste était Giuliano Giannini. Il s'établit en Belgique en 1580, et y vivait encore en 1599, mais très-âgé et infirme. (Voir A. Pinchart, *Recherches, etc.*, p. 350.)

ADDITION.

TOLEDO (Fernando Alvarez de), duc d'Albe, né en 1508 + 1582.

A. Dia. 37. « FERDINANDVS . ALVAREZ . A . TOLETO . DVX . ALVÆ. » — ℞ « RELIGIONEM . ET . OBEDIENTIAM . REDINTEGRAVIT. — MDLXVIII. »

Voir la description de cette médaille II, 246, 9.

M. Pinchart en a vu une épreuve avec la signature de Juliano. Bien que portant la date 1568, cette médaille ne serait pas antérieure à 1580.

PAULUS

(I, p. 292.)

« Cette signature désigne peut-être Paolo Selvatico, de Modène, ou Paolo Sanquirico. » (*GM.*)

F. S.

(I, p. 292.)

Cette marque, dans l'opinion de M. G. Milanesi, appartient à Francesco Segala, Padouan, sculpteur en marbre et en bronze, qui travaillait en 1565.

M — M . B — Mo . B

(I, p. 293 et 294.)

« Ces trois marques pourraient appartenir à trois médailleurs différents. M. B. pourrait être Michele Balla, dont il a déjà été parlé; Mo.B. serait Martino Bergamasco, l'auteur de la médaille de Marco Mantova Benavides (I, 248). » (*GM.*)

Quels que soient les noms des médailleurs représentés par les signatures M. et M.B., il paraît certain que les pièces qui portent ces marques appartiennent à un même artiste. La médaille à la marque Mo. B est d'une main différente. En conséquence, les médailles réunies sur les pages 293 et 294 du premier volume doivent être divisées en deux groupes comme il suit.

M — M. B

ADDITIONS.

Le pape SIXTE-QUINT.

A. Dia. 37. « SIXTVS . V . PONT . OPT . MAX . ANO . II. » — 2e ℟ « VRBS . LAVRETANA. — 1586. »

Au droit : Buste à droite de Sixte-Quint, comme sur la médaille I, 293, 3. — Au revers : Enceinte fortifiée de Loreto; au-dessus, sur un nuage, la Vierge et l'Enfant Jésus. — *BO.*, I, 381, 7.

B. Dia. 45. « SIXTVS . V . PONT . MAX . ANO . IIII . M . B. » — 1er ℟ « QVARTVM . ANNO . QVARTO . EREXIT. — 1588. »

Voir la description de cette médaille au bas de la page 294, où elle forme un article séparé sous la signature d'un prétendu médailleur M. D, qui n'est autre que M. B.

C. 2e ℟ « QVARTVM . ANNO . QVARTO . EREXIT. — 1588. »

Même sujet que sur la médaille précédente, mais disposé différemment. — Musée royal de Parme.

Le pape URBAIN VII.

D. Dia. 41. « VRBANVS . VII . PON . MAX . ANNO . I . MDLXXXX. » — ℟ « SIC . LVCEAT . LVX . VESTRA. »

Voir la description de la médaille I, 294, 7, dont cette pièce n'est qu'une variante. — Musée royal de Parme.

Mo. B

Signature d'un médailleur qui travaillait en 1590.

Le pape SIXTE-QUINT.

A. Dia. 25. « SIXTVS . V. PONT . MAX . AN . VI. — Mo . B. » — ℟ « PVBLICAE . COMMODATI. »

Voir la description I, 293, 6.

M . D

(I, p. 294.)

Cet article doit disparaître comme étant le résultat d'une erreur. La prétendue signature M . D n'est autre que M . B. La médaille de Sixte-Quint appartient donc au groupe M — M . B ; on l'y trouvera à la page précédente sous la lettre *C*.

PALADINO (G.)

(I, p. 295 à 298.)

ADDITIONS.

Le pape EUGÈNE IV.

A. Dia. 41. « EVGENIVS . IIII . PONT . MAX. » — ℟ Sans légende.

Au droit : Buste à gauche d'Eugène IV, coiffé de la tiare, vêtu d'une chape sans ornements. — Au revers : L'écusson des Condulmeri surmonté de la tiare et des clefs. — *TN.*, I, XXII, 1. — *BO.*, I, 29, 2.

Le pape NICOLAS V.

B. Dia. 44. « NICOLAVS . V . PONT . MAX. » — 2ᵉ ℟ « TOMAS . LVGANO . DI . SARZANA . MCDIIIL. »

Au droit : Buste à gauche de Nicolas V, comme sur la médaille I, 296, 10. — Au revers : Les armes du Pape, surmontées des clefs et de la tiare. — Cabinet national de France.

C. 3ᵉ ℟ « ANNO . IVBILEI . MCDL . ALMA . ROMA. »

La Porte sainte murée. — Cabinet national de France.

Le pape PAUL II.

Les trois médailles suivantes de Paul II, ouvrage de Paladino, avaient été placées dans la deuxième partie, p. 34, sous les nᵒˢ 20, 21 et 22. Nous y renvoyons pour leur description détaillée, nous contentant d'en faire ici la description sommaire.

D. Dia. 45. « PAVLVS . II . VENETVS . PONT . MAX. » — 1ᵉʳ ℟ « ANNO . MCDLXIV. — ROMA. »

Voir la description II, 34, 20.

E. 2ᵉ ℟ « HILARITAS . PVBLICA. »

Voir la description II, 34, 21.

F. 3ᵉ ℟ « SOLVM . IN . FERAS . PIVS . BELLATVR . PASTOR. — G . P . F. »

Voir la description II, 34, 22.

Le pape SIXTE IV.

G. Dia. 40. « SIXTVS . IIII . PONT . MAX. » — 5ᵉ ℟ « ETSI . ANNOSA . GERMINAT. »

Au droit : Buste à gauche de Sixte IV, comme sur la médaille I, 297, 16. — Au revers : L'écusson des della Rovere, surmonté de la tiare et des clefs. — *BO.*, I, 91, 1 et 2.

Le pape ALEXANDRE VI.

H. Dia. 44. « ALEXANDRO . VI . PONT . MAX. » — 3ᵉ ℟ « CITA . APERITIO . BREVES . ÆTERNAT . DIES. — G. PALADINO. »

Au droit : Buste à gauche d'Alexandre VI, comme sur la médaille I, 298, 22. — Au revers : Le Pape ouvrant la Porte sainte. — Même revers que sur la médaille I, 297, 17.— *NC.*, 1884, p. 186.

Le pape PIE III.

I. Dia. 46. « PIVS . III . PONT . MAX. — MDIII. » — ℟ « SOLVM . IN . FERAS . PIVS . BELLATVR . PASTOR. — G . P . F. »

Au droit : Buste à gauche de Pie III, comme sur la médaille I, 298, 24. — Au revers : Une chasse au sanglier, comme sur la médaille II, 34, 22. — *TN.*, Méd. pap., III, 9.

Le pape JULES II.

J. Dia. 42. « IVLIVS . LIGVR . PAPA . SECVNDVS. » — ℟ « ETSI . ANNOSA . GERMINAT. »

Au droit : Buste à gauche de Jules II, tête nue, sans barbe, vêtu de la chape. — Au revers : L'écusson des della Rovere, surmonté de la tiare et des clefs. — Même revers que celui de la médaille de Sixte IV, qui précède. — *BO.*, I, 139, 1 et 2. — Avignone, nº 18.

Le pape LÉON X.

K. Dia. 42. « LEO . X . PONTIFEX . MAX. » — 1ᵉʳ ℟ « GLORIA . ET . HONORE . CORONASTI . EVM. — ROMA. »

Au droit : Buste à droite de Léon X, tête nue, vêtu de la chape. — Au revers : Les armes des Médicis, surmontées de la tiare et des clefs. — *BO.*, I, 163, 1 et 2.

L. 2e ℟ « QVEM . CREANT . ADORANT. — ROMÆ. »

Deux cardinaux posant la tiare sur la tête du Pape, assis sur son trône. — Cabinet national de France.

M. 3e ℟ « LIBERALITAS . PONTIFICIA. »

Une femme drapée, debout, tenant une corne d'abondance dont elle répand le contenu à terre. A gauche, des livres et la tiare; à droite, des instruments de musique. — *TN.*, Méd. pap., v, 1. — *BO.*, I, 163, 5.

Le pape ADRIEN VI.

N. Dia. 42. « ADRIANVS . VI . PONT . MAXIM. » — 1er ℟ « QVEM . CREANT . ADORANT. — ROMÆ. »

Au droit : Buste à gauche d'Adrien VI, sans barbe, coiffé de la calotte et vêtu du camail. — Au revers : Deux cardinaux posant la tiare sur la tête du Pape. — *VM.*, II, 158. — *BO.*, I, 181, 3.

O. 2e ℟ « SPIRITVS . SAPIENTIÆ. — ROMA. »

Des livres, dont un ouvert, surmontés de la tiare, des clefs et du Saint-Esprit. — *BO.*, I, 181, 4.

Le pape CLÉMENT VII.

P. Dia. 42. « CLEMENS . VII . PONT . MAX. — MDXXV . AN . II. » — 1e ℟ « GLORIA . ET . HONORE . CORONASTI . EVM. — ROMA. »

Au droit : Buste à droite de Clément VII, tête nue, barbu, vêtu de la chape. — Au revers : L'écusson des Médicis, surmonté de la tiare et des clefs. — *TN.*, Méd. pap., v, 7.

Q. 2e ℟ « RESERAVIT . ET . CLAVSIT . ANN . IVB. — M . D. »

Le Pape fermant la Porte sainte. — *TN.*, Méd. pap., v, 8.

Ce revers est emprunté à une médaille d'Alexandre VI. (Voir I, 298, 23.)

R. 3e ℟ « CITA . APERITIO . BREVES . ÆTERNAT . DIES. — G . PALADINO. »

Le Pape ouvrant la Porte sainte. Même revers que sur la médaille I, 297, 17. — *NC.*, 1884, p. 186.

C'est par erreur que sur les trois médailles de Clément VII qui viennent d'être décrites Paladino l'a représenté barbu. Le Pape ne portait pas encore la barbe en 1525, comme le prouvent les testons frappés à cette date (voir II, 165, 1 et 2). Il ne laissa pousser sa barbe que pendant sa captivité, en 1527.

OBSERVATIONS ET RECTIFICATIONS.

a. I, 296, 11. Médaille du pape Calixte III.

Ajouter à la légende du revers la signature G. P. qui se voit sur une des galères chrétiennes.

b. I, 297, 17, 18, 19. Médailles du pape Sixte IV.

Ces médailles ont été faites en commémoration du Jubilé qui fut célébré en 1475, conformément à l'édit rendu par Paul II en 1470. Mais c'est à tort que Paladino a représenté sur ces médailles l'ouverture de la porte Sainte. Cette cérémonie n'eut lieu que vingt-cinq ans plus tard, à l'occasion du Jubilé de 1500. — Voir le *Diarium* de Burchard, t. II, p. 583 et suiv. (édit. Thuasne).

MART . SA . O P

(I, p. 299.)

« Ce médailleur doit être Martino da Savona; sa marque se lira MARTini SAonensis OPus. » *(GM.)*

G . P . F

(I, p. 299.)

La signature gravée sous l'épaule de Girolamo Fabrizio d'Acquapendente n'est pas G. P. F., mais bien Ā. P. F, qui désigne Annibale Tosati Padovano. Cet artiste est, en effet, l'auteur de la médaille d'Acquapendente, ainsi qu'il sera dit dans l'article suivant. Cet article remplacera celui portant le titre G. P. F., lequel doit disparaître.

TOSATI (Annibale) (1)

MÉDAILLEUR PADOUAN

Il travaillait vers 1590.

ACQUAPENDENTE (Girolamo Fabrizio d').

A. Dia. 38. « HIERONYMVS . FABRICIVS . AB . AQVAPENDENTE . PHIL . MED. — Ā . P . F. » — ℟ « ANATOMICVS . PATAVINVS. — SECVNDVM . DIVOS. »

Voir la description I, 299. Cette médaille est donnée par Tomasini (*Illustrium virorum elogia.....*) comme étant l'ouvrage d'Annibale Tosati.

(1) Ce médailleur nouveau se placerait à la page 299 du premier volume.

ADDITION.

B. SPERONE SPERONI, littérateur padouan, né en 1500 + 1588.

Des médailles de ce personnage, ouvrages de Tosati, furent enfermées dans son tombeau, suivant le dire de Tomasini. Nous connaissons deux médailles de Sperone, l'une par Lodovico Leoni (voir I, 252, 8), l'autre avec la signature F. S. (I, 292). Les médailles dont parle Tomasini sont sans doute d'autres pièces qui nous sont inconnues.

F . N

(I, p. 299.)

« F. N. signifie peut-être Francesco Novellino. » (*GM.*)

CAVAL . MI . B

(I, p. 300.)

« Caval. MI. B. veut dire Cavaliere Michele Balla. » (*GM.*)

F . M . F

(I, p. 300.)

« Probablement Francesco Mochi, sculpteur florentin, qui travaillait dans les dernières années du seizième siècle, mais dont l'œuvre, en majeure partie, appartient au dix-septième. » (*GM.*)

A . P (1)

Initiales d'un graveur de monnaies qui travaillait de 1590 à 1595.

FARNESE (Alessandro), troisième duc de Parme.

A. Dia. 29. « ALEX . FAR . PLAC . ET . PAR . DVX . III . ETC. » — ℟ « PLACENTIA . FLORET. — 1595. — A . P. »

Au droit : Buste à gauche d'Alexandre Farnèse, tête nue, barbu, cheveux courts et relevés, drapé à l'antique. — Au revers : Un loup tourné à gauche, surmonté d'une couronne ducale et d'une branche de lys. — Monnaie d'or. — Collection P. Valton.

(1) Ce médailleur nouveau se placerait à la page 300 du premier volume.

IOF . CAR

(I, p. 300.)

M. G. Milanesi pense que ce médailleur est Giov. Francesco Caravaggio, Milanais. Il fit en Espagne divers travaux de sculpture pour Philippe II, et fit aussi des monnaies.

CASONI (Antonio)

(I, p. 303 et 304.)

ADDITIONS.

Les quatre médailles de Dionisio della Ratta qui suivent ont été placées par erreur dans le deuxième volume, page 270, n°s 18, 19, 20, et page 271, n° 21. Nous y renvoyons le lecteur pour leur description détaillée, nous contentant ici d'une désignation sommaire.

RATTA (Dionisio della), Bolonais + 1597. Il était l'un des « giudici del collegio », en 1572.

A. Dia. 67. « DIONYSIVS . DE . RATA . VTR . SIG . REF . ETS . INQVISIT . PRAELATVS . CONS. — CASONIVS. » — 1er ℟ « D . PETRO . MARTYRI . TEMPLVM . EREXIT . ET . SIBI . SEPVLCHRVM . P. — A . D . CIↃ . IↃ . XCII. »

Voir la description II, 270, 18.

B. 2e ℟ Même légende que sur le premier revers.

Voir la description II, 270, 19.

C. 3e ℟ Même légende que sur les deux premiers revers.

Voir la description II, 270, 20.

D. 4e ℟ « DIVO . PETRO . MARTYRI . TEMPLVM . EREXIT . ET . SEPVLCHRVM . SIBI . CONSTRVXIT . SEDENTE . CLEMENTE . VIII . PONT . MAX. — A . D . CIↃ . IↃ . XCII. »

Voir la description II, 271, 21.

RECTIFICATION.

a. I, 303, 2. Médaille de Bottrigaro.

Ce personnage s'appelait Bottrigaro, et non Butrigario. Il était mathématicien et musicien.

CAMBI (GASPERO)

(I, p. 304 et 305.)

Le nom de ce médailleur crémonais était CAMBI, et non CAMBIO.

RANCETTI (GIORGIO)

(I, p. 305 à 308.)

Le nom de ce médailleur est RANCETTI, et non RANC. Il fut graveur de coins à la Monnaie pontificale à partir de 1594, et mourut en 1610.

ADDITIONS.

Le pape CLÉMENT VIII.

A. Dia. 33. « CLEMENS . VIII . PONT . M . A . VII. — GIOR. R. » — ℟ « ANNONA . PVBLICA. »

Au droit : Buste à gauche du Pape, vêtu de la chape. — Au revers : Une femme portant une corne d'abondance. — Musée royal de Parme.

B. Dia. 42. « CLEMENS . VIII . PON . MAX . AN . IVB. — GIORG . R. » — ℟ « EGO . VOS . REFICIAM. — MDC. »

Au droit : Buste à droite du Pape, vêtu de la chape. — Au revers : Jésus bénissant de nombreux pèlerins agenouillés devant la Porte sainte. — Musée royal de Parme.

RECTIFICATION.

a. I, 306, 9. Médaille du pape CLÉMENT VIII.

Le diamètre de cette pièce est de trente-quatre millimètres, et non de quatre-vingt-quatre.

SUPPLÉMENT

DEUXIÈME PARTIE

ÉPOQUES ANTÉRIEURES

AU MILIEU DU XVe SIÈCLE

DU IER AU XIIIe SIÈCLE

(II, p. 7 à 11.)

ADDITIONS.

JÉSUS-CHRIST.

A. Dia. 72. « EGO . SVM . VIA . VERITAS . ET . VITA. » — ℟ Sans légende.

Au droit : Buste à gauche du Christ, tête nue sans rayons, cheveux longs, barbu, vêtu d'une robe par-dessus laquelle passe une draperie. — Au revers : Le Calvaire : Jésus en croix entre les deux larrons. Au bas, une foule composée de soldats et peuple ; au milieu, on distingue les saintes femmes. Ce revers se retrouve sur une médaille de Perrenot, attribuée à Leone Leoni. Voir I, 170, 37. — Collection du British Museum.

B. Dia. 45. « IESVS . CHRISTVS . SALVATOR . MVNDI. » — ℟ « QVIETV . EST . COR . MEVM . DONEC . REQVIESCAT . IN . TE. »

Au droit : Buste à gauche de Jésus-Christ nimbé. — Au revers : Buste à gauche d'un religieux. — Collection Rossi.

C. Plaquette 93 × 69. « INRI. » — Sans ℟.

Buste à gauche de Jésus-Christ nimbé, tête nue, barbu, cheveux longs. — Collection A. Armand.

D. Dia. 46. « XPS . REX . VENIT . IN . PACE . ET . DEVS . HOMO . FACTVS . EST. » — ℟ Sans légende.

Au droit : Buste à gauche de Jésus-Christ nimbé, tête nue, cheveux longs, barbe courte. — Au revers : Jésus mort sur les genoux de la Vierge, assise devant la croix. A gauche, un disciple nimbé soutenant la tête du Christ; à droite, un autre personnage debout. Ce revers est entouré d'une couronne saillante. — Musée royal de Parme.

E. Dia. 38. « FIGVRA . ESPRESSA . SVBSTANTIAE . PATRIS. » — ℟ « HIC . EST . FILIVS . MEVS . DILECTVS . IPSVM . AVDITE. »

Au droit : Buste à droite de Jésus-Christ nimbé, tête nue, barbu avec longs cheveux, couvert d'une draperie. — Au revers : La Transfiguration. Cette médaille pourrait être attribuée à Cavino.— Collection A. Armand.

MARIE (la Vierge).

F. Dia. 87. « FECIT . MIHI . MAGNA . QVI . POTĒS . EST. » — ℟ « GLORIA . IN . EXCELSIS . DEO . ET . IN . TERRA . PAX . HOMINIBVS . BONAE . VOL. »

Au droit : Buste à droite de la Vierge Marie, voilée et nimbée. — Au revers : La Nativité et l'Adoration des bergers. — Collection A. Armand.

PROSDOCIME (Saint).

JUSTINE (Sainte).

G. Dia. 42. « S . PROSDOCIMVS . S . IVSTINA. — C . C. » — ℟ « DEO . OPTIMO . ET . B . IVSTIĒ . V . ET . M . HOC . T . DICA . E . ANNO . DNI . MDXV. »

Au droit : Bustes à droite de saint Prosdocime et de sainte Justine. Le saint, barbu, la mitre en tête, vêtu de la chape et tenant la crosse; la sainte, avec une couronne et le nimbe, un poignard enfoncé dans la poitrine. — Au revers : Inscription sur le champ. Au bas, une branche de feuillage.

Cette médaille rappelle la construction de l'église de Sainte-Justine, à Padoue, commencée en 1504. — Cabinet impérial de Vienne. — Cabinet national de France.

« Les lettres C. C. qu'on lit à l'exergue du droit et qui doivent être les initiales du nom du médailleur, désignent peut-être Coreto Cagnoli, orfévre padouan, qui travaillait dans les premières années du seizième siècle. » (*GM.*)

PÉTRONE (Saint), évêque de Bologne au cinquième siècle.

H. Dia. 108. « SOSPITATOR . PATRIE . ET . BENTIVOLORVM. — LIBERTAS. » — Sans ℟.

Buste de face de saint Pétrone, barbu, coiffé de la mitre, nimbé, vêtu de la chape, tenant la crosse. Devant lui sont trois écussons, savoir : en haut, celui de Bologne, avec une croix; à droite, l'écusson des Bentivoglio, écartelé de l'aigle impérial accordé par Maximilien Ier en 1494; à gauche, un écusson portant le mot LIBERTAS. Au bas, une vue de la ville de Bologne. — *L.*, Bent., II, n° 16. — Museo civico de Bologne.

FERRÉOL (VALÈRE), préfet du prétoire des Gaules au cinquième siècle. Il remplissait ces fonctions en 450, lors de l'invasion d'Attila, et décida les Gaulois à se joindre au général romain Aétius.

I. Dia. 35. « VALERIVS . FERREOLVS . PRAEF . PRAET . PP . ORBIS . TVTOR. » — ℞ « GLORIA . AVORVM . RENOVATA. — GAL . NARB. »

Au droit : Buste à droite de Ferréol, tête nue, cheveux courts et frisés, barbu, drapé à l'antique. — Au revers : Deux guerriers romains, casqués, marchant vers la gauche; le plus âgé, qui va devant, tient une boule dans la main droite. — Collection A. Armand.

ESTE (FORESTO D').

J. Plaquette 87 × 70. « FORESTVS . ATEST . FERR . DN . CCCCII. » — Sans ℞.

Buste à droite de Foresto, jeune, imberbe, les cheveux longs, coiffé d'une calotte, vêtu d'une robe. — Cabinet impérial de Vienne.

ESTE (TEDALDO D').

K. Dia. 95. « THEDALDVS . ESTENSIS . D . FERR. » — ℞ « THEDALD. »

Au droit : Buste à droite de Tedaldo, sans barbe, les cheveux longs, coiffé d'un bonnet. — Au revers : Une forteresse. — Musée royal de Parme.

Les médailles de Foresto et Tedaldo, ainsi que celle d'Acarino (II, 9, 9), personnages légendaires de la maison d'Este, sortent de la main d'un même artiste qui travaillait à la fin du quinzième siècle.

SCOTTO (SIGISMONDO).

L. Dia. 85. « SIGISMVNDO . SCOTTO . MAGNO . MILITI . ANNO . THEOGONIAE . MCCV. » — Sans ℞.

Buste à droite de Sigismondo, adolescent, les cheveux longs, coiffé d'un bonnet. La légende est gravée en creux. — Collection G. Dreyfus.

ANNIBALDI (ANNIBALE), Romain. Il fut fait cardinal en

1262 + 1272. Religieux dominicain; il professa la théologie à Paris.

M. Dia. 37. « ANIBALDVS . CARD . ANIBAL . ORD . P. » — Sans ℟.

Buste à gauche d'Annibal, tête nue, chauve, vêtu de l'habit monastique. — Musée royal de Parme.

CID (Ruiz Dias de Bivar, dit le), né vers 1040 + 1099.

N. Dia. 37. « MARCHIO . RODERICVS . DE . BIVAR. » — ℟ « QVORVM . OPVS . ADEST . AETATIS . ANO . XXVI. — MARS. — VENVS. »

Au droit : Buste à droite d'un adolescent à longs cheveux, coiffé d'un bonnet en forme de calotte. — Au revers : Mars et Vénus debout se faisant face. — Cabinet national de France.

VITRY (Jacques de), fait cardinal en 1228 + 1244.

O. Dia. 48. « D . IACOBVS . DE . VITRI. — 1515. » — ℟ « ME . AB . EXPECTACIONE . MEA . NON . CONFVNDAS. »

Pour la description de cette médaille, voir II, p. 144, n° 27.

RECTIFICATION.

a. II, 11, 18. Médaille de Ubaldini (Ottaviano).

La légende doit être rectifiée ainsi :

« OCT . C . VBALDINVS . PA . FLOR. »

M. G. Milanesi ne croit pas que cette médaille représente le cardinal Ottaviano Ubaldini du treizième siècle. La barbe du personnage, le titre qu'il porte n'appartiennent pas à cette époque. Cette médaille se rapporterait à un autre Ottaviano Ubaldini, qui aurait vécu au seizième siècle. (*GM.*)

La médaille, qui est évidemment faite à la fin du quinzième siècle ou au commencement du seizième, est peut-être une restitution faite à la mémoire du cardinal du treizième siècle, sans grand souci de la vérité iconographique, ainsi que cela se rencontre fréquemment.

XIVᴱ SIÈCLE

(II, p. 11 à 17.)

ADDITIONS.

FERRARE

ESTE (Niccolo II d'), seigneur de Ferrare en 1361 + 1388.

A. Dia. 82. « NICOLAVS . II . ESTENSIS. » — Sans R/.

Buste à gauche de Nicolas II d'Este, sans barbe, cheveux courts, la tête couverte d'un bonnet, cuirassé. — Collection A. Armand.

CASSOLI (Taddeo), jurisconsulte de Reggio. Il vivait en 1383.

B. Dia. 56. « THADEVS . CASOLVS . IVRC. » — R/ « CALVMNIA . I . L . SVBACTA . CAESA. — MCCCLXXXIII. »

Pour la description de cette médaille, voir II, 74, 6, où elle a été mise à tort.

TOSCANE

CASTRACANI (Castruccio), de la famille des Antelminelli ou Intelminelli; né en 1281; devint duc de Lucques en 1320 + 1328.

C. Dia. 28. « CASTR . ANT . LVCEN. » — Sans R/.

Buste à gauche de Castruccio, imberbe, coiffé d'une sorte de bourrelet, avec draperie tombant en arrière. — Collection Bardini.

D. Dia. 65. « CASTRVCCIO . CASTRACANE. » — Sans R/.

Buste à droite de Castruccio, sans barbe, coiffé d'un bonnet, couvert d'une draperie. — Collection Gœthe, à Weimar.

DANTE ALIGHIERI.

E. Dia. 31. « DANTE . ALIGER. » — Sans R/.

Buste à gauche du Dante, couronné de lauriers par-dessus un bonnet dont la pointe tombe en arrière. — Collection T. W. Greene.

PETRARCA (Francesco).

F. Plaquette 106 × 76. « D . FRANCISCVS . PETRARCHA. » — Sans R/.

Buste à droite de Pétrarque, sans barbe, la tête enveloppée d'une draperie passant sous le menton et retombant en arrière, vêtu d'une robe. Sur le front paraît une couronne de laurier. L'inscription est gravée à la pointe. — Collection Thibaudeau.

La plaquette est surmontée d'un fronton avec une tête au milieu.

LAURA.

G. Plaquette 112 × 80. « DIVA . LAVRA . BRIXIENSIS. » — Sans R̸.

Buste à gauche de Laura vue jusqu'à la ceinture, tête nue, les cheveux tombant sur les épaules, la main droite posée sur son cœur, la gauche sur un livre. — Collection G. Dreyfus.

Cette plaquette, qui fait le pendant de la précédente et sort évidemment de la même main, avait été placée par erreur au deuxième quart du seizième siècle. Voir II, 161, 15.

MILANAIS

VISCONTI (Giangaleazzo), premier duc de Milan.

H. Dia. 22. « IOHANES . GALEAZ . COMES . VIRTVTV. » — R̸ « DVX . MEDIOLANI . 7 C. »

Au droit : Buste à droite de Jean Galeaz Visconti, tête nue, cheveux lisses, sans barbe. — Au revers : Le duc à cheval, galopant à droite, l'épée nue. La guivre est figurée sur la poitrine du duc et sur le caparaçon du cheval. — *GN.*, viii, 2. — Monnaie d'argent.

ÉTATS ROMAINS

ALFANO (Bartolo), de Sassoferrato. Jurisconsulte célèbre, né en 1313 + 1357.

I. « BARTOLVS . LVCERNA . IVRIS . ET . ALPHANAE . FAMILIAE . DECVS. » — Sans R̸.

Buste à droite de Bartolo, tête nue, sans barbe. — Musée Addi, à Pérouse.

UBALDI (Baldo degli), de Pérouse, jurisconsulte, né en 1327 + 1400.

J. Dia. 43. « BALDVS . DE . VBALDIS . PERV. » — Sans R̸.

Buste à gauche de Baldo, coiffé d'un bonnet, vêtu d'une robe. Type différent de la médaille décrite II, 15, 22. — Museo civico, à Bologne. — *TN.*, II, xxxix, 3.

PADOUE

CARRARA (Francesco II da), seigneur de Padoue.

K. Dia. 72. « FRAN . NOVELLVS . DE . CARRARIA . FRANCISCI . SENIORIS . FILIVS . P . D. » — Sans ℟.

Buste à gauche de Francesco II, tête nue, sans barbe, cheveux courts, drapé à l'antique. — Museo civico, à Bologne.

L. Dia. 72. « FRANCISCVS . IVNIOR . DE . CAR . VIII . PATAVII . D . ANN . MCCCXC. » — ℟ « NECAT . AN . MCCCCVI . DIE . XIX . IAN. — LEVANZA. »

Au droit : Buste à gauche de Francesco II, comme sur la médaille précédente. — Au revers : L'écusson des Carrare surmonté d'un casque avec cimier formé d'une tête et de deux ailes. — Collection A. Armand.

ESPAGNE

Don PEDRE le Cruel, roi de Castille et de Léon, né en 1334; roi en 1350, tué en 1369.

M. Dia. 60. « DOMINVS . MICH . ADIVTOR . ET . EGO . DISPICIAM . INIMICOS . MEOS. » — ℟ « PETRVS . DEI . GRACIA . REX . CASTELLE . E . LEGIONIS . A . MCCCLXXXXVIII. »

Au droit : Buste à gauche de Pierre le Cruel, vêtu du manteau royal, la couronne en tête, les cheveux longs. — Au revers : Les armes de Castille et de Léon. — Les légendes sont en lettres gothiques. La date 1398 de l'ère d'Espagne, que porte cette pièce, correspond à l'an 1360 de l'ère chrétienne. Voir cette belle monnaie d'or dans les *Monedas hispano cristianas* de A. Heiss, I, pl. VII, 1.

FRANCE

FRANCE (PHILIPPE VI, roi de), né en 1293, roi en 1328 + 1350.

BLANCHE de NAVARRE, femme de Philippe VI, mariée en 1349 + 1398.

N. Dia. 54. « PHILIPPVS . SEXTVS . FRANCORVM . REX. » — ℟ « BLANCA . P . REGIS . NAVARRAE . FILIA. »

Au droit : Buste à droite de Philippe VI, la couronne en tête, cheveux longs, sans barbe. — Au revers : Buste à gauche de Blanche de Navarre, tête nue, cheveux frisés, portant la couronne, avec voile tombant en arrière. — Les légendes sont en lettres gothiques. — *TN.*, Méd. franç., I, 1, 3. — Cabinet national de France.

GIRARD (Pierre), de Rodez, évêque de Lodève en 1382, du Puy en 1384; cardinal en 1390 + 1425.

O. Dia. 47. « PETRVS . GIRARDIS . CIVIS . RVTHENESIS . — 1518. » — ℟ « FEROCITATIS . VICTRIX . PRVDENCIA. — G. — B. — OTHEA. »

Pour la description de cette médaille, voir II, 143, 21.

TALARU (Jean de). Il fut archevêque de Lyon en 1375; cardinal en 1389 + 1393.

P. Dia. 48. « D . IOHANNES . DE . TALARV. — 1518. » — ℟ « ACCELERA . VT . ERVAS . ME. — 1518. »

Pour la description de cette médaille, voir II, 144, 26.

OBSERVATIONS ET RECTIFICATIONS.

a. II, 13. Médailles de restitution des Médicis.

« Cette série des médailles de la famille des Médicis fut entreprise à Florence par le sculpteur Girolamo Ticciati et le médailleur Antonio Selvi. Elle commençait avec Averardo, aïeul de Cosme l'Ancien, et se terminait avec Anne-Marie-Louise, électrice palatine, la dernière de la maison grand-ducale. » (*GM.*)

Nous connaissons une trentaine de ces pièces dont plusieurs portent la signature A. Selvi et des dates variant de 1735 à 1740.

La médaille d'Averardo (1357) porte les légendes suivantes. Au droit : « AVERARDVS . MEDIC . COGNOM . BIECIVS. » — Au revers : « FIDE . CONSTANTI. » Le buste d'Averardo le montre sans barbe, coiffé d'un chaperon, vêtu d'une robe. — Au revers, on voit un lévrier qui pose la patte sur une boule. Le diamètre est de 80 millimètres, ce qui est la grandeur moyenne de toutes les pièces de ce groupe. — Collection du Musée Brera, à Milan.

b. II, 14, 19. Médaille de Jean Galeas Visconti.

Le buste de ce personnage est à droite, et non à gauche.

c. II, 15, 22. Médaille de Baldo degli Ubaldi.

Cette pièce fait partie de la collection A. Armand. C'est à tort qu'elle été indiquée comme figurant au Trésor de numismatique.

d. II, 17, 30, 31. Médailles de Carrara (Francesco II da).

En parlant des deux médailles de Francesco II, nous avions eu le tort d'attribuer à M. J. Friedlaender l'opinion que ces médailles étaient l'ouvrage de Marco Sesto. Sur sa réclamation, nous nous sommes empressé de reconnaître notre erreur. Nous ne voulons pas laisser passer cette occasion sans rendre hommage à la mémoire du savant et regretté directeur du Cabinet royal de Berlin, à qui nous sommes redevable de plus d'une preuve de bienveillante sympathie.

PREMIÈRE MOITIÉ DU XVe SIÈCLE

(II, p. 18 à 20.)

ADDITIONS.

FLORENCE ET TOSCANE

MARSUPPINI (CARLO), d'Arezzo, poëte et secrétaire de la République de Florence, né en 1399 + 1453.

A. « CAROLI . ARETINI . POETAE . CLARISSIMI. » — ℟ Sans légende.

Au droit : Buste de Marsuppini, lauré. — Au revers : Les armes de Marsuppini. — Galerie de Florence.

SERVANDI (FRANCESCO), dit BIONDI, Dominicain florentin. Il fut évêque de Capo d'Istria en 1428 + 1448.

B. Dia. 66. « FRANC . BIONDIVS . FL . EPVS . IVSTINOPOLITANVS . OB . AN . 1448. » — Sans ℟.

Buste à gauche de Servandi, sans barbe, la tête couverte d'un capuchon, vêtu de l'habit monastique. Ce buste, dont la légende est gravée en creux, nous paraît être une copie légèrement modifiée de celui de Savonarole que nous avons décrit dans le premier volume, page 105. — Collection Feuardent.

UZZANO (NICCOLO DA), Florentin, né en 1359 + 1433. Il était l'un des chefs du parti des « Ottimati ».

C. Dia. 93. « NICOLAI . DE . AVZANO . VIRI . CLARISS. » — ℟ « EXPERIENTIA . DVCE . TRIVMPHO. »

Pour la description de cette médaille, voir II, 74, 2, où elle a été placée à tort. Il faut remarquer que cette médaille, restitution de la fin du quinzième siècle, n'offre aucune ressemblance avec le célèbre buste du même personnage, ouvrage de Donatello, qui est au Musée national de Florence.

ROME

Le pape MARTIN V (Otto Colonna), Romain, élu pape en 1417 + 1431.

D. Dia. 43. « MARTINVS . V . COLVMNA . PONT . MAX. » — ℟ Sans légende.

Au droit : Buste à droite de Martin V, tête nue, sans barbe, vêtu de la chape. — Au revers : Les armes des Colonna, surmontées de la tiare et des clefs. — Cabinet national de France.

E. Dia. 35. « MARTINVS . V . COLVMNA . PONT . MAX. » — ℟ « OPTIMO . PONTIFICI. — ROMA. »

Au droit : Buste à gauche de Martin V, tête nue, vêtu de la chape. — Au revers : Une femme assise (Rome), tournée à gauche, tenant dans la main gauche une corne d'abondance, dans la droite une balance. — *TN.*, Méd. pap., 1, 3. — *BO.*, I, 1, 4. — Museo civico de Bologne.

Le pape EUGÈNE IV (Gabriele Condulmero), Vénitien, né vers 1383, élu pape en 1431 + 1447.

F. Dia. 43. « EVGENIO . IIII . PONT. — CCXI. » — ℟ Sans légende.

Au droit : Buste à droite d'Eugène IV, sans barbe, coiffé d'une calotte. — Au revers : L'écusson des Condulmeri, surmonté de la tiare et des clefs. — *L.*, Cond., 6.

BESSARION (Jean), de Trébizonde, né en 1395; fait cardinal en 1439 + 1472.

G. Dia. 60. « BESSARION . S . R . E . CARD. » — ℟ Sans légende.

Au droit : Buste à droite de Bessarion avec une longue barbe, coiffé du chapeau de cardinal, d'où pend une large draperie tombant sur les épaules. — Au revers : Une trombe (?) s'élevant au-dessus de la mer. — Collection Gœthe, à Weimar.

AMBANELLI (Enrico).

H. Dia. 69. « ENRICVS . DE . AMBANELIS . ANN . 58 . D . 1425. » — Sans ℟.

Buste à gauche d'Ambanelli, tête nue, longue barbe, vêtu d'une robe. La légende est gravée en creux. — Collection G. Dreyfus.

FRANCE

BOURGOGNE (Jean Sans peur, duc de), né en 1371, devint duc en 1404, tué en 1419.

I. Dia. 26. « DVX . IOANNES . BVRGVNDVS. » — ℟ Sans légende.

Au droit : Buste à droite de Jean Sans peur jeune, tête nue. — Au revers, un monogramme. — Cabinet royal de Bruxelles.

OBSERVATIONS ET RECTIFICATIONS.

a. II, 18, 1. Médaille de Ugo d'Este et Parisina Malatesta.

Les deux têtes qu'on voit sur cette plaquette sont des ouvrages de la fin du quinzième siècle, que l'on trouve aussi séparées et sans nom. Ces têtes ont été réunies et l'inscription gravée après coup sous l'influence du poëme de lord Byron.

b. II, 19, 2. Médaille de Piermaria Rossi.

Sur les observations de M. G. Milanesi, nous avons reconnu que cette médaille n'est pas une pièce de restitution, mais qu'elle s'appliquait à Piermaria Rossi, deuxième marquis de San Secondo + 1547. Nous rectifierons cette erreur en plaçant cette pièce au deuxième quart du seizième siècle.

c. II, 20, 7. Médaille de Zabarella (Francesco).

« La date de la naissance de ce personnage est probablement 1359, au lieu de 1339. » (*GM.*)

TROISIÈME QUART
DU XVe SIÈCLE

(II, p. 21 à 41.)

ITALIE

MANTOUE, MILAN, NAPLES

ADDITIONS.

MANTOUE

GONZAGA (Lodovico III), deuxième marquis de Mantoue.

A. Dia. 41. « LVDOVIC . DE . GONZAGA . MARCHIO . D . GEITI. » — ℟ « I . D . IOANIS . FRANCISCI . PRIMI . MARCHIONIS . MANTVAE. »

Au droit : Buste à gauche de Louis III de Gonzague, tête nue, sans barbe, cheveux courts, rasés sur les tempes et sur la nuque, portant une cotte de mailles. — Au revers : L'écusson des Gonzague. — *JF. Nachtrag zu den Italienischen Schaumünzen*, pl. I, n° 9.

Cette médaille offre une grande ressemblance avec celle de Pisanello.

MILAN

SFORZA (Francesco), quatrième duc de Milan.

B. Dia. 24. « FRANCISCHVS . SFORTIA . VIC. » — ℟ « DVX . MEDIOLANI . AC . IANVE . D. »

Au droit : Buste à droite de François Sforce, tête nue, cuirassé. — Au revers : Le duc en armure sur un cheval caparaçonné aux armes de Milan, galopant vers la droite. — Monnaie d'or. — *GN*., XI, 9. — Collection A. Armand.

NAPLES

NAPLES (FERNANDO I° d'Aragona, roi de).

C. Dia. 23. « FERRANDVS . REX. » — ℟ « EQVITAS . REGNI. — T. »

Au droit : Buste à droite de Ferdinand Ier, tête nue, couronné, vêtu d'une robe. — Au revers : Un cheval marchant à droite. — Monnaie de bronze. — *ARG.*, I, p. 41, pl. XXXII, nº 12.

GALEOTA (JACOPO), Napolitain. Il se distingua dans l'armée de Jean d'Anjou, duc de Calabre. Il fut ensuite au service de Charles le Téméraire et mourut en 1488.

D. Dia. 43. « IACOBVS . GALEOTA. » — ℟ Sans légende.

Pour la description de cette médaille, voir II, p. 75, nº 11, où elle a été placée à tort. — Cette médaille est de la même main que celles de Charles le Téméraire et de son frère le Grand Bâtard de Bourgogne. — *RN.* 1887, pl. III.

OBSERVATIONS.

a. II, 26, 1. Médaille de SFORZA (FRANCESCO).

« Les lettres A T forment peut-être la marque d'ALBERTO PIAZZA da Lodi, dit TOCCAGNI. » (*GM.*)

b. II, 27, 5. Médaille de SFORZA (GALEAZZO MARIA).

Cette pièce, qui appartient à Caradosso, a été placée dans l'œuvre de ce maître. Voir III, 35 C.

c. II, 28, 14. 15. Médailles de TOSCANI (GIOVAN LODOVICO).

Au revers des médailles de Toscani, nºˢ 14 et 15, on lit les lettres L — P. M. Friedlaender y voit la signature de Lysippe. Pour M. G. Milanesi, ce serait peut-être LEONARDO PAGANI, qui en 1508 était l'un des membres du collége des orfévres de Rome; ou mieux LAUTIZIO PERUGINO, graveur de sceaux et médailleur des premières années du seizième siècle.

Dans la description du revers de la médaille nº 14, il faut lire dauphin au lieu de dragon.

ROME
ET LES
ÉTATS ROMAINS.

ADDITIONS.

Le pape PIE II.

A. Dia. 43. « PIVS . II . SENEN. » — ℟ « OPTIMO . PRINCIPI. »

Au droit : Buste à gauche de Pie II, coiffé de la calotte, couvert du camail. — Au revers : Inscription sur le champ. — Museo civico de Bologne. — Cabinet national de France.

Cette médaille nous semble avoir servi de type pour les médailles de Pie II par Paladino (voir I, p. 296, nº 13, et 297, nº 14). Elle est d'ailleurs elle-même une restitution, mais plus ancienne.

Le pape PAUL II.

B. Dia. 33. « PAVLVS . SECVNDVS . PONT . MAX. » — ℞ « HILARITAS . PVBLICA. »

Au droit : Buste à gauche de Paul II, tête nue, vêtu d'une chape ornée de feuillages. — Au revers : Une femme debout entre deux enfants, tenant une corne d'abondance. — *BO.*, I, 71, 20. — Cabinet national de France.

C. Dia. 37. « PAVLVS . PP . II. » — ℞ « S . PET. — S . PAV. »

Au droit : Le Pape, assis sur son trône entre deux cardinaux, donne audience à plusieurs personnages agenouillés devant lui. — Au revers : Saint Pierre et saint Paul assis. — *TN.*, I, XXIV, 1. — *L.*, Barbo, 24. — *BO.*, I, 71, 8.

D. Dia. 66 × 44. « PAVLO . VENETO . PAPE . II . ANNO . PVBLICATIONIS . IVBILEI. — ROMA. »

Buste à droite de Paul II, coiffé de la tiare, vêtu de la chape. La publication du Jubilé eut lieu en 1470.

Cette médaille est la reproduction en relief d'une intaille en cornaline qui fait partie du Cabinet de Florence. L'intaille a 58 sur 34. On y a ajouté un cadre qui augmente la grandeur de la pièce.

BOLOGNE

GARGANELLI (Domenico), homme de guerre bolonais, l'un des « Anziani » en 1457; fait chevalier par Jean II Bentivoglio + 1478.

E. Dia. 78. « GARGANELLORVM . ILLVSTRATOR . ET . P . P . DOMINICVS . M . A. » — ℞ Sans légende.

Au droit : Buste à gauche de Domenico Garganelli, sans barbe, la tête couverte d'une draperie tombant sur les épaules, vêtu d'une robe. — Au revers : Un enfant nu debout, la main gauche appuyée sur un bouclier, la main droite soutenant un casque qui a pour cimier un chien. — *M.*, I, XLI, 4. — Collection A. Armand.

Nous devons à M. Luigi Frati la connaissance de ce personnage, dont la plaque tombale est conservée à Bologne. Ses renseignements nous ont mis à même de remettre à sa véritable place cette médaille, placée d'abord au deuxième quart du seizième siècle. (Voir II, 171, 36.)

OBSERVATIONS ET RECTIFICATIONS.

a. II, 32, 4, 5. Médaille du pape PAUL II.

La même médaille se rencontre avec une bordure moulurée qui en porte la grandeur à 52 millimètres de diamètre.

b. II, 32, 7. Médaille du même pape.

M. G. Milanesi traduit les lettres A — BO au revers de cette médaille par les mots ARISTOTELES Bononiensis. Ce serait le célèbre ARISTOTELE FIORAVANTI, ingénieur et architecte, qui fut aussi orfévre. Il était très en faveur auprès de Paul II, qui l'avait chargé du transport d'un obélisque.

Voir aussi cette médaille *TN.*, Méd. pap., II, 4; et *BO.*, LXX, 14.

c. II, 32, 11. Médaille du même pape.

Jacobus Gottifredus était le premier médecin de Paul II. Cette médaille fut trouvée en 1692 dans la démolition de la maison qu'il avait fait construire place Navone, à Rome, sur l'emplacement de laquelle s'élève l'église de Sainte-Agnès.

d. II, 33, 17. Médaille du même pape.

Cette médaille rappelle l'édit de Paul II relatif à la pacification de l'Italie, publié en 1468.

e. II, 33, 19. Médaille du même pape.

L'exemplaire en or que nous avons vu est peut-être unique et, en tout cas, extrêmement rare. Cela se conçoit facilement. Une pièce en or d'une si grande valeur ne traverse pas une existence de plus de quatre cents ans sans tomber dans le creuset. On s'explique ainsi que cette médaille soit remplacée dans presque toutes les collections par des exemplaires en bronze coulés, et non frappés comme est l'original en or.

f. II, 34, 20, 21 et 22. Médailles du même pape.

Ces médailles appartiennent à Paladino, comme le prouvent les initiales G. P. F., que porte la pièce n° 22. Elles ont été replacées dans l'œuvre de cet artiste. (Voir III, 142, D, E; 143, F.)

g. II, 35, 24. Médaille de COLONNA (PROSPERO).

Cette médaille, dit M. G. Milanesi, est peut-être d'une époque postérieure. Ce qui le lui fait croire, c'est que le cardinal est barbu, tandis qu'à cette époque, ni les ecclésiastiques ni les laïques ne portaient la barbe.

h. II, 36, 27. Médaille de MALATESTA (SIG. PAN.).

Cette pièce, qui figurait d'abord dans l'œuvre de Matteo de' Pasti (voir I, p. 24, n° 32), et qui a été ensuite portée ici, doit disparaître. En effet, ce n'est pas une médaille, mais bien la reproduction en bronze d'une sculpture en bois qui faisait partie de la collection de M. H. de Triqueti.

i. II, 36, 28. Médaille de MONTEFELTRO (FEDERIGO DA).

« Cette médaille du duc Frédéric de Montefeltro est peut-être celle qu'aurait faite FRANCESCO DI GIORGIO MARTINI, dont il a été parlé I, 54. » (*GM.*)

SAVOIE, PIÉMONT, VÉNÉTIE, ALBANIE

ADDITIONS.

SAVOIE

SAVOIE (LOUIS, deuxième duc de), né en 1402; duc en 1451 + 1465.

A. Dia. 48. « LVDOVICVS . DVX . SABAVDIE . MARC . ITALIAE. » — ℟ « SANCTA . SYNDON . DOMINI . IESVS . CHRISTI. »

Au droit : Buste à droite de Louis de Savoie, tête nue, cheveux longs, cuirassé. — Au revers : Le corps du Christ étendu dans son linceul. — Pièce d'argent. — *ARG.*, I, p. 82, pl. LXIX, n° 29.

B. Dia. 47. « LVDOVI . D . G. DVX . SABAV . MARCHIO . IN . ITALIA. » — ℟ « SANCTA . SINDON . D : N . IESV . XPI. — MIIII . LIII. »

Au droit : Buste à gauche de Louis de Savoie, coiffé d'un bonnet, avec cheveux longs ; il porte l'Ordre de l'Annonciade. — Au revers : Un ange tenant des deux mains au-dessus de sa tête le saint linceul, avec deux empreintes du corps du Christ. — Monnaie d'argent. — *ARG.*, I, p. 82, pl. LXIX, n° 30.

VÉNÉTIE

TRONO (NICCOLO), né en 1397; élu doge de Venise en 1471 + 1473.

C. Dia. 28. « NICOLAVS . TRONVS . DVX. » — ℟ « SANCTVS . MARCVS. »

Au droit : Buste à gauche du doge Trono, barbu, avec la corne et la robe ducales. — Au revers : Dans une couronne, le lion de Saint-Marc ailé. — Monnaie d'argent. — Collection A. Armand.

D. Dia. 20. « NICOLAVS . TRON . VE . DVX. » — ℟ « SANCTV . MARCVS. »

Au droit : Buste à gauche de Niccolò Trono, barbu, avec la corne et la robe ducales. — Au revers : Le lion de Saint-Marc tourné à gauche, tenant un étendard. — Monnaie de bronze. — *ARG.*, V, p. 82.

Les deux pièces du doge Trono appartiennent peut-être à Luca Sesto ou à Antonello della Moneta, qui étaient graveurs de la Monnaie de Venise à cette époque.

ALBANIE

SCANDERBEG (Georges Castriot, dit), prince d'Albanie. Il recouvra ses États en 1443 + 1467.

E. Dia. 98. « GEORGIVS . CASTRIOTT . DE . SCANDERBEG . INVICTISS. » — Sans ℟.

Buste à droite de Scanderbeg, avec longue barbe, coiffé d'un bonnet, vêtu d'une pelisse. — Collection A. Armand.

F. Dia. 48. « GEORGIVS . CASTRIOT . A . SCANDERBEGVS. » — ℟ « FIDEI . DEFENSOR . INDOMITVS . ET . THRACVM . DOMITOR . INDOMABILIS. »

Au droit : Buste à gauche de Scanderbeg avec longue barbe, coiffé du mortier par-dessus une résille, vêtu d'une pelisse de riche étoffe. — Au revers : Inscription dans une couronne. — Collection Robinson.

ALLEMAGNE
ET
ÉTATS DU NORD

ADDITIONS.

ALLEMAGNE (FRÉDÉRIC III ET MAXIMILIEN Ier, empereurs d').

A. Dia. 102. « DIVVS . FEDRICVS . TERTIVS . ROMANORVM . IMPERATOR . AVGVSTVS. » — ℟ « ALITVM . REGINA . ET . IOVIS . ALES. »

Au droit : Buste à gauche de Frédéric III à l'âge d'environ quarante ans, tête nue, sans barbe, cheveux longs tombant sur les épaules, couronné de laurier, couvert d'un riche vêtement. — Au revers : Un aigle à deux têtes, couronné, les ailes déployées. — *H.*, XII, 2.

B. Dia. 31. « FREDRICVS . T . RO . IMPERATOR . P. » — ℟ « MAXIMILIANVS . ROMNO . IMPERATOR. »

Au droit : Buste à gauche de Frédéric III, sans barbe, cheveux longs, coiffé d'un bonnet en forme de calotte. — Au revers : Buste à droite de Maximilien Ier, sans barbe, cheveux longs, tête nue, cuirassé. — Museo civico de Bologne.

DANEMARK

DANEMARK (CHRISTIERN Ier, roi de), né en 1426; roi en 1448 + 1481.

C. Dia. 59. « CHRISTIANVS . I . D . G. » — ℟ « DAN . SWE . NOR . VAN . GOT . ETC . REX . DVX . S . H . S . D . CO . OLD . ETC . DEL. — A° . COR . 1449 . REGN . 33 . OBIIT . 1481 . ÆT . S . 55. »

Au droit : Buste de trois quarts à gauche de Christiern Ier, la couronne en tête, sans barbe, les cheveux tombant sur ses épaules. — Au revers : Un cartouche sur lequel la deuxième partie de la légende est inscrite. Cette médaille appartient à une série de pièces de restitution des rois de Danemark. — Cabinet impérial de Vienne. — *H.*, XXIII, 2.

FRANCE

OBSERVATIONS ET RECTIFICATIONS.

a. II, 40 et 300. Médaille de PHILIPPE LE BON, duc de BOURGOGNE.

La médaille de Philippe le Bon, décrite dans l'Appendice II, 300, comme devant être placée II, 40, n'a pas le droit de figurer dans notre ouvrage. Elle appartient, en effet, à un artiste flamand du dix-septième siècle, Adrien Waterloos (1600-1680). Sa signature « A. WA. F. » se lit, après la légende du droit, sur un exemplaire mieux conservé que le nôtre.

b. II, 40, 1. Médaille de CHARLES LE TÉMÉRAIRE, duc de BOURGOGNE.

c. II, 40, 2. Médaille d'ANTOINE DE BOURGOGNE, dit « le Grand Bâtard ».

Nous avons parlé précédemment (voir III, 94, *A*) d'une médaille de Charles le Téméraire, dont l'exécution fut confiée en 1560 à un orfèvre pisan, Niccolò di Frosino, par le cardinal Jean de Médicis, deuxième fils de Cosme Ier. On se tromperait si l'on croyait voir dans la médaille décrite ici un ouvrage de ce Niccolò ou de tout autre artiste du seizième siècle. La médaille de Charles le Téméraire (II, 40, 1) appartient à un artiste contemporain de ce prince. Le même artiste, inconnu jusqu'à présent, a fait également la médaille (II, 40, 2) du « Grand Bâtard », Antoine de Bourgogne. On lui doit aussi la médaille décrite plus haut (III, 161, *D*), d'un condottiere napolitain, Jacopo Galeota, compagnon d'armes de ces deux princes. C'est ce que M. P. Valton a parfaitement mis en lumière en publiant ces trois belles pièces dans la *Revue numismatique*, janvier 1887.

QUATRIÈME QUART
DU XVE SIÈCLE

ITALIE

(I, p. 43 à 47.)

FERRARE
ET LES
ETATS DE LA MAISON D'ESTE.

ADDITIONS.

ESTE (ERCOLE I° D'), deuxième duc de Ferrare.

A. Plaquette 83 × 53. « HER. — FERR. — DVX. — 1472. » — Sans ℟.

Buste à gauche d'Hercule Ier d'Este. — Collection Rossi.

B. Dia. 27. « HERCVLES . DVX . INVICTISS. » — ℟ « DEVS . FORT . MEA. — C — M. »

Au droit : Buste à gauche d'Hercule Ier, tête nue, cheveux longs. — Au revers : Samson combattant le lion. — Monn. d'argent. — *ARG.*, V, p. 22 *bis*, n° 2.

C. Dia. 27. « HERCVLES . DVX . II. » — ℟ « REGIVM . LEPIDI. »

Au droit : Buste à gauche d'Hercule Ier, coiffé d'un bonnet, cheveux longs, cuirassé. — Au revers : Écusson. — Monn. d'argent. — *ARG.*, V, p. 28, n° 3.

D. Dia. 27. « DIVO . HERC . DVCI. » — ℟ « COMVNITAS . REGII. »

Au droit : Buste à gauche d'Hercule Ier, tête nue, cheveux longs. — Au revers : Un écusson. — Monnaie d'argent. — *ARG.*, I, p. 80, pl. LXV, n° 3.

E. Dia. 19. « HERCVLES . DVX. » — ℞ « REGIVM . OLIM . AEMILIA. »

Au droit : Buste à gauche d'Hercule Ier, tête nue, cheveux longs, cuirassé. — Au revers : Écusson. — Monn. de bronze. — *ARG.*, I, p. 80, pl. LXV, n° 5.

F. Dia. 19. « HERCVLES . DVX. » — ℞ « REGIVM . EMILIA . VETERES. »

Au droit : Buste à gauche d'Hercule Ier, tête nue, cheveux longs, cuirassé. — Au revers : Écusson. — Monn. de bronze. — *ARG.*, I, p. 80, pl. LXV, n° 6.

ESTE (Ippolito I° d'), troisième fils du duc Hercule Ier, né en 1479; fait cardinal en 1493 + 1520.

G. Dia. 45. « HIPPOLYTVS . ESTENSIS. » — Sans ℞.

Buste à gauche d'Hippolyte Ier d'Este jeune, sans barbe, cheveux longs, coiffé d'un bonnet, vêtu d'une robe. — Cabinet impérial de Vienne.

PASETO (Cosimo), jurisconsulte ferrarais.

H. Dia. 113. « COSMVS . PASETVS . PIVS . FERR . IVRIS . DOCT . EX . AC . THE . DIVIN . INTERP. » — ℞ « AST. — PRV. »

Au droit : Buste à gauche de Cosimo Paseto, sans barbe, les cheveux courts, coiffé d'un bonnet, vêtu d'une robe. — Au revers : Un écusson sur lequel est figuré un oiseau fantastique tourné à gauche. Le tout est entouré d'une couronne de feuillages. — Collection du Musée Brera.

SAVONAROLA (Girolamo).

I. Dia. 51. « PORTIO . MEA . IN . TERRA . VIVENTIVM. » — ℞ « POST . GLADIVM . SPS . DONI . SVP . TERRAM. »

Au droit : Buste à gauche de Savonarole, la tête couverte du capuchon. — Au revers : Une main armée d'un poignard suspendu sur la ville de Florence. En haut, à droite, le Saint-Esprit sous la forme d'une colombe. — Musée royal de Parme. — *AH.*, V° liv., pl. VII, n° 4.

J. Dia. 37. « F . HIERONIMVS . SAVONAROLA . ORD . P . PHETA . FLO. » — Sans ℞.

Buste à gauche de Savonarole, la tête couverte du capuchon. — Musée royal de Parme.

OBSERVATIONS ET RECTIFICATIONS.

a. II. 43, 2. Médaille d'Hercule Ier d'Este.

Dans la légende du droit il faut lire 1505 au lieu de 1501. Le diamètre de la pièce est 92 au lieu de 90.

b. II, 44, 5 et 6. Monnaies d'Ercole I° d'Este.

L'attribution à Francia des pièces n°s 5 et 6 est contestée par M. G. Milanesi.

c. II, 45, 15. Médaille de Roverella (Filiasio).

En raison de son revers, cette médaille a été classée parmi celles attribuées au médailleur à l'Espérance, avec plusieurs autres ayant un revers analogue. (Voir III, 27, *H*.)

d. II, 46, 16, 17, 18. Médailles de Savonarola (Girolamo).

« On peut croire que ces médailles de Savonarole sont l'ouvrage d'Ambrogio della Robbia. » (*GM*.)

e. II, 46, 19. Médaille de Tebaldeo (Antonio).

C'est à tort que ce personnage est désigné comme secrétaire d'Hercule Ier d'Este. Ces fonctions furent remplies par son frère.

f. II, 47, 21. Médaille de Trotti (Alfonso).

L'exemplaire de cette médaille que possède le Musée impérial de Vienne a au revers des armoiries, avec l'inscription suivante : « MDXXXIIII. »

Il en résulte que cette pièce a été mise indûment à la place qu'elle occupe ici, et qu'elle doit être reportée au deuxième quart du seizième siècle.

FLORENCE

ET LA

TOSCANE.

(II, p. 47 à 53.)

ADDITIONS.

FLORENCE

BARONI (Francesco di ser Barone). Florentin. Ce personnage vivait en 1498.

A. Dia. 97 × 86. « SER . CECCONE . DE . BARONI. — 1498. » — Sans ℟.

Nous renvoyons, pour la description de cette pièce, au deuxième volume, p. 74, n° 4, où elle a été placée à tort.

FEDERIGHI (Carlo di Niccolo). Florentin, né en 1471.

B. Dia. 77. « CAROLVS . DE . FEDERIGIS . CL . Q . NIC . FIL . MCCCCIIC. » — ℟ « FORTITVDO. — PVLCHRITVDO. —

AMOR. — INCOMP . AM . ROB . MA . SV . CAR . FE . ETER . MEMO. »

Nous renvoyons, pour la description de cette médaille, au deuxième volume, p. 75, n° 10, où elle a été placée à tort.

« Les légendes de cette médaille doivent se lire ainsi : CAROLVS . DE . FEDERIGIS . CLarissimi . QUONdam . NICOLai . FILius . MCCCCIIC (1498). — Revers : FORTITVDO. — PVLCHRITVDO. — AMOR. — INCOMParabili . AMICO . ROBERtus . MARtellus . SVO . CAROLO . FEDERIGO . ETERNE . MEMOR. » (*GM.*)

FILARETE (FRANCESCO DI LORENZO), poëte et architecte florentin, né en 1418 + 1505. Il concourut en 1490 pour la façade de Santa Maria del Fiore.

C. Dia. 48. « FRANCISCVS . PHILARITEHS. » — ℟ « DE HONOREM . ET . SALVTEM. »

Nous renvoyons, pour la description de cette médaille, au deuxième volume, p. 77, n° 18, où elle a été placée à tort.

RINUCCINI (ALAMANNO), Florentin, né en 1419 + 1499.

D. Dia. 56. « ALAMANNVS . RINVCCINVS . PHILIPPI . F . — 1493. » — ℟ « HVMANA . CVNCTA . SIC . VANA. »

Au droit : Buste à gauche d'Alamanno, tête nue, sans barbe. — Au revers : Un lion rugissant marchant vers la gauche. — Gravé dans les « *Ricordi Storici di Filippo di Cino Rinuccini,* etc. ».

SALVINI (SEBASTIANO), Florentin, prêtre. Il était parent et ami de Marsilio Ficino.

E. Dia. 120 × 98. « MAGISTER . SEBASTIANVS . SALVINVS . QVI . SEMPER . SEPTATVS . EST..... EAMQVE . CIR..... SAT . AMBIT .... VIA . CELI . SOLA. » — Sans ℟.

Buste à gauche de Sebastiano Salvini, la tête couverte d'un bonnet, cheveux longs et frisés; habit fermé jusqu'au cou. — Soc. colomb.

SIENNE

BORGHESI (BORGHESE), jurisconsulte siennois, né en 1414.

F. Dia. 63. « 'BVRGHESIVS . SENEN:.. VES . IVRIS . VTR . CONSVLTISS . P . P. » — ℟ « INGENIO . MORTALI . INGENIVM . PRAEBVIT . IMMORTALI . DEA . ORTA. »

Nous renvoyons, pour la description de cette médaille, au deuxième volume, p. 154, n° 16, où elle a été placée à tort.

ILCINO (Bartolommeo), né près de Sienne.

G. Dia. 42. « FR . BARTOLOMEVS . ILCINVS. » — ℟ « ME . EXAMINASTI . AB . IGNE. »

Nous renvoyons, pour la description de cette médaille, au deuxième volume, p. 76, nº 13, où elle a été placée à tort. Le nom de ce personnage, nous dit M. G. Milanesi, montre qu'il était originaire de Monteilcino, près de Sienne.

PETRUCCI (Antonello), Siennois, comte de Policastro, secrétaire des rois de Naples Alphonse V d'Aragon et Ferdinand Iᵉʳ. Il fut décapité en 1487.

H. Dia. 45. « ANTO . PETRV . CO . POLICASTRI . SECRE. » — ℟ « TE . SINE . CVNCTA . RVVNT. »

Au droit : Buste à gauche d'Antonello Petrucci, tête nue, sans barbe. — Au revers : Deux cornes d'abondance surmontées de deux oiseaux tenant dans leur bec les bouts d'une guirlande à laquelle est suspendue une balance. — Collection A. Armand.

PETRUCCI (Pandolfo), chef de la République de Sienne, né en 1452 + 1512.

I. Dia. 60. « PANDVLPHVS . PETRVCCIVS. » — ℟ Sans légende.

Buste à droite de Pandolfo Petrucci, tête nue, cheveux courts, sans barbe. — Au revers : Figure d'un homme ailé avec un flambeau renversé, représentant le Génie ou l'Ange de la Mort. — Collection Petrucci, à Sienne.

OBSERVATIONS ET RECTIFICATIONS.

Nous devons à M. G. Milanesi la presque totalité des observations et rectifications qui suivent :

a. II, 48, 4. Médaille de Medici (Pierfrancesco II de').

Ce personnage mourut en 1525.

b. II, 48, note. Médaille de Caterina Sforza.

Catherine Sforce, mère de Jean des Bandes Noires, est le même personnage que Catherine Sforce de Riario, dont nous avons plusieurs médailles (voir I, 87, 14 et 15; II, 58, 19 et 20). On remarquera qu'il n'existe aucune ressemblance entre la présente médaille et les quatre qui viennent d'être citées. C'est une preuve de plus du peu de confiance que mérite, au point de vue de l'exactitude iconographique, la série des pièces de restitution des Médicis.

c. II, 49, 5. Médaille d'Acciaioli (Niccolo).

Cette médaille représente peut-être Neri Acciaioli, qui vivait dans les premières années du seizième siècle.

d. II, 50, 10. Médaille de Lancillotti (Francesco).

Francesco Lancillotti, né en 1472, était fils d'un Jacopo, peintre milanais, établi à Florence. Il semble que Francesco fut aussi peintre; mais on peut juger, d'après un de ses écrits, qu'une grande partie de sa vie se passa à voyager en divers pays. Peut-être est-il lui-même l'auteur de sa médaille.

e. II, 50, 11. Médaille de Nasi (Ruberto).

Ce personnage était né à Florence en 1479.

f. II, 50, 13. Médaille de Sassetta (Jacopo della).

Le nom de ce personnage était Sassetta (Iacopo della), et non Sassetti, condottiere pisan; il porta les armes pour les Florentins vers la fin du quinzième siècle. Il vivait encore en 1509.

g. II, 51, 15. Médaille de Tanagli (Michel Angelo).

Son prénom était Michel Angelo di Guglielmo. Il était né à Florence en 1437, et mourut en 1512.

h. II, 51, 16. Médaille d'Accolti (Francesco), d'Arezzo.

Le prénom de ce personnage était Francesco di Michele. Il était né en 1416.

i. II, 51, 17. Médaille de Nero (Leonardo del).

Le nom de ce personnage était Nero (Leonardo del), et non Nigri. Il était de Poppi (près d'Arezzo), et vivait en 1516. Cette médaille sera reportée au premier quart du seizième siècle.

j. II, 51, 18. Médaille de Torri (Niccolo), d'Arezzo.

Le nom de ce personnage est Niccolò Torri, et non della Torre.

k. II, 52, 20. Médaille de Morelli (Maria).

Une confusion de nom nous a fait prendre cette femme pour la célèbre improvisatrice de Pistoie. La Maria Morelli de la médaille était Florentine.

l. II, 52, 22. Médaille de Ridolfi (Girolamo di Lodovico).

Le personnage représenté sur cette médaille a été mis à tort sous le nom de Girolamo da San Gimignano. Il était né en 1465 + 1526.

m. II, 52, 23. Médaille de Petrucci (Jacopo), de Sienne.

Ce personnage était frère de Pandolfo Petrucci, tyran de Sienne. Il mourut en 1497. Les neuf boules représentées au revers sont une allusion à l'« Ordre des Neuf » auquel Petrucci appartenait.

n. II, 53, 25. Médaille de Maffei (Raffaello), de Volterra.

Le mot oton au revers signifie otonia, nom latin de Volterra.

MANTOUE ET MONTFERRAT

(II, p. 53.)

ADDITION.

PALEOLOGO (Guglielmo I°), marquis de Montferrat en 1464 + 1483.

A. Dia. 31. « GVLIELMVS . MARCHIO . XXIII. » — R/ « MONTISFERRATI. »

Au droit : Buste à droite de Guillaume Ier. — Au revers : Un cerf accroupi portant au cou un écusson. — Monnaie. — Collection Rossi.

MILAN

LE MILANAIS ET ÉTAT DE GÊNES.

(II, p. 54 à 58.)

ADDITIONS.

BRUNI (Enrico), d'Asti, secrétaire d'Alexandre VI. Il devint évêque d'Orte en 1493; archevêque de Tarente en 1498 + 1509.

A. Dia. 46. « HENRICVS . BRVNVS . PRESVL . TARENTIN . PONT . A . SECRETETTESAVRVS. » — R/ « NOSTRVM . EST . VOLENTI . SERVIT. »

Au droit : Buste à droite d'Enrico Bruni, tête nue, habit ecclésiastique. — Au revers : Un sablier. — Collection R. C. Fisher.

CIBO (Francesco), fils du pape Innocent VIII, comte d'Anguillara et de Ferentilla; général des armées de l'Église.

B. Dia. 49. « FRANCI . CIBO . INNOCIO . VIII . NEPOS. » — R/ Sans légende.

Au droit : Buste à gauche de Francesco Cibo, jeune, sans barbe, les cheveux longs, coiffé d'une calotte. — Au revers : Francesco en armure, le bâton de commandement à la main, sur un cheval galopant à droite, accompagné d'un écuyer à cheval et d'un page portant une épée. — Coll. P. Vaiton.

PALLAVICINI (Gianfrancesco), Génois, marquis de Zibello + 1497.

C. Dia. 51. « IO . FRANCISCVS . MARCHIO . PALLAVICINVS . CO. » — ℟ « HOC . SI . RESPEXERIS . RARO . FALLES. »

Au droit : Buste à gauche de Gianfrancesco âgé, sans barbe, coiffé du mortier, cuirassé. — Au revers : Une femme drapée (Pallas?), debout, tenant de la main droite une hallebarde et soutenant un globe sur sa main gauche; à son bras gauche est suspendu l'égide avec la tête de Méduse. — Cabinet royal de Berlin.

RIARIO (Caterina Sforza de).

D. Dia. 47. « DIVA . CATHERINA . SFORTIA. » — 2° ℟ « CONSTANTIA. »

Au droit : Buste à gauche de Catherine Sforce, comme sur la médaille II, 58, 20. — Au revers : La figure de la Constance, debout, tournée à gauche, tenant une haste de la main droite. Sur le champ, à droite, la guivre de Milan. — Musée royal de Parme.

VIGO (Battista da), de Rapallo (État de Gênes), chirurgien + 1510.

E. Dia. 65. « M . BABTISTA . RO . CHIRVRGICVS. » — ℟ Sans légende.

Au droit : Buste à droite de Battista, barbu, coiffé d'un bonnet. — Au revers : Une main tenant une branche de vigne garnie de grappes, et des instruments de chirurgie. — Avignone, n° 147.

OBSERVATIONS ET RECTIFICATIONS.

a. II. 54, 1. Médaille de Isabella d'Aragona, femme de Gian Galeazzo Sforza.

Cette médaille, ouvrage de Gian Cristoforo Romano, a été placée dans l'œuvre de ce maître. (Voir III, 49 *B*.)

b. II, 56, 12. Sclafenati (Filippo), chevalier de Saint-Jean de Jérusalem. Il vivait encore en 1497.

« Les lettres S. D. A. paraissent être la marque du médailleur. On pourrait les traduire par Salvestro Dell' Avacchia. C'était un orfévre florentin qui, au dire de Vasari, excellait dans toutes les parties de son art. Né en 1449 + 1527, il resta longtemps à Rome et servit le pape Léon X. » (*GM.*)

La médaille de Filippo Sclafenati et celle de son frère Giangiacomo sortent de la main d'un même artiste.

c. II, 58, 19 et 20 Médailles de Riario (Caterina Sforza, femme de Girolamo).

« Les médailles de Catherine Sforce pourraient être données à Bernardo Cennini, orfévre florentin (né en 1452 + 1504), qui fut au service des Sforce. » (*GM.*)

d. II, 58, 21. Médaille de Rovere (Clemente della).

Il était fils d'une sœur de Sixte IV, et par conséquent cousin de Jules II. Son nom de famille était Grosso. Il mourut en 1504.

NAPLES

(ROYAUME DE)

(II, p. 59 à 61.)

ADDITIONS.

NAPLES (FEDERIGO III d'Aragona, roi de).

A. Dia. 21. « FEDERICVS . REX. » — ℟ « EQVITAS . REGNI. — L. »

Au droit : Buste à droite de Frédéric III, couronné, cheveux longs, imberbe. — Au revers : Un cheval marchant à droite. — Monnaie d'argent. — *ARG.*, V, p. 24, nº 10.

CARAFFA (Diomede), Napolitain. Il servit les rois Alfonse V d'Aragon et Ferdinand Ier, et devint comte de Mataloni en 1465 et de Corretta en 1480.

B. « DYOMEDES . CARRAFA . COMES . MATALVNI . EXEMPL . FID . SAL . P. » — ℟ « ERGA . SVVM . REGEM . ET . PATRIAM. — FINITANTO. »

Au droit : Buste de Diomède, la tête couverte d'un bonnet. — Au revers : Une femme debout avec une corne d'abondance dans la main gauche, un rameau et une haste dans la droite. A ses pieds est un petit autel avec un serpent. — Galerie de Florence.

BÉNÉVENT

CATHO (Angelo).

C. Dia. 40. « ANGELVS . CATO . SVMNAS . PHYLOSOPHVS .

ET . MEDICVS. » — ℞ « VICTRIX . FORTVNAE . FORTISSIMA. — VIRTVS. »

Au droit : Buste à droite d'Angelo Catho tête nue, cheveux longs, sans barbe. — Au revers : Une femme drapée (la Vertu) debout, appuyée sur une colonne; à droite, une femme renversée (la Fortune). — Coll. A. Armand.

NOLA

VITALI (Francesco).

D. Dia. 39. « FRANCISCVS . VITALIS . NOIANVS. » — 2e ℞ « GRATITVDO . ET BENEFICENTIA. »

Au droit : Buste comme sur la médaille II, 61. — Au revers : Un jeune homme nu (Androcles) et un lion marchant à gauche. — Cabinet impérial de Vienne. — Museo civico de Bologne.

E. Dia. 50. « FRANCISCVS . VITALIS . NOIANVS. » — ℞ « ANGELVS . CVSTOS. — NOLANVS. »

Au droit : Buste à gauche de Francesco Vitali. — Au revers : Un ange sur un taureau à face humaine. — Collection Rossi.

RECTIFICATION.

a II, 60, 10. Médaille de Sannazaro (Jacopo).

Cette médaille appartient à Girolamo Santacroce, orfévre et sculpteur napolitain. Elle a été placée dans l'œuvre de cet artiste. (Voir III, 53 A.)

ROME
ET LES
ÉTATS ROMAINS.

(II, p. 62 à 69.)

ADDITIONS.

Le pape INNOCENT VIII.

A. Dia. 42. « INNOCENTIVS , VIII . PONT . MAX. » — ℞ Sans légende.

Au droit : Buste à droite d'Innocent VIII coiffé de la tiare, vêtu de la chape. — Au revers : L'écusson des Cibo, surmonté de la tiare et des clefs. — *BO.*, I, 107, 6.

La médaille d'Innocent VIII par Paladino (voir I, 297, 20) a beaucoup d'analogie avec celle-ci.

Le pape ALEXANDRE VI.

B. Dia. 24. « ALEXANDER . PP . VI. » — ℞ « S . PETRVS . APOSTOLVS. »

Au droit : Écusson aux armes du Pape. — Au revers : Saint Pierre nimbé, debout; il tient les clefs dans la main droite. A ses côtés sont deux écussons, savoir : à droite, celui des armes de la ville de Bologne; à gauche, les armes du cardinal Ascanio Sforza. — Sequin d'or. — Reproduit sous le nº 1 dans la planche jointe au mémoire de M. L. Frati sur les monnaies jetées à l'entrée de Jules II à Bologne.

CAPO DI FERRO (Marcello), Romain. Il était l'un des conservateurs de Rome en 1478.

C. Dia. 37. « MARCELLVS . DE . CAPO . DE . FERRO. » — ℞ « MERCVRIALIVM . HOSPES . VIRORVM. »

Nous renvoyons, pour la description de cette médaille, au deuxième volume, p. 128, nº 5, où elle a été placée par erreur.

MASSIMI (Francesco), chevalier et jurisconsulte romain, fils de Paolo. Il professait à l'Université de Pise en 1473, fut gouverneur de Bénévent en 1495 + 1498.

D. Dia. 38. « FRANCISCVS . MAX . MILES . AC . V . I DOC. » — ℞ « PRO . PATRIA. »

Au droit : Buste à droite de Francesco Massimi, sans barbe, coiffé d'un bonnet, cheveux longs. — Au revers : Dans une couronne de laurier, une main droite brûlant au milieu des flammes. Elle est entourée d'une banderole portant les mots « PRO . PATRIA. » — Cette médaille a été gravée dans un opuscule publié en 1860 à l'occasion du mariage de don Carlo Massimi avec dona Francesca Lucchesi Palli.

MILLINI (Pietro Paolo), Romain, clerc de la Grande Pénitencerie.

E. Dia. 77. « PETRVS . PAVLVS . MILLINVS . SAC . PEN . SCR. » — ℞ « PERFER. »

Cette médaille, placée parmi celles des personnages d'origine inconnue, II, 76, 14, doit être reportée ici en raison de sa qualité de Romain.

CAMERINO

VARANO (Fabrizio), de Camerino, l'un des fils de Ridolfo,

fait protonotaire apostolique par Sixte IV, il devint en 1482 évêque de Camerino + 1508.

F. Dia. 42. « FABRITIVS . VARANEVS . CAMER . APO . PROTONOTARI. » — ℟ « DELECTANS . CALAMOS . DVLCITER . ORE . CIET . — ΕΥΤΕΡΠΗ. »

Au droit : Buste à gauche de Fabrizio jeune, imberbe, cheveux longs, coiffé d'une calotte. — Au revers : Euterpe adossée à un arbre, jouant de la flûte. — Collection Bardini.

CITTA DI CASTELLO

VITELLI (Camillo), de Città di Castello. Il commença à se distinguer en 1474 et fut tué en 1496 à Circello (Capitanate).

G. Dia. 36. « CAMILLVS . VITELLIVS. » — ℟ Sans légende.

Au droit : Buste à gauche de Camillo Vitelli jeune, sans barbe, cheveux longs, coiffé d'un bonnet, vêtu d'une robe? — Au revers : Dans une couronne de laurier, une main tenant un poignard. — Collection A. Armand.

MACERATA

PARTHENIUS (Ippolito Aurispa, dit), poëte latin de Macerata.

H. Dia. 35. « PARTHENIVS . AMICVS. » — ℟ « FLORESCO . CALORE . PARTENII. »

Cette médaille, placée II, 77, 17 parmi celles des personnages d'origine inconnue, doit être reportée ici, Macerata étant dans les États romains.

PÉROUSE

UBALDI (Pietro degli), Pérugin, jurisconsulte + 1499.

I. « D . PETRVS . MA . VBALDVS . DE . PER . L . CA . ET . COMES . C. » — ℟ Sans légende.

Au droit : Buste à droite de Pietro tête nue, sans barbe. — Au revers : Un griffon qui se tient sur un lièvre. — Voir Bini, *Memorie storiche dell' Università di Perugia.*

URBIN

MONTEFELTRO (GUIDUBALDO I° DA), né en 1472, devint duc d'Urbin en 1482 + 1508.

J. Dia. 52. « GVIDVB . DVX . VRB . MONTISFERETRI . AC . DVRANTIS . COMES. » — ℟ « SOLAM . ME . FATA . RELINQVNT . CAETERA . QVAM . RAPIANT. »

Au droit : Buste à gauche de Guidubaldo Ier enfant, les cheveux longs, coiffé d'une petite calotte, vêtu d'une robe. — Au revers : Une femme drapée vue de face, assise, les mains jointes, tenant une branche d'olivier. — Cabinet impérial de Vienne.

K. Dia. 21. « GVIDVS . VB . VRBINI . DVX. » — ℟ « DE . FOROSEMPRONIO. »

Au droit : Buste à gauche de Guidubaldo I°, tête nue, imberbe. — Au revers : Écusson. — Monnaie de bronze. — *ARG.*, V, p. 32, n° 2.

OBSERVATIONS ET RECTIFICATIONS.

a. II, 62, 1. Médaille du pape SIXTE IV.

« Les médailles de Sixte IV pourraient être attribuées à SIMONE DI GIOVANNI, Florentin, et à PAOLO DI GIORDANO, Romain, qui furent « soprastanti » de la Monnaie sous ce pape. » (*GM.*)

b. II, 62, 3. Médaille du même pape.

Cette médaille fut placée en 1483 dans les fondations du « Ponte Sisto »

c. II, 63, 8. Médaille du pape ALEXANDRE VI.

M. G. Milanesi ne croit pas que cette médaille soit l'ouvrage de Caradosso. Il faut se rappeler, dit-il, que cet artiste ne quitta Milan qu'après la chute de Ludovic le More, son protecteur, et ne vint pas à Rome avant le règne de Jules II.

d. II, 64, 15. Médaille de GAMBARA (BERNARDO).

Le nom de ce personnage était Gambara et non Gamb. Il est mentionné à diverses reprises dans le *Diarium* de Burchard.

e. II, 65, 22. Médaille de BENTIVOGLIO (GIOVANNI II).

Litta ne donne pas de revers à cette médaille. Celui que l'on voit sur l'exemplaire du Museo civico de Bologne laisse discerner seulement les traces d'une figure (Jean Bentivoglio) tournée à gauche, agenouillée devant la Madone ou un saint. On y voit aussi les traces d'une légende.

f. II, 67, 29. Médaille de MUSOTTI (ULISSE).

Cette médaille, attribuée à Francia, a été placée à la suite de l'œuvre de cet artiste. (Voir III, 32, *G.*)

g. II, 67, 30. Médaille de Ruggieri (Tommaso).

Cette médaille, sortant de la même main que celle de Musotti, a été également attribuée au Francia. (Voir III, 32, *H*.)

h. II, 68, 35. Médaille de Manfredi (Carlo), de Faenza.

Cette médaille étant attribuée à Sperandio, a été mise à la suite de l'œuvre de cet artiste. (Voir III, 16, *A*.)

SAVOIE
ET
PIÉMONT
(II, p. 69.)

ADDITIONS.

SAVOIE (Philibert Ier, quatrième duc de), né en 1465; duc en 1472 + 1482.

A. Dia. 34. « PHILIBERTVS . DVX . SABAVDIE . IV. » — ℟ « SANCTVS . MAVRITIVS. »

Au droit : Buste à droite de Philibert Ier, jeune, coiffé d'un bonnet, cheveux longs. — Au revers : Saint Maurice en armure, debout, vu de face. Il tient un étendard et un bouclier à la croix de Savoie. — Monnaie d'argent. — *ARG*., I, p. 82, pl. LXIX, 32.

SAVOIE (Charles Ier, cinquième duc de).

B. Dia. 25. « KAROLVS . DVX . SABAVDIE . ET. » — ℟ « SIT . NOMEN . DOMINI . BENEDICTVM. »

Au droit : Buste à droite de Charles Ier, coiffé d'un bonnet, cheveux longs, cuirassé. — Au revers : L'écusson de Savoie. — Monnaie d'or. — *ARG*., I, p. 83, pl. LXX, no 34.

C. Dia. 32. « KAROLVS . DVX . SABAVDIE . G. » — ℟ « XPS . RES . VENIT . IN . PACE . DEVS. »

Au droit : Buste à droite de Charles Ier, coiffé d'un bonnet, cheveux longs, cuirassé, avec écharpe. — Au revers : L'écusson de Savoie. — Monnaie d'argent — *ARG*., I, p. 83, pl. LXX, no 37.

VENISE

ET

VÉNÉTIE

(II, p. 70 à 73.)

ADDITION.

AMATI (Angelo).

A. Dia. 85. « ANGELVS . DE . AMATIS. » — ℞ Sans légende.

Au droit : Buste à gauche d'Angelo, sans barbe, la tête couverte d'une sorte de toque avec draperie tombant en arrière, vêtu d'une robe (?). — Au revers : Au milieu d'une couronne de feuillage, un écusson sur lequel est figuré un oiseau perché sur trois monts, armes des Amati. Cette médaille fut placée dans les fondations de l'église « della Madonna de' Miracoli » à Venise, en 1481. — Collection du Musée Brera.

BAROZZI (Pietro), Vénitien, né en 1441 ; évêque de Bellune en 1478; de Padoue en 1487 + 1507.

B. « PETRVS . BAROCIVS . PATRICIVS . VENETVS . EPS . PATAVINVS. » — Sans ℞.

Buste de Barozzi, coiffé d'un bonnet. — Soc. colomb.

MOROSINI (Alfonso).

C. Dia. 43. « ALFONSVS . MOROSINVS. » — Sans ℞.

Buste à gauche d'Alfonso Morosini, la tête couverte d'une calotte, cheveux longs, vêtu d'une robe. — Cabinet impérial de Vienne.

PIZZAMANI (Antonio), érudit vénitien, né en 1462. Il devint évêque de Feltre en 1504 + 1512.

D. Dia. 61. « ANTONII . PIZAMANI. » — ℞ « FOELICITAS . VIRTVS . FAMA. »

Voir pour la description de cette médaille, au deuxième volume, p. 77, n° 19, où elle a été placée par erreur au nombre des personnages d'origine inconnue.

RAMNUSIO (Paolo), Vénitien. Jurisconsulte + 1506.

E. « ΡΑΜΝΟΥCΙΟC Ο ΡΗΤΩΡ. » — ℞ « ΧΑΙΡΕ . ΘΑΛΟΜ . ΑΡΕΤΗΣ. »

Au droit : Buste de Paolo Ramnusio. — Au revers : Inscription dans une couronne de laurier. — Médaille mentionnée par Zeno. (*Annotazioni alla biblioteca dell' eloquenza italiana del Fontanini.*)

OBSERVATION.

a. II, 72, 12. Médaille de Colleone, de Bergame.

Cette pièce est probablement une médaille de restitution de Capilliata Colleone, fils de Galeazzo Carpiglione et de Riccardona Colleoni. Il fut capitaine général de l'Église sous Urbain V, et assista aux obsèques de ce pape, en 1371, comme représentant la ville de Bergame.

MÉDAILLES

DE

PERSONNAGES DU QUATRIÈME QUART DU XVe SIÈCLE

DONT LE LIEU D'ORIGINE NOUS EST INCONNU.

(II, p. 73 à 79.)

ADDITIONS.

COMINATUS (Constantinus).

A. Dia. 57. « CONSTANTINVS . COMINATVS. » — ℟ « ADLOCVTIO. »

Au droit : Buste à droite de Cominatus, avec longue et épaisse chevelure semblable à celle de Ludovic Sforce, couvert d'une draperie à l'antique. — Au revers : Scène antique imitée des médailles romaines. Un général accompagné d'un guerrier, tous deux montés sur une estrade, harangue trois soldats portant des étendards. — Cabinet royal de Berlin.

DENTATO (Antonio).

B. Dia. 61. « IVN . ANTONIVS . DENTATVS. » — Sans ℟.

Buste à gauche d'Antonio Dentato, sans barbe, avec longue chevelure, coiffé d'un bonnet, vêtu d'une robe sur laquelle passe une chaîne. — Collection du Musée Brera.

TANI (Masina).

C. Dia. 60. « MASINA . DE . TANIS . FIDES . AMOR. » — Sans ℟.

Buste à gauche de Masina, tête nue, les cheveux en bandeaux tombant sur son cou, corsage coupé carrément. — Cabinet royal de Berlin.

INCONNUE.

D. Dia. 33. « VIXIT . AN . XXXIII . OBIT . 1490 . 17 . IN . MA . F. » — Sans ℟.

Buste à gauche d'une jeune femme coiffée d'un bonnet. — Collection G. Douglas.

OBSERVATIONS ET RECTIFICATIONS.

La presque totalité de ces observations et rectifications est due à M. G. Milanesi.

a. II, 73, 1. Médaille d'Antonio Salvalaglio.

Antonio Salvalaglio commandait l'artillerie du château Saint-Ange en 1527. Sa médaille reparaîtra parmi celles des personnages romains du deuxième quart du seizième siècle.

b. II, 74, 2. Médaille de Niccolo da Uzzano.

Ce personnage est Niccolo da Uzzano, et non Avzano. Sa médaille a déjà paru parmi celles des Florentins de la première moitié du quinzième siècle. (Voir III, 157, *C*.)

c. II, 74, 3. Médaille de Banducci (Bernardo).

Cette médaille est entrée à titre d'attribution dans l'œuvre du médailleur à l'Espérance. (Voir III, 26, *C*.)

d. II, 74, 4. Médaille de Baroni (Francesco).

Ce personnage étant Florentin, sa médaille a été placée parmi celles des Florentins du quatrième quart du quinzième siècle. (Voir III, 170, *A*.)

e. II, 74, 5. Médaille de Canacci (Giovanni).

Personnage florentin. Sa médaille sera placée parmi celles des Florentins du premier quart du seizième siècle.

f. II, 74, 6. Médaille de Cassoli (Taddeo).

Cette médaille, d'un jurisconsulte de Reggio, qui porte la date de 1383, a été placée parmi celles des Ferrarais du quatorzième siècle. (Voir III, 153, *B*.)

g. II, 75, 7. Médaille de Cassandra.

Peut-être est-ce Cassandra Fedele, célèbre Vénitienne, érudite et poëte, née vers 1465 + 1558. Elle épousa le médecin Gianmaria Mapelli.

h. II, 75, 10. Médaille de Federighi (Carlo).

Ce personnage étant Florentin, sa médaille a été placée parmi celles des Florentins du quatrième quart du quinzième siècle. (Voir III, 170, *B*.)

i. II, 75, 11. Médaille de Galeota (Jacopo).

Personnage napolitain. Sa médaille a été placée parmi celles des Napolitains du troisième quart du quinzième siècle. (Voir III, 161, *D*.)

j. II, 76, 13. Médaille d'Ilcino (Bartolommeo).

Ce personnage étant originaire de Monteilcino, près de Sienne, sa médaille a été placée parmi celles des Florentins et Toscans du quatrième quart du quinzième siècle. (Voir III, 172, *G*.)

k. II, 76, 14. Médaille de MILLINI (PIETRO PAOLO).

Personnage romain, clerc de la grande Pénitencerie. Sa médaille a été placée parmi celles des Romains du quatrième quart du quinzième siècle. (Voir III, 178, *E*.)

l. II, 77, 17. Médaille de PARTHENIUS.

Ippolito Aurispa, dit Parthenius, poëte latin, était né à Macerata. Sa médaille a dû être placée parmi celles des personnages des États romains, au quatrième quart du quinzième siècle. (Voir III, 179, *H*.)

m. II, 77, 18. Médaille de PHILARITES.

Francesco di Lorenzo Filarete, poëte et architecte florentin. Sa médaille a été placée parmi celles des Florentins du quatrième quart du quinzième siècle. (Voir III, 171, *C*.)

n. II, 77, 19. Médaille de PIZZAMANI (ANTONIO).

Ce personnage étant Vénitien, sa médaille a été placée parmi celles des Vénitiens du quatrième quart du quinzième siècle. (Voir III, 182, *D*.)

o. II, 77, 20. Médaille de RICCIO (DOMENICO).

La légende du revers de cette médaille doit être rétablie ainsi :

« MORTE . VITA . HYEME . AESTATE . PROPE . ALONGE. »

M. G. Milanesi pense que ce religieux est Fra Domenico da Pescia, disciple et compagnon de Savonarole, et qui fut supplicié avec lui.

p. II, 78, 22. Médaille de TIEZZI (FRA BENEDETTO), de Foiano (Toscane).

La médaille de Fra TIEZZI, en latin THETIUS, doit être placée au premier quart du seizième siècle, parmi les Toscans.

ALLEMAGNE

ET

ÉTATS DU NORD

(II, p. 80 à 82.)

ADDITIONS.

MAXIMILIEN Ier ET MARIE DE BOURGOGNE.

A. Dia. 30 × 37. « MAXIMILIANVS . MAGNANIMVS . ARCHIDVX . AVSTRIÆ . BVRGVND. — ÆTATIS . 19. » — ℟ « MARIA . KAROLI . FILIA . HERES . BVRGVNDI . BRAB . CONIVGES. — ETATIS . 20 . 1479. »

Au droit : Buste à droite de Maximilien, tête nue, imberbe, cheveux tombant sur les épaules, lauré. — Au revers : Buste à gauche de Marie, tête nue, les cheveux relevés avec nœud formant chignon, corsage décolleté. — Collection A. Heiss.

HONGRIE

MATHIAS Ier, ROI DE HONGRIE.

B. Dia. 61. « MATHIAS . REX . HVNGARIAE. » — Sans ℟.

Buste à droite de Mathias Corvin, tête nue, cheveux longs et bouclés, couronné de laurier, vêtu d'un pourpoint lacé et d'une pelisse. — Cabinet impérial de Vienne.

C. Dia. 34. « MATTH . HVN . COR . PANNONIAR . BOH . Q . REX. — AETAT . 43. » — ℟ « CAESARE . MAGNA . MIHI . VICTO . THRACVMQ . TYRANNIS . MAIOR . APOLLINEA . GLORIA . PARTA . TVBA . EST . ANNO . MCCCCLXXXVI. »

Au droit : Buste de face de Mathias Corvin, tête nue, chevelure longue et épaisse, couvert d'une cuirasse. — Au revers : Inscription dans un cadre ornementé. Au-dessous, sur une patère échancrée, on voit un corbeau perché sur une branche, tenant une bague dans son bec. — *H.*, XXIX, 3. — *VM.*, I, 181. — Cabinet impérial de Vienne.

D. Dia. 28. « MATHIAS . REX . HVNGARI . BOHEM . DALM. » — ℟ Sans légende.

Au droit : Buste à droite de Mathias Corvin, tête nue, cheveux bouclés, lauré. — Au revers : Combat de cavaliers et fantassins. — *H.*, XXIX, 4. — Cabinet impérial de Vienne.

TYROL

FIRMIAN (NICOLAS DE), gouverneur du Tyrol, grand maître de la maison de l'impératrice Bianca Sforza, florissait en 1487, + après 1506.

E. Dia. 82. « NICOLAVS . FIRMIANVS . COMIT . TIROLIS PRAEF . ET . AVGVSTAE . AVLAE . DIRECTOR. » — ℟ « OB . MEMORIAM . VTRIVSQVE . PRAEFECTVRAE. — ATHESIS. »

Au droit : Buste à gauche de Nicolas de Firmian, sans barbe, coiffé d'un bonnet avec une enseigne figurant un trèfle. — Au revers : Un fleuve (l'Adige) à demi couché, tourné à gauche, tenant un gouvernail. — Médaille reproduite dans les « *Mittheilungen des Alterthumvereins* », de Vienne, 1886.

RECTIFICATION.

a. II, 81, 7. Médaille de MATHIAS CORVIN.

L'exemplaire de cette médaille que possède le Cabinet impérial de Vienne a le revers suivant :

« ANIMVS . REGIS . REGNA . NOBILITAT . ET . OBSCVRAT. »

Inscription dans une couronne de laurier; au-dessus et au-dessous, une branche de chêne. — *H.*, XXIX, 2. — *BG.*, II, 406. — Cabinet impérial de Vienne.

FRANCE

(II, p. 84 à 88.)

ADDITIONS.

BOURBON (Charles de), né en 1436. Il fut fait archevêque de Lyon en 1466; cardinal en 1476 + 1488.

A. Dia. 39 × 31. « CAROLVS . CAR . BORBONIVS . LVG . PONT. » — ℟ « ECCE . AGNVS . DEI. — 1486. »

Au droit : Buste à droite de Charles de Bourbon, tête nue, vêtu du camail. — Au revers : Saint Jean tenant un agneau dans ses bras. — *TN.*, Méd. franç., I, xli, 3.

CAOURSIN (Guillaume), vice-chancelier de Saint-Jean de Jérusalem, originaire de Rhodes; né à Douai en 1430 + 1501. Il fut député auprès d'Innocent VIII en 1484.

B. Dia. 58. « GVILLELMVS . CAOVRSIN. » — ℟ « VICE-CANCELLARIVS . RHODIORVM. »

Au droit : Buste à gauche de Caoursin âgé, sans barbe, coiffé d'une calotte, vêtu d'une robe. — Au revers : Un écusson. — Cabinet royal de Berlin.

OBSERVATIONS ET RECTIFICATIONS.

a. II, 84, 4. Médaille de Gilbert de Bourbon, comte de Montpensier.

Cette médaille fait partie du groupe des pièces attribuées au « Médailleur italien de la cour de Charles VIII ». (Voir III, 24, *G.*)

b. II, 85, 6. Médaille de Claire de Gonzague.

Le deuxième revers gaudet flum, etc., qui ne concorde pas avec le droit, appartient à une médaille de Francesco Morosini, personnage du dix-septième siècle. Pour l'adapter à la médaille de Claire de Gonzague, on a effacé la date M.DC.XXVIII qu'il porte.

PREMIER QUART
DU XVIe SIÈCLE

ITALIE

FERRARE
ET
ÉTATS DE LA MAISON D'ESTE
(II, p. 89 à 93.)

ADDITIONS.

ESTE (Alfonso I° d'), troisième duc de Ferrare.

A. Dia. 27. « ALFONSVS . DVX . FERRARIAE . III. » — ℟ « S . GEMINIANVS . MVTINENSIS . PON. »

Au droit : Buste à gauche d'Alfonso I°, tête nue, barbu, cheveux longs. — Au revers : Saint Géminien assis, vu de face. — Monnaie d'argent. — *ARG.* V, p. 22, n° 4.

B. Dia. 27. « ALFONSVS . DVX . REGII. » — ℟ « S . PROSPER . EPS . REGIENSIS. »

Au droit : Buste à gauche d'Alfonso I°, tête nue, barbu, cuirassé. — Au revers : Saint Prosper de face, assis. — Monnaie d'argent. — *ARG.*, V, p. 28, n° 10.

C. Dia. 20. « ALFONSVS . DVX. » — ℟ « REGIVM . OLIM . AEMILIA. »

Au droit : Buste à gauche d'Alfonso I°, tête nue, cheveux longs, cuirassé. — Au revers : Un écusson. — Monnaie d'argent. — *ARG.*, V, p. 28, n° 7.

D. Dia. 19. « ALFONSVS . DVX . FERRARIAE . III. » — ℟ « REGIVM . OLIM . AEMILIA. »

Au droit : Buste à gauche d'Alfonso I°, jeune, tête nue. — Au revers : Écusson. — Monnaie de bronze. — *ARG.*, V, p. 28, n° 11.

E. Dia. 17. « ALFONSVS . DVX . REGII . III. » — ℟ « REGIVM . LEPIDI. »

Au droit : Buste à gauche d'Alfonso Iº, tête nue. — Au revers : Inscription sur le champ. — Monnaie de bronze. — *ARG.*, V, p. 28, nº 13.

LA MIRANDOLE

PICO DELLA MIRANDOLA (GIANFRANCESCO).

F. Dia. 19. « IO . FR . PI . MIRAN . D. » — ℟ « OMNINO. »

Au droit : Buste à gauche de Gianfrancesco Pico, tête nue, imberbe, cheveux longs. — Au revers : Inscription. — Monnaie de bronze. — *ARG.*, V, p. 21, nº 1. — *L.*, Pico, nº 18.

G. Dia. 19. « IO . FR . PICVS . MIRANDVLE . D. » — ℟ « CONCORDIAE . COMES. — OMNINO. — CI. — A. »

Au droit : Buste à droite de Gianfrancesco Pico, tête nue, imberbe, cheveux longs. — Au revers : Un livre. — Monnaie de bronze. — *ARG.*, V, p. 22, nº 2. — *L.*, Pico, nº 14.

REGGIO

ARIOSTA (LIPA).

H. Dia. 90. « LIPA . ARIOSTA. » — Sans ℟.

Buste à droite de Lipa Ariosta, semblable à celui de la médaille II, 93, 23; mais la légende est placée sous le buste, au lieu de se trouver sur les côtés. Cette médaille semble avoir été destinée à faire le pendant de la médaille de l'Arioste, décrite II, 93, 22. — Museo civico de Bologne.

OBSERVATIONS ET RECTIFICATIONS.

a. II, 89, 2. Médaille d'ALFONSO Iº D'ESTE et de LUCREZIA BORGIA.

Nous avons fait remarquer la parfaite conformité qui existe entre le buste de Lucrèce formant le revers de cette médaille et celui qui forme le droit de la médaille à l'Amour captif. C'est par suite de cette remarque que nous avons réuni ces deux pièces dans l'œuvre du « Médailleur à l'Amour captif ». (Voir III, 48, *A*.)

b. II, 90, 3. Médaille de BORGIA (LUCREZIA).

Nous avons expliqué pourquoi, contrairement à l'opinion de M. J. Friedlaender, nous ne croyons pas que cette médaille appartienne au même artiste que la précédente.

c. II, 90, 4. Médaille d'ALFONSO I° D'ESTE.

Le Musée impérial de Vienne possède un exemplaire de cette médaille ayant pour revers une scène antique, sans rapport avec la figure du droit. On y voit au milieu un homme nu armé d'un thyrse (?), marchant à gauche et s'approchant d'un jeune homme nu, assis et endormi; à droite est une statue sur piédestal.

d. II, 91, 11. Monnaie d'ALFONSO I° D'ESTE.

Cette monnaie, ouvrage de Giovan Antonio da Foligno, a été placée dans l'œuvre de cet artiste. (Voir III, 50, *A.*)

e. II, 91, 14. Médaille de BELTRAMOTI (GIROLAMO).

Cette médaille, attribuée à Cavallerino, a été placée à la suite de l'œuvre de cet artiste. (Voir III, 56, *C.*)

f. II, 93, 19. Médaille de RANGONI (GIANFRANCESCO).

« Les lettres S. M. sont peut-être la marque du médailleur. On pourrait y voir celle d'un modeleur modénais, GIOVAN ANTONIO SCACCERA, qui aurait signé Scaccera Modenese ou Scaccera Mutinensis. » (*GM.*)

FLORENCE
ET LA
TOSCANE
(II, p. 94 à 98.)

ADDITIONS.

FLORENCE

MEDICI (GIULIANO II DE'), duc de Nemours.

A. Dia. 83. « IVLIANVS . MEDICES . DVX . NEMORII. » — ℟ « GLO — VI — S. »

Au droit : Buste à gauche de Julien II, barbe courte, coiffé d'une calotte avec chapeau par-dessus, vêtu d'une robe et d'une pelisse. — Au revers : Le mot GLOVIS écrit en trois lignes dans un triangle. C'était la devise de ce prince. — Cabinet impérial de Vienne.

MEDICI (LORENZO II DE'), duc d'Urbin.

B. « LAVRENTIVS . MEDICES . VRBINI . DVX. — CP. » — ℟ « ITA . ET . VIRTVS. »

Au droit : Buste du duc d'Urbin, tête nue. — Au revers : Un arbre avec deux lions aux côtés. — Galerie de Florence.

« La marque CP désigne sans doute l'orfévre florentin Paolo di Clemente, de la famille Tassini, né en 1477. » (*GM.*)

CANACCI (Giovanni di Roberto), Florentin, né en 1475.

C. Dia. 67. « IOHANNES . CANACCIVS. » — ℟ « MARCET . SINE . ADVERSARIO . VIRTVS. »

Nous renvoyons, pour la description de cette médaille, au deuxième volume, p. 74, n° 5, où elle a été placée à tort.

CANACCI (Antonio) et Filippa STUFA, sa femme.

D. Dia. 76. « ANTONIVS . CANACCIVS. » — ℟ « FILIPPA . STVPHA . VXOR. »

Au droit : Buste à droite d'Antonio. — Au revers : Buste à gauche de Filippa.

Ces deux bustes sont des copies faites probablement par un artiste italien, d'après la médaille française de Louis XII et d'Anne de Bretagne, qui est décrite II, 140, 12, note. — Collection A. Armand.

MACCHIAVELLI (Niccolo), Florentin, né en 1469 + 1527. Il fut secrétaire de la République florentine de 1499 à 1512.

E. Dia. 91. « N . MACH . FL. » — Sans ℟.

Buste à droite d'un homme, sans barbe; la tête rasée (?), avec une couronne de cheveux; vêtu d'une robe. L'inscription est tracée à la pointe, et laisse des doutes sur l'identité du personnage. — Collection Thibaudeau.

PANCIATICHI (Bartolommeo).

F. Dia. 46. « B . P . VIR . PRECLARISSIMVS. » — ℟ Légende illisible.

Au droit : Même buste que sur la médaille II, 97, 16. — Au revers : La figure de la Prudence avec ses attributs. — Soc. colomb.

VESPUCCI (Amerigo), navigateur florentin, né en 1441 + 1512.

G. Dia. 70. « AMERICVS . VESPVCCIVS. » — Sans ℟.

Buste d'Amerigo Vespucci. — Soc. colomb.

FOIANO

TIEZZI (Fra Benedetto), de Foiano (Toscane), religieux dominicain + 1530. « Il fut l'un des plus ardents défenseurs de la liberté, à Florence, pendant le siége de 1530. A la reddition de la ville, il fut arrêté et renfermé au château Saint-Ange, où on le fit mourir de faim. » (*GM.*)

H. Dia. 86. « BENEDICTVS . THETIVS . FLORIANEN. » — ℟ « CVNCTA . RITE . ME . DVCE. »

Nous renvoyons, pour la description de cette médaille, au deuxième volume, p. 78, n° 22, où elle avait été placée à tort.

MONTE SAN SAVINO

MONTE (Antonio Ciocchi del), de Monte San Savino. Il fut évêque de Porto en 1524.

I. Dia. 36. « ANT . EPI . PORTV . S . R . E . CAR . DE . MONTE. » — ℟ Sans légende.

Au droit : Buste à droite du cardinal Antonio del Monte, tête nue, barbu, vêtu du camail. — Au revers : Un génie ailé couronnant un taureau marchant vers la droite. — Cette médaille rappelle la manière de Cavino. — Musée royal de Parme.

OBSERVATIONS ET RECTIFICATIONS.

a. II, 94, 1, 2, 3. Médailles de Medici (Giuliano II de'), duc de Nemours.

« L'une de ces médailles du duc de Nemours peut être celle que le cardinal Jean de Médicis, fils du duc Cosme Ier, fit faire à l'orfévre siennois Giovanni Battista di Bernardino. » (*GM.*)

b. II, 95, 6. Médaille de Medici (Giovanni de'), surnommé delle Bande Nere.

« La médaille de Jean des Bandes Noires est peut-être celle que Danese Cataneo, sculpteur carrarais, fit en 1546, et sur laquelle Pier Maria Rossi, deuxième marquis de San Secondo, fut consulté par Cosme Ier comme ayant été son compagnon d'armes. — Voir sa lettre à Cosme, à cette date, dans l'ouvrage de Campori, *Memorie biografiche,* etc. » (*GM.*)

c. II, 95, 10. Médaille de Beltramini (Niccolo).

Ce personnage, né en 1523 + 1582, sera placé parmi les Florentins du troisième quart du seizième siècle.

d. II, 96, 11. Médaille de Guadagni (Tommaso), né en 1454 + à Avignon en 1533.

« Il fut consul des Florentins à Lyon en 1505, conseiller municipal de 1506 à 1527, et y fonda un hôpital pour les pestiférés. Il fournit à François Ier cinquante mille ducats pour sa rançon. » (*GM.*)

e. II, 98, 22. Médaille de Piccolomini (Ortensia).

« Les lettres M. P. D. signifient Montis Pescati Domina. C'était un fief des Piccolomini dans le Siennois. » (*GM.*)

MANTOUE.

(II, p. 98 à 101.)

ADDITIONS.

GONZAGA (Giovanni), marquis d'Ariano.

A. Dia. 42. « IO . DE . GONZAGA . MARCHIO . AR . ETC. » — ℟ Sans légende.

Au droit : Buste à droite de Jean de Gonzague, tête nue, cheveux longs, barbu, cuirassé. — Au revers : Une femme drapée, montée sur un taureau marchant à droite. Elle tient dans la main droite une faux, et dans la gauche une croix ansée; au-dessus de sa tête est une étoile; au bas, une écrevisse. — *L.*, Gonz., nº 70.

MADDALENA, de Mantoue.

B. Dia. 45. « DIVA . MAGDALENA . MANTVANA . MCCCCCIIII. » — ℟ « PRVDENTIA. — M — M — X. »

Au droit : Buste à droite de Maddalena, tête nue. — Au revers : La Prudence sous la figure d'une femme demi-nue, à double visage, appuyée contre une colonne où s'enroule un serpent, et tenant un rameau de la main droite. — Cabinet impérial de Vienne.

POMPONAZZO (Pietro), philosophe et poëte mantouan.

C. Dia. 38. « PETRVS . POMPONATIVS . MANT . PHILOS. » — ℟ « PETRVS . MANNA . MAGISTRO . B . M . FAC . C. »

Au droit : Buste à droite de Pomponazzo âgé, chauve, sans barbe, vêtu d'une robe. — Au revers : Une femme drapée, assise sur un globe, tournée à gauche, tenant une torche garnie de deux petites ailes. — Cabinet impérial de Vienne.

OBSERVATIONS ET RECTIFICATIONS.

a. II, 98, 1; 99, 2 à 5. Monnaies de Gianfrancesco II Gonzaga, quatrième marquis de Mantoue.

Ces monnaies, attribuées à Melioli, ont été placées à la suite de l'œuvre de cet artiste. Voir III, 18, B, C, D, E, F.

b. II, 99, 6. Médaille d'Isabella d'Este, femme de Gianfrancesco II Gonzaga.

Cette médaille appartient à Gian Cristoforo Romano. Elle a été placée dans l'œuvre de cet artiste. (Voir III, 49, *A*.)

c. II, 100, 11. Médaille de Maddalena, de Mantoue.

Dans l'opinion de M. G. Milanesi, Maddalena de Mantoue se rattacherait à la Maddalena Rossi (voir I, 118, 2), ainsi qu'à Pier Maria Rossi, comte de San Secondo.

MILAN
ET LE
MILANAIS.

(II, p. 102 à 106.)

ADDITIONS.

GÊNES (ÉTATS DE)

FREGOSO (Giano III da Campo), fait doge de Gênes en 1512 + 1529.

A. Dia. 36. « IANVS . III . DE . CAMPO . F . DVX . IANVE. » — ℟ « CAESARIS . MAXIMIL . SEMPER . AVGV. »

Au droit : Buste à gauche de Giano, sans barbe, cheveux longs, coiffé d'un bonnet. — Au revers : L'écusson impérial surmonté d'une couronne. — Avignone, nº 149. — Catalogue Rossi, pl. IV.

CARRETTO della Rovere (Orlando del). Il fut archevêque de Tarente en 1509 ; de Nazareth en 1510 ; d'Avignon en 1513.

B. « ORLANDVS . RVVERE. » — ℟ « ARCH . AVENION . ET . THESAV . GENERALIS . BONONIÆ . GVBERNATOR. »

Au droit : Buste d'Orlando. — Avignone, nº 86.

CARRETTO (Fabrizio del), grand maître de Saint-Jean de Jérusalem, élu en 1513 + 1521.

C. Dia. 40. « F . FABRITIVS . DE . CARRETTO . MAGNVS . M . R. » — ℟ « DEO . ET . BEATE . VIRGINI. »

Au droit : Buste à gauche de Fabrizio, barbu, coiffé d'un bonnet, vêtu d'une robe, avec la croix de Malte. — Au revers : Un écusson. — Furse, p. 318. — Collection Friedlaender, à Berlin.

OBSERVATIONS ET RECTIFICATIONS.

a. II, 104, 13. Médaille d'AVEROLDI (ALTOBELLO).

Le nom de ce personnage était Averoldi (Altobello), et non Altobello (Averoldo).

Cette médaille, étant attribuée à Cavallerino, a été placée à la suite de l'œuvre de ce maître. (Voir III, 55, B.)

b. II, 105, 17. Médaille de FRAXIA, de Côme.

« AN-GE qu'on lit au revers signifie peut-être ANTONIO ou ANGELO GENOVESE. Cette inscription s'appliquerait plutôt au donateur qu'à l'auteur de la médaille. » (*GM.*)

c. II, 105, 18. Médaille de GALLIO (AGOSTINO).

Le nom de ce personnage est Gallio, et non Gal...

d. II, 105, 19. Médaille de ROSSI (BERNARDO).

Cette médaille, attribuée par M. J. Friedlaender au Francia, a été placée à la suite de l'œuvre de ce maître. (Voir III, 32, F.)

e. II, 106, 21. Médaille de COSTANZA RANGONI.

Costanza avait épousé, en premières noces, Tommaso Calcagnini.

NAPLES

(ROYAUME DE)

(II, p. 106 à 109.)

ADDITIONS.

AVALOS (VITTORIA COLONNA D').

A. Dia. 68. « VICTORIA . COLVMNA . DAVALA. » — ℟ « HVIC . ANIMVS . SIMILIS. »

Au droit : Buste à gauche de Vittoria Colonna, la tête et les épaules couvertes du voile des veuves, corsage coupé carrément. — Au revers : Un laurier devant lequel s'élève une colonne. — Cabinet impérial de Vienne.

OBSERVATIONS ET RECTIFICATIONS.

a. II, 107, 4. Médaille de FERNANDO FRANCESCO I° D'AVALOS.

L'exemplaire de cette médaille que possède le Musée Brera, de Milan, a un revers dont voici la description :

℟ « OB . RERVM . GESTARVM . GLORIAM. »

Une Victoire ailée marchant à gauche.

b. II, 107, 5. Médaille du même personnage.

On trouve la même pièce au Musée de Parme avec le droit modifié par la suppression de la légende et l'addition d'une aigrette sur le casque.

c. II, 108, 11. Médaille de CARAFFA (ANDREA).

Ce personnage était comte de Santa Severina, et non de Sanseverino; il reçut ce titre en 1496.

ROME

ET LES

ÉTATS ROMAINS.

(II, p. 109 à 120.)

ADDITIONS.

Le pape PIE III.

A. Dia. 42. « PIVS . III . SENEN. » — ℟ « OPTIMO . PRINCIPI. »

Au droit : Buste à gauche de Pie III, coiffé d'une calotte, vêtu du camail. — Au revers : Inscription sur le champ. — Cabinet national de France.

Le pape JULES II.

B. Dia. 36. « IVLIVS . LIGVR . PAPA . SECVNDVS. » — ℟ « VATICANVS . M. »

Au droit : Buste à droite de Jules II, tête nue, sans barbe, vêtu de la chape. — Au revers : Façade de l'église de Saint-Pierre. — Museo civico de Bologne.

Cette pièce est l'une des quatre que nous avons mentionnées III, p. 36 et 37, comme ayant au revers la façade de Saint-Pierre, d'après le projet de Bramante.

C. Dia. 24. « IVLIVS . II . PONT . MAX. » — ℟ « BON . P . IVL . A . TIRANO . LIBERATA. »

Au droit : L'écusson aux armes des Della Rovere, surmonté de la tiare et des clefs. — Au revers : Saint Pierre nimbé, debout; il tient les clefs dans la main droite. — Sequin ou ducat d'or. — *L.*, Bent., 25. — *TN.*, Monnaies, XXV, 15. — Luigi Frati, n° 2.

Cette monnaie est le ducat d'or dont mille pièces furent jetées au peuple lors de l'entrée de Jules II à Bologne. On jeta également trois mille pièces d'argent « bolognini grossi » qui en étaient une reproduction sur une plus petite dimension (21 millimètres au lieu de 24). M. L. Frati a reproduit ce grosso sous le n° 3 de la planche annexée à son mémoire.

Ainsi que nous l'avons déjà dit (voir III, p. 30), il résulte de ce mémoire que les ducats jetés au peuple bolonais lors de l'entrée de Jules II ont été à tort attribués au Francia par Vasari. Il faut d'ailleurs avouer que ces pièces, de même que les « grossi » d'argent, n'ont qu'un médiocre intérêt au point de vue de l'art. En ce qui concerne le ducat d'or, on reconnaît que le coin du droit, représentant les armes des della Rovere, est celui déjà employé pour plusieurs monnaies de Jules II. Le revers représente un saint Pierre debout : or cette figure est identique avec celle que porte une monnaie d'Alexandre VI (voir III, 178, B), frappée aussi à Bologne, et que M. Frati a reproduite sur sa planche (n° 1). Le saint Pierre d'Alexandre VI a pu être mis à profit en lui adaptant la nouvelle légende « BON. P. JUL. A TIRANO LIBERATA ».

Pareilles remarques pourraient être faites pour la monnaie d'argent.

S'il était besoin d'ajouter un mot aux solides raisons avec lesquelles M. Frati combat l'opinion émise par Vasari, nous ferions remarquer que cette figure de saint Pierre, seule partie de la médaille où le talent de l'auteur ait pu se montrer, est, pour les yeux les moins exercés, d'une faiblesse tout à fait indigne d'un artiste tel que le Francia.

D. Dia. 36. « IVL . II . P . M . BONONIA . A . TYRANO . LIBERATA. » — ℞ « VIRTVTI . AVGVSTAE. »

Au droit : Buste à droite de Jules II, tête nue, sans barbe, vêtu de la chape. — Au revers : Le Pape, sur son trône, couronne un prince agenouillé en présence de plusieurs guerriers. — Avignone, n° 45. — Museo civico, à Bologne.

E. Dia. 26. « IVLIVS . LIGVR . PAPA . SECVNDVS. » — ℞ « NOLLO . MORTEM . PECATORIS . SED . MAGIS . CONVERTATVR . ET . VIVAT. »

Au droit : Buste à droite de Jules II, tête nue, sans barbe, vêtu de la chape. — Au revers : Une écrevisse. — Avignone, n° 61.

Le pape ADRIEN VI.

F. « ADRIANVS . VI . PONT . MAX . ET . D . 1522. » — ℞ « PLACENTIA. — ROMANOR . COLONIA . ECCL . REDTA. »

Au droit : Buste d'Adrien VI, tête nue, vêtu de la chape. — Au revers : Inscription. — Monnaie d'or frappée à l'occasion de la restitution de Plaisance au Saint-Siége. — Soc. colomb.

G. Dia. 34. « ADRIANVS . VI . PONT . MAX. » — 2e ℞ « SPIRITVS . SAPIENTIÆ. — ROMA. »

Au droit : Buste à gauche d'Adrien VI, comme sur la médaille II, 115, 36. — Au revers : Des livres, dont un ouvert, surmonté de la tiare et des clefs; au-dessus est le Saint-Esprit. — *BO.*, I, 181, 4.

H. 3ᵉ ℟ « S . PETRVS . S . PAVLVS . ROMA. »

Saint Pierre et saint Paul vus à mi-corps. — *BO.*, I, 181, 5.

I. Dia. 44. « ADRIANVS . VI . PONT . MAX. » — ℟ « CORONAT. »

Au droit : Buste à gauche du Pape avec la calotte et le camail. — Au revers : Le couronnement du Pape, même revers que sur la médaille d'Alexandre VI (II, 63, 8). — Museo civico, à Bologne.

ROME

ORSINI (Gianbattista).

J. Dia. 60. « IO . BAP . ROMANVS . VRSINVS. » — ℟ « ΠΛΕΟΝ . ΗΜΙΣΥ . ΠΑΝΤΟΣ. »

Au droit : Buste à gauche de Gianbattista Orsini, jeune, petite barbe, les cheveux pris dans une résille. — Au revers : Un vieillard debout, vêtu d'une robe, avec un camail. Il étend sa main gauche, qui tient un rameau, et laisse pendre sa main droite, dont il semble laisser échapper un bâton. — Cabinet impérial de Vienne.

BOLOGNE

BOTTRIGARO (Gianbattista et Ercole), de Bologne, fils d'Alessandro. Ils furent membres des « Anziani », le premier en 1508, le second en 1518.

K. Dia. 84. « IOANNIS . BAPTISTAE . BVTRIGARII. » — ℟ « HERCVLIS . EIVS . FRATRIS . MDXX. »

Au droit : Buste à droite de Gianbattista, barbu, cheveux longs, coiffé d'un bonnet, couvert d'un manteau à collet rabattu, vu jusqu'à la ceinture. — Au revers : Buste à droite d'Ercole, barbu, cheveux longs, coiffé et vêtu comme son frère. — Museo civico, à Bologne.

FANTUZZI (Gaspare), Bolonais. Il fut l'un des « Anziani » en 1502 + 1521.

CASTELLI (Dorotea), femme de Gaspare Fantuzzi.

L. Dia. 80. « GASPAR . ELEPHANTVTIVS. » — ℟ « ΔΩΡΟΝ . ΘΕΟΥ . ΔΑΜΑΡ. »

Au droit : Buste à droite de Gaspare, tête nue, cheveux ras, très-longue barbe. — Au revers : Buste à gauche de Dorotea Castelli, sa femme, la tête nue, les cheveux tombants au niveau du dessous du menton, buste vu jusqu'à la ceinture. Les bustes du droit et du revers sont de forte saillie. — Museo civico, à Bologne.

CAMERINO

VARANO (Giammaria da), né en 1481; rétabli à Camerino en 1503; fait duc en 1513 + 1527.

M. Dia. 23. « IO . MARIA . CAMERINI . DVX. » — ℟ « LEO . X . PONT . MAX . DECORAVIT. »

Au droit : Buste à droite de Giammaria, jeune, tête nue, imberbe, cheveux longs, cuirassé. — Au revers : Écusson aux armes de Varano. — Sequin d'or. — Catalogue Rossi. Monnaies, pl. II.

N. Dia. 22. « IO . MARIA . VARANVS . CAMER. » — ℟ « DISTINGVE . ET . CONCORDA. »

Au droit : Buste à gauche de Giammaria Varano jeune, coiffé d'un bonnet, cheveux longs, barbe naissante. — Au revers : Un écusson. — Monnaie de bronze. — *ARG.*, V, p. 10, n° 4.

O. Dia. 22. « IO . MARIA . VARANVS . CAMERINI . D. » — ℟ « DISTINGVE . ET . CONCORDARIS. »

Au droit : Buste à droite de Giammaria Varano, jeune, coiffé d'un bonnet, avec longs cheveux et barbe courte. — Au revers : Écusson. — Monnaie de bronze. — *ARG.*, V, p. 10, n° 3.

ORVIETO

ALVIANO (Bartolommeo).

P. Dia. 68. « BARTOLOMEVS . DE . LIVIANO . CAP . GENERAL . DO . VEN. » — Sans ℟.

Buste à gauche de l'Alviane, sans barbe, avec longs cheveux, coiffé d'un bonnet, cuirassé. — Collection Robinson.

PESARO

SFORZA (Giovanni), seigneur de Pesaro.

Q. Dia. 20. « IOANNES . SFORTIA . PISAVR . P. » — ℟ « PVBLICAE . COMMODITATI. »

Au droit : Buste à droite de Jean Sforce, tête nue, barbu, cheveux longs, cuirassé. — Au revers : Inscription. — Monnaie de bronze. — *ARG.*, I, p. 79, pl. LXIV, n° 8.

OBSERVATIONS ET RECTIFICATIONS.

a. II, 110, 3. Médaille du pape Jules II.

Cette médaille a été faite par le même artiste et en même temps que la médaille de Sixte IV, décrite II, 62, 4.

b. II, 110, 6. Médaille du même pape.

Nous savons, grâce à M. Bertolotti, que cette médaille est l'ouvrage de Gian Cristoforo Romano; nous l'avons, en conséquence, fait entrer dans l'œuvre de cet artiste. (Voir III, p. 49, *C.*)

c. II, 111, 10. Médaille du même pape.

Cette médaille doit être supprimée comme formant double emploi avec celle déjà placée dans l'œuvre de Francia. (Voir I, 104, 4.)

d. II, 111, 13. Médaille du même pape.

Cette médaille fait allusion, non pas à la construction d'un palais au bord du Tibre, mais bien au château fort que Jules II fit élever à Bologne lors du premier séjour qu'il y fit en 1506-1507. Le Pape voulut en poser la première pierre, ce que le maître des cérémonies Paride de' Grassi raconte en ces termes :

« Le 20 février 1507, Jules II, accompagné du légat, le cardinal Francesco Alidosi, se rendit à l'emplacement du château fort de Bologne. Après avoir attendu la seizième heure fixée par les astrologues (*quam astrologi bonam et fatalem esse dixerunt*), le légat lut l'oraison et posa la première pierre avec quelques médailles en bronze. » (Voir L. Frati, *Le due spedizioni militari di Giulio II*, p. 148.)

e. II, 111, 15. Médaille du même pape.

Cette médaille doit être supprimée comme faisant double emploi avec la pièce II, 110, 8.

f. II, 112, 19. Médaille du même pape.

Le droit de cette pièce est identique avec celui décrit II, 112, 17.

g. II, 112, 20. Monnaie du même pape.

Cette monnaie appartient à Francia et a été, comme telle, rangée dans son œuvre. (Voir III, 31, *C.*)

Il est certain que cette monnaie fut gravée par Francia par décret du gouvernement de Bologne en 1508. — Voir ce qui a été dit sur les médailles attribuées à Francia, III, p. 30.

h. II, 113, 26. Médaille du pape Léon X.

« Les lettres C. P. au revers signifient Concordia Populi. » (*GM.*)

i. II, 114, 30 et 31. Monnaies du même pape.

Ces monnaies de Léon X, que M. J. Friedlaender attribue à Caradosso, ont été rendues à Camelio et à Pier Maria da Pescia, qui furent nommés graveurs à la Monnaie pontificale en 1513. (Voir III, p. 45, *A*, *B*.)

j. II, 114, 32. Médaille du même pape.

Cette médaille, attribuée à Francia, a été réunie à son œuvre (voir III, 31, D).

k. II, 116, 45. Médaille d'ALIDOSI (FRANCESCO), d'Imola.

Cette médaille, conformément à l'attribution de M. J. Friedlaender, a été placée à la suite de l'œuvre de Francia. (Voir III, 32, *E*.)

l. II, 118, 54, 55. Médailles d'ELISABETTA GONZAGA, femme du duc d'Urbin, GUIDUBALDO I° DA MONTEFELTRO, et d'EMILIA PIO, femme d'ANTONIO DA MONTEFELTRO.

Les médailles de la duchesse d'Urbin et de sa belle-sœur sortent, comme nous l'avons dit, de la main d'un même artiste, et ont dû être faites en même temps. Leur exécution a dû suivre de près la mort d'Emilia Pio, à laquelle fait allusion le revers CASTIS CINERIBVS, et qui eut lieu peu après 1509. Déchue de sa brillante position par la mort du duc Guidubaldo, arrivée en 1508, Elisabetta Gonzaga subissait alors les rigueurs de la Fortune, et l'on pouvait lui appliquer la légende du revers de sa médaille : « HOC . FVGIENTI . FORTVNAE . DICATIS. » C'est à cette époque, c'est-à-dire vers 1510, que doit se placer l'exécution des deux médailles.

Le nom de leur auteur est resté inconnu, mais nous ne croyons pas être loin de la vérité en les attribuant à Gian Cristoforo Romano, l'artiste à qui l'on doit la médaille de la marquise de Mantoue, Isabelle d'Este. (Voir III, 49, *A*.) On sait, en effet, que Gian Cristoforo jouissait à la cour d'Urbin de la même faveur qu'à celle de Mantoue. Il faisait partie de ce qu'on pourrait appeler l'Académie d'Urbin, où la duchesse et sa belle-sœur réunissaient autour d'elles la société la plus distinguée, dont les doctes et aimables entretiens ont fourni à Balthazar Castiglione la matière de son célèbre livre *Il Cortegiano*.

m. II, p. 119, 56. Médaille de FRANCESCO MARIA DELLA ROVERE.

Francesco Maria della Rovere fut le troisième et non le quatrième duc d'Urbin.

SAVOIE

ET

PIÉMONT

(II, p. 120 à 123.)

ADDITIONS.

SAVOIE (PHILIBERT II, surnommé le Beau, huitième duc de); SAVOIE (IOLANDE LOUISE DE), première femme de Philibert II.

AUTRICHE (MARGUERITE D'), deuxième femme de Philibert II.

A. Dia. 35. « PHILIBERTVS . DVX . SABAVDIE . VIII. » — ℟ « IN . TE . DOMINE . CONFIDO . T. — FERT. »

Au droit : Buste à droite de Philibert le Beau, coiffé d'un bonnet, cheveux longs, cuirassé. — Au revers : L'écusson de Savoie au milieu d'un médaillon à quatre lobes. — Monnaie d'argent. — *ARG.*, I, p. 84, pl. LXXI, n° 46.

B. Dia. 45. « PHILIBERTVS . DVX . SABAVDIE . VIII. » — ℟ « IOLANT . LVDOVICHA . DVCISSA . SABAVDIE. »

Au droit : Buste à droite de Philibert le Beau, jeune, coiffé d'un bonnet, cheveux longs, cuirassé. — Au revers : Buste à gauche de Iolande, les cheveux en bandeaux couverts d'une riche coiffe, avec un voile tombant sur ses épaules. — Médaille de relief monétaire. — Cabinet national de France.

C. Dia. 63. « MARGVAR . MAX . IMP . FIL . D . SAB . VID. » — ℟ « SPOLIAT . MORS . MVNERA . NOSTRA. »

Au droit : Buste à mi-corps à droite de Marguerite d'Autriche, la tête couverte du voile des veuves tombant sur les épaules. — Au revers : Un palmier frappé par la foudre. A gauche, le briquet de Bourgogne couronné. — Cabinet impérial de Vienne.

SAVOIE (CHARLES II ou III, neuvième duc de),
BEATRIX DE PORTUGAL, sa femme.

D. Dia. 30. « CAROLVS . DVX . SABAVDIE . SECOND. » — ℟ « NIL . DEEST . TIMENTIB . DEVM . B. »

Au droit : Buste à droite de Charles II ou III, jeune, sans barbe, cheveux longs, coiffé d'un bonnet. — Au revers : L'écu de Savoie, surmonté d'un casque. — Monnaie d'argent. — Collection A. Armand.

E. Dia. 62. « BEATRIX . DVCISSA . SABAVDIAE . LVSITANIAE . REGIS . FILIA. » — Sans ℟.

Buste à gauche de Beatrix de Portugal, les cheveux pris dans une coiffe, la tête couverte d'un petit chapeau; corsage coupé carrément, avec chemisette à col droit; manches bouffantes, double collier de perles. — Collection A. Armand.

BIELLA

FERRERIO (BONIFAZIO), de Biella, fait évêque d'Ivrea (Eporedia) en 1499; cardinal en 1517 ✝ 1542.

F. Dia. 32. « B . F . CAR . EPOR . ABAS . S . BENIG. » — ℟ « S . BENIGNVS . MARTIR. »

Au droit : Buste à droite de Bonifazio Ferrerio, tête nue, vêtu de la chape.

— Au revers : Saint Bénigne assis, vu de face. — Monnaie d'argent. — *ARG.*, V, p. 41.

CUNEO

GIAFFREDO DI CARLO, DE CUNEO. Il fut vice-chancelier et vice-président du Sénat milanais de 1505 à 1507, pendant la domination française.

G. Dia. 80. « IAFFREDVS . KAROLI . IVR . CONSVLTVS . PRESES . DELPHINATVS . ET . MLI. » — ℟ « NATVS . EGO . TIBI . SVM . VENIAM . QVOCVMQVE . VOCARIS. »

Nous renvoyons, pour la description de cette médaille, au deuxième volume, p. 143, n° 22, où elle a été placée à tort.

MONCALIERI

BERUTTI (AMADIO), de Moncalieri, fait évêque d'Aoste en 1515 + 1525.

H. Dia. 65. « AMADEVS . BERRVT . EPVS . AVGV . GVBERNATOR . ROME. » — ℟ « EXCVSSIS . SORDIBVS . MVDISQ . MANIBUS . MADVCA. »

Au droit : Buste à gauche de Berruti, sans barbe, coiffé de la barrette, vêtu du camail. — Au revers : Écusson surmonté d'une mitre. On voit sur l'écusson un écureuil tourné à gauche. Ce revers est gravé en creux. — Cabinet royal de Berlin.

OBSERVATIONS ET RECTIFICATIONS.

a. II, 121, 4. Médaille de CHARLES II ou III.

« Les lettres V. I. P. F. au revers signifient : Vivat In Perpetum Fœlix. » (*GM.*)

b. II, 121, 5. Médaille du même duc.

« Les lettres AVG. P. N. V. du revers signifient : AUGUSTE Princeps Noster Vivas. » (*GM.*)

c. II, 123, 14. Médaille de MARGUERITE DE FOIX.

« Le monogramme qui termine la légende du revers signifie Ianuæ IOHANNES CLOT. Un Allemand de ce nom était alors employé à la Monnaie de Gênes. » (*GM.*)

d. II, 123, 16. Médaille de BATTISTA VERCELLESE.

« Le nom de ce personnage était BATTISTA DE' VIERI, de Vercelli, dit Battista Vercellese. C'était un habile chirurgien. Impliqué dans une conjuration contre Léon X, il fut écartelé à Rome en 1517. » (*GM.*)

e. II, 123, 17. Médaille de GATTINARA, de Vercelli.

L'exemplaire de cette médaille, dans la collection T. W. Greene, a un revers dont la légende commence par les mots « SOLA . FIDES . TERRIS... »; le reste est illisible. Un phénix entouré de flammes sur un autel, dont une face porte le mot FIDES.

VENISE
ET LA
VÉNÉTIE

(II, p. 124 à 127.)

ADDITIONS.

VENISE (LEONARDO LOREDANO, doge de).

A. Dia. 32. « LEONARDVS . LAVREDANVS . DVX . VENETIAR. » — ℟ « LAVRE . DATO . VT . SOLITA . ES . VENETIS . NOVA . SERTA . TRIVMPHIS. »

Au droit : Buste à gauche du doge Lorédan, sans barbe, avec la corne et la robe ducales. — Au revers : Un trophée d'armes au pied d'un laurier; dans le fond, un combat de cavaliers. — Musée royal de Parme.

GRIMANI (DOMENICO), Vénitien, né en 1463; cardinal en 1493 + 1523.

B. « DOMINICVS . GRIMANVS . CAR . S . MARCI. » — Sans ℟.

Buste de Domenico Grimani. — Médaille plus grande et de plus fort relief que celle de Mazzuchelli.

BALANZANO (PIETRO), Vénitien.

C. Dia. 60. « PETRO . BALANZANO. » — ℟ « NVLA . EST . REDENCIO. »

Nous renvoyons, pour la description de cette médaille, au deuxième volume, p. 128, n° 3, où elle a été mise à tort.

BEMBO (BENEDETTO) et URSA, sa femme.

D. Dia. 50. « D . BENEDICTVS . BEMBVS. » — ℟ « VRSA . VXOR. »

Au droit : Buste à gauche de Benedetto, sans barbe, cheveux longs, coiffé d'un bonnet, vêtu d'une robe. — Au revers : Buste à gauche d'Ursa, tête nue, les cheveux tombant sur ses épaules, maintenus à la hauteur de l'oreille par une tresse nouée par derrière. Les légendes sont gravées en creux. — Cabinet royal de Berlin.

MARCELLO (Fr. Antonio), de Cherso + 1526. Il fut évêque de Cittanuova en 1521.

E. Dia. 51. « F . ANT . MARCELLVS . PROV . S . ANTO . MINIST. » — ℞ « OM . BO . MA. »

Au droit : Buste à gauche de Marcello. — Au revers : Figure de Pallas avec la haste et le bouclier. — Collection Rossi.

PESARO (Girolamo).

F. Dia. 30. « HIERONIMVS . PISAVRVS . R . F . PROC. » — ℞ « TERRAE . FIRMAE . PROVISOR. »

Au droit : Buste à gauche de Girolamo Pesaro, coiffé d'un bonnet. — Au revers : Inscription. — Vente Gutekunst, Stuttgart, 1885.

MÉDAILLES

DE

PERSONNAGES DU PREMIER QUART DU XVIe SIÈCLE

DONT LE LIEU D'ORIGINE NOUS EST INCONNU

(II, p. 127 à 130.)

ADDITIONS.

FRANCINA.

A. Dia. 33. « F . FRANCINAE . FORMOSISS . SIMVLACRVM. » — ℞. « IGNIS . OMNIA . VORAT . IPSAM . RECREAT. »

Au droit : Buste à droite de Francina, tête nue, les cheveux retenus par un ruban noué derrière la tête. — Au revers : Le phénix sur un bûcher. — Cabinet impérial de Vienne.

ROSA (Scipione).

B. Dia. 76. « SCIPIO . ROSA . EQ. » — Sans ℞.

Buste à gauche de Scipione Rosa, âgé, tête nue, sans barbe, cheveux courts, vêtement à large collet de fourrure, avec chaîne passée dessus. — Musée royal de Parme.

SANC... (Antonio), docteur et chevalier.

C. Dia. 57. « ANTONIVS . SANC . DOCT . EQVES. » — ℟ « NOLI . ME . TANGERE. »

Au droit : Buste à gauche d'Antonio, coiffé d'un bonnet, barbu, vêtu d'une pelisse à collet rabattu. — Au revers : Un serpent enroulé sur lui-même. Au bas, deux branches de laurier et chêne entrelacées. — Musée royal de Parme.

INCONNU.

D. Dia. 70. « NI . IV . PA . AN . XXXVIII . MDXX. » — ℟ Sans légende.

Au droit : Buste à gauche d'un homme, tête nue, barbu, cheveux courts et frisés, vêtu d'une robe. — Au revers : La Fortune nue, tournée à gauche, debout sur une roue brisée, les cheveux épars, soutenant de la main gauche une écharpe qui flotte derrière elle. — Collection J. P. Heseltine, à Londres.

OBSERVATIONS ET RECTIFICATIONS.

La presque totalité de ces observations et rectifications est due à M. G. Milanesi.

a. II, 128, 3. Médaille de Balanzano (Pietro).

Ce personnage était Vénitien; sa médaille a été placée parmi celles des Vénitiens du premier quart du seizième siècle. (Voir III, 205, *C.*)

b. II, 128, 4. Médaille de Buus (Iacobus), de Bruges.

Ce personnage était organiste à Saint-Marc de Venise en 1540. Sa médaille figurera parmi celles des États du Nord, au deuxième quart du seizième siècle.

c. II, 128, 5. Médaille de Capo di Ferro (Marcello).

Ce personnage était Romain, et vivait en 1478. Sa médaille a été placée parmi celles des Romains du quatrième quart du quinzième siècle. (Voir III, 178, *C.*)

d. II, 129, 10. Médaille de Lando (Agostino).

Ce personnage est Agostino Lando, comte de Compiano, et non Landucci. Il fut un des conjurés qui tuèrent Pier Luigi Farnèse en 1547.

Sa médaille sera placée parmi celles des Milanais du deuxième quart du seizième siècle. (Voir III, 224, *J.*)

e. II, 129, 11. Médaille de Maggi (Roberto).

Cette médaille, en raison de sa ressemblance avec celles du « médailleur vénitien de 1523 », a été placée dans l'œuvre de ce maître. (Voir III, 51, *A.*)

f. II, 129, 12. Médaille de Polixène.

Cette médaille, qui a été gravée dans le *Periodico di numismatica e sfragistica* (t. VI, pl. vi, n° 1), a été donnée dans ce recueil comme représentant Polixène, fille du condottiere Gattamelata (vers 1430). Peut-être l'artiste s'est-il inspiré de ce souvenir, ou a-t-il voulu simplement faire une tête de fantaisie avec un nom tiré de l'histoire grecque; en tout cas, on ne peut placer l'exécution de cette pièce avant le seizième siècle, si elle n'est pas d'une époque plus rapprochée de nous. — La même planche offre une autre BELA PVLISENA de même grandeur, avec un buste de jeune femme un peu différent. — Au revers est le buste, sans légende, d'un personnage drapé à l'antique, décoré de la Toison d'or, rappelant les médailles de Charles-Quint. Cette seconde médaille porte d'une manière encore plus marquée le caractère d'un ouvrage moderne.

g. II, 130, 15. Médaille de Simai (Margarita).

Cette médaille, placée au premier quart du seizième siècle par suite d'une erreur d'appréciation, sera reportée au troisième quart.

ALLEMAGNE

ET

ÉTATS DU NORD

(II, p. 131 à 134.)

ADDITIONS.

HONGRIE

HONGRIE (LADISLAS VI ou VII, roi de), prince de Pologne, né en 1456 ; élu roi de Bohême en 1471 ; roi de Hongrie en 1490 + 1516.

A. Dia. 120. « VLADISLAVS . CASIMIRI . POLONIAE . REG . FILIVS . HVNG . ET . BOHEM . ETC . REX . 1517. » — Sans ℟.

Buste de trois quarts à droite de Ladislas, les cheveux longs et flottants, coiffé d'une sorte de calotte, sans barbe, avec un vêtement de riche étoffe, sur lequel passe un collier de perles à deux rangs et une grosse chaîne. — *RZ.*, I, n° 1. — Médaille de restitution.

HONGRIE (LOUIS II ET MARIE D'AUTRICHE, roi et reine de).

B. Dia. 67. « LVDOVICVS . HVNGAR . BOHEM . REX . ANN . AGENS . DVO . DE .VIGESIM. — MDXXIIII. » — Sans ℟.

Buste à gauche de Louis II, cheveux longs, barbe naissante, coiffé d'un chapeau à larges bords, couvert d'un manteau par-dessus une chemisette plissée, avec le collier de la Toison d'or. — Collection A. Armand.

C. Dia. 41. « LVDOVIC . VNGA . EC . REX . CONTRA . TVRCA . PVGNANDO . OCCVBVIT. — 1526 . ETATIS . SVE . 30. » — 1er ℟ « MARIA . REGINA . EC . QVOS . DEVS . CONIVNXIT . HOMO . NO . SE. »

Au droit : Buste à gauche de Louis II, coiffé d'un chapeau plat à larges bords, barbe courte, cheveux longs. Il porte le collier de la Toison d'or. — Au revers : Buste à droite de Marie, les cheveux pris dans une résille couverte d'un chapeau plat, corsage coupé carrément, avec chemisette à collet droit sur laquelle passe une chaîne. — *VM.*, II, 245. — *H.*, XXVIII, 7.

D. 2ᵉ ℟ « DE . GALLIS . AD . CANNAS. — 1532. »

Combat de cavaliers et de fantassins. — *TN.*, Méd. all., IX, 2.

On ne s'explique pas l'accolement à la médaille de Louis II de ce revers, inspiré sans doute par celui de la médaille de Gonsalve de Cordoue, ouvrage d'Annibal. (Voir I, p. 176, n° 2.)

E. 3ᵉ ℟ « LVD . HVNG . BOEM . ZC . REX . ANV . AGENS . XX . IN . TVRCAS . APVD . MOHAZ . CVM . PARVA . SVORVM . MANV . PVGNAS . HONESTE . OBYT . MDXXVI. »

Un combat de cavaliers. Ce revers, exécuté pour la médaille suivante, n'a pu être appliqué à Louis II qu'en élargissant sa médaille. — Collection A. Armand.

F. Dia. 45. « MARIE . HVNGAR . BOHEM . EQVÆ . REGINÆ . IAM . PRO . CESARÆ . CAROL . V . IN . FLANDRIS . EFFIGIES. » — ℟ Semblable au précédent.

Au droit : Buste à gauche de Marie, les cheveux pris dans une résille couverte d'un chapeau plat, corsage coupé carrément. Ce buste est surmonté d'un arceau supporté par deux pilastres aux côtés desquels sont deux écussons. On remarquera que la légende fait allusion à ses fonctions de gouvernante des Flandres, qu'elle remplit de 1531 à 1555. — *VM.*, II, 246.

G. Dia. 45. « LVDO . VNGAR . BOHE . QVE . REGIS . ET . MARIÆ . REGINÆ . DVLCISS . COIVGIS . AC . PROCES . IN . FLAN. » — ℟ Même revers que les deux médailles précédentes.

Au droit : Bustes affrontés de Louis II et de Marie d'Autriche. Louis II, tourné à droite, barbu, cheveux longs, coiffé d'un chapeau à larges bords, couvert d'un manteau, par-dessus une chemisette plissée, avec le collier de la Toison d'or; Marie d'Autriche, tournée à gauche, les cheveux pris dans une résille couverte d'un chapeau plat, corsage coupé carrément. — *TN.*, Méd. all., IX, 1. — *VM.*, II, 246.

Il est probable que ces portraits de la reine de Hongrie ont servi de modèle à Leone Leoni pour la médaille que nous avons décrite III, 69, *r*.

BAKACS (THOMAS), d'Erdody (Hongrie), archevêque de Gran en 1497; cardinal en 1500; patriarche de Constantinople en 1509 + 1521. Il était primat de Hongrie.

H. Dia. 64. « THOMAS . CAR . STRIGON . VNGAR . PRI-

MAS. » — ℟ « SVM . DEA . VIRTVTI . IVRE . LOCATA . COMES. »

Au droit : Buste à gauche de Thomas Bakacs, tête nue, sans barbe, cheveux plats tombant sur les sourcils, habit ecclésiastique. — Au revers : La Fortune debout sur un dauphin au milieu des flots; elle se dirige à gauche, tenant une voile gonflée par le souffle d'un Zéphire. Ce revers est une imitation de celui employé par le « Médailleur à la Fortune ». (Voir I, p. 98.) — *BG.*, t. Ier, pl. v, n° 28.

DANEMARK

DANEMARK (CHRISTIAN II, roi de), né en 1481; roi en 1513; dépossédé en 1523 + 1559.

I. Dia. 60. « CHRISTIERNVS . IO . FI . D . G. » — ℟ « DAN . SWE . NOR . VAN . GOT . ETC . REX . DVX . S . H . S . D . CO . OLD . ETC . DEL. — A° COR . 1513. — REGN . 9. — OBIIT . 1559. — ÆT . S . 78. »

Au droit : Buste de trois quarts à droite de Christian II, barbu avec cheveux longs et bouclés, coiffé d'un chapeau, vêtu d'un pourpoint et d'une pelisse. — Au revers : Inscriptions sur le champ. — *H.*, xxiii, 5. — Cabinet impérial de Vienne. — Médaille de restitution.

OBSERVATIONS ET RECTIFICATIONS.

a. II, 131, 2. Médaille de Maximilien Ier et de Blanche-Marie Sforce.

Cette médaille est celle dont le souvenir a été conservé à Hall en Tyrol comme étant l'ouvrage d'un médailleur mantouan qui y travaillait en 1506. Nous avons introduit cet artiste dans ce troisième volume, p. 47, ainsi que ses ouvrages, à savoir, la présente médaille et les monnaies qu'il en a tirées.

b. II, 132, 5. Médailles de Jean Greudner.

Ce personnage mourut en 1512.

ESPAGNE

(II, p. 135 à 138.)

ADDITIONS.

FERDINAND V d'Aragon et ISABELLE de Castille.

A. Dia. 30. « FERNANDVS . ET . ELISABET . D . G . REX . ET . R. » — ℟ « SVB . VMBRA . ALARVM . TVARVM . PROTEG. »

Au droit : Bustes affrontés de Ferdinand et Isabelle, la couronne en tête. — Au revers : Écusson aux armes de Castille, Léon et Aragon. Le droit et le revers sont des réductions de la pièce II, 135, nº 5. — Monnaie d'or. — A. Heiss, *Monedas hispano-cristianas*, pl. xx, nº 74.

B. Dia. 22. « QVOS . DEVS . CONIVNGIT . OMO . NON . SEP. » — ℟ « FERNANDVS . ET . HELISAB . DG. — I. — T. »

Au droit : Bustes affrontés et couronnés de Ferdinand et Isabelle. — Au revers : Écusson aux armes de Castille, Léon et Aragon. — Monnaie d'or. — A. Heiss, *Monedas*, etc., pl. xx, nº 69.

PHILIPPE le Beau.

C. Dia. 72. « PHILIPPVS . I . HISP . REX. » — ℟ « QVI . VOLET. »

Au droit : Buste de trois quarts à droite de Philippe le Beau, la couronne en tête, en armure complète, tenant le sceptre de la main droite. — Au revers : Philippe le Beau en armure complète, avec la lance de tournoi, sur un cheval caparaçonné, galopant vers la gauche. — *HG.*, II, pl. 1, p. 55. — *KO.*, III, 1. — Cabinet impérial de Vienne.

LA MOTA (Pedro de), Espagnol, conseiller de Maximilien Ier.

D. Dia. 45. « PETRVS . DE . LA . MOTA . HYSPA . MAX . CAE . AVG . A . CONS. » — ℟ « FORTITVDO . MEA . ET . SPES . MEA . DEVS. »

Au droit : Buste à droite de Pedro de La Mota, tête nue, sans barbe, vêtu d'une robe. — Au revers : Une femme debout, casquée, tenant une palme de la main gauche et posant la droite sur une colonne. — Cabinet national de France.

XIMENES (FRANCISCO) DE CISNEROS.

E. Dia. 57. « FRANCIS . XIMENES . CARD . ARCH . TOL. » — ℟ « VLTIMA . RATIO . REGVM. »

Au droit : Buste à droite du cardinal Ximenès, tête nue et tonsurée, vêtu du camail. — Au revers : Une pièce de canon tournée à droite. — Cabinet impérial de Vienne.

OBSERVATION.

a. II, 138, 15. Médaille d'ELVIRA DE CORDOUE.

Elvira, fille et héritière du grand capitaine Gonsalve de Cordoue, épousa Louis Fernand de Cordoue, son cousin, et mourut en 1524.

FRANCE

(II, p. 139 à 145.)

ADDITIONS.

FRANCE (LOUIS XII, roi de).

A. Dia. 32. « LVDOVICVS . DVX . AVRELIANENSIS. » — — ℞ « MEDIOLANI . AC . AST . DN. »

Au droit : Buste à gauche de Louis XII, cheveux longs, coiffé d'un bonnet. — Au revers : Écusson aux armes de France et de Milan. — Monnaie d'argent. — *ARG.*, I, p. 23, pl. XVI, nº 49.

B. « LVDOVICVS . D . G . FRANC . REX . PAPIÆ . ET . IANVÆ . D. » — ℞ « NON . VTITVR . ACVLEO . REX . CVI . PAREMVS. — MDVII. »

Au droit : Buste de Louis XII, couronné et cuirassé. — Au revers : Une ruche autour de laquelle voltigent des abeilles. — Avignone, nº 299.

ORLÉANS. VALOIS ANGOULÊME (LOUISE DE SAVOIE, femme de CHARLES D').

C. Dia. 100. « LVDOVICA . FRANCISCI . ET . MARGARITAE . PRAECLARA . PARENS. » — Sans ℞.

Buste à droite de Louise de Savoie, le front couvert d'un bandeau; sur la tête, un voile tombant sur les épaules. — Collection A. Armand.

ARBOUVILLE (JEANET D'). Il était châtelain de la forteresse de Santa Croce de Crémone en 1528.

D. Dia. 80. « IANETVS . DARBOVVILLE . DOMINVS . DE . BVNO . CASTELLANVS . ARCIS . SANCTE . CRVCIS . CREMONE . PRO . XPANISSIMO . REGE . FRAN . FRANCOR . REX . AC . MLI . DVCE . H . O . F . F . A . D . 1521. » — ℞ « AVLTRE . NE . VEIL . BVNO. — ECCE . AGNVS . DEI. »

Au droit : Légende écrite sur le champ. — Au revers : Saint Jean-Baptiste debout; dans le champ, un écusson. — Collection Borghesi.

BOURBON (Charles, duc de), né en 1489, fait connétable en 1519, tué à Rome en 1527.

E. Dia. 43 × 32. « DVX . BORBON. » — Sans ℟.

Buste à droite, barbu, la tête couverte d'une résille surmontée d'un chapeau plat, costume civil. La légende est gravée en creux. — *H.*, XXVII, 4. — Collection T. W. Greene.

Nous nous conformons à la tradition en appliquant au connétable de Bourbon cette pièce sans authenticité, mais qui paraît être de la première moitié du seizième siècle.

OBSERVATIONS ET RECTIFICATIONS.

a. II, 140, 12. Médaille de Louis XII et Anne de Bretagne.

Cette médaille appartient à un groupe de pièces de restitution des rois de France dont nous avons déjà donné un spécimen en décrivant (III, 155, N) une médaille de Philippe VI et Blanche de Navarre. Il est facile en rapprochant ces deux pièces de reconnaître qu'elles sortent de la même main. L'artiste lui-même en a fourni la preuve en donnant à son Anne de Bretagne, au lieu des traits bien connus de cette princesse, ceux de la figure de fantaisie de sa Blanche de Navarre.

b. II, 143, 21. Médaille de Girard (Pierre).

Cette médaille, faite en 1518, représente un Français fait cardinal en 1390. Elle a été placée au quatorzième siècle. (Voir III, 156 O.)

c. II, 143, 22. Médaille de Giaffredo.

Le personnage représenté sur cette médaille est Giaffredo (en latin Iaffredus), natif de Cuneo (Piémont). Cette médaille a été placée parmi celles des Piémontais du premier quart du seizième siècle. (Voir III, 204, G.)

d. II, 144, 23. Médaille de Monteniac.

Cette pièce pourrait être attribuée au médailleur vénitien de 1523 (I, 124), dont elle rappelle beaucoup la manière.

e. II, 144, 26. Médaille de Talaru (Jean de).

Cette médaille, faite en 1518, représente un cardinal français + 1395. Elle a été placée au quatorzième siècle. (Voir III, 156, P.)

f. II, 144, 27. Médaille de Vitry (Jacques de).

Cette médaille, faite en 1518, représente un cardinal français qui mourut en 1244. Elle a été placée au treizième siècle. (Voir III, 152, O.)

DEUXIÈME QUART
DU XVI SIÈCLE

ITALIE

FERRARE
ET LES
ÉTATS DE LA MAISON D'ESTE
(II, p. 147 à 150.)

ADDITIONS.

FERRARE

ESTE (Francesco d'), marquis de Massa.

A. Dia. 25. « FRANCISCVS . ESTENSIS. » — ℟ « DVX . IN . HOSTES . PARITER . ET . CLYPEVS. »

Au droit : Buste à droite de Francesco d'Este, tête nue, barbu, cuirassé. — Au revers : Écusson. — Monnaie d'or. — *ARG.*, V, 19, nº 1.

B. Dia. 22. « FRANC . ESTENS . MARCH . MASSAE. » — ℟ « SI . NON . VIRES . ANIMVS . X. »

Au droit : Buste à gauche de Francesco d'Este, tête nue, cuirassé. — Au revers : un Lion tourné à gauche. — Monnaie d'argent. — *ARG.*, V, p. 19, nº 5.

C. Dia. 20. « FRANCISCVS . ESTENSIS. » — ℟ Sans légende.

Au droit : : Buste à droite de Francesco d'Este, tête nue, barbu, cuirassé. — Au revers : Aigle de face. — Monnaie de bronze. — *ARG.*, V, p. 19, nº 8.

D. Dia. 20. « FRAN . EST . MAR . MASSE. » — ℟ Sans légende.

Au droit : Buste à droite de Francesco d'Este, tête nue, barbu, cuirassé. — Au revers : Aigle de face. — Monnaie de bronze. — *ARG.*, V, p. 19, nº 9.

TROTTI (Alfonso).

E. Dia. 66. « ALFONSVS . BR . DE'. TROTT . DVC . FISCI . FE . GVB. » — 1er ℟ « MDXXXIIII. »

Au droit : Buste à gauche d'Alfonso Trotti, coiffé d'un bonnet, avec che-

28

veux longs, vêtu d'un manteau à large collet. — Au revers : Écusson. — Cabinet impérial de Vienne.

Cette médaille avait été placée à tort au quatrième quart du quinzième siècle (voir II, 47, 21).

F. 2e ℟ « TERTIA . IAM . VIVITVR . AETAS. »

Buste à gauche d'une jeune femme, tête nue, avec natte roulée à l'arrière de la tête, cheveux frisés, corsage montant à collet droit et manches bouffantes. — Collection J. C. Robinson.

CARPI

PIO DA CARPI (RODOLFO). Il fut évêque de Faenza en 1528; cardinal en 1536 + 1564.

G. Dia. 68. « RODVLPHVS . PIVS . CARPEN . EPS . PORTV . S . R . E . CAR. » — ℟ « PIETAS . SPECTATA . PER . IGNES. »

Au droit : Buste à droite de Rodolfo, barbu, coiffé de la barrette, vêtu du camail. — Au revers : Énée portant son père Anchise sur ses épaules. — Cabinet impérial de Vienne.

REGGIO

SICCO (MARCO), chanoine de Reggio (Émilie).

H. Dia. 44. « D . MARCVS . SICCVS . CANO . REG . AET . A . XXX. » — ℟ Sans légende.

Nous renvoyons, pour la description de cette médaille, à la page 179, nº 10, du deuxième volume, où elle a été placée à tort parmi les personnages d'origine inconnue.

OBSERVATIONS ET RECTIFICATIONS.

a II, 147, 1. Médaille d'ERCOLE II D'ESTE.

Le revers de cette médaille, représentant le combat de deux cavaliers devant une forteresse, est évidemment l'ouvrage d'une main moderne; mais le droit est une pièce contemporaine d'Hercule II. La collection Gœthe, à Weimar, possède une belle épreuve de ce droit, sur laquelle la légende a disparu, par suite probablement du travail de ciselure que cette pièce a subi.

b. II, 148, 6. Médaille d'ERCOLE II D'ESTE.

Cette médaille appartient à Pastorino. Elle a été placée dans l'œuvre de cet artiste. (Voir III, p. 84, I.)

c. II, 149, 10. Médaille de MARIA CARDONA.

Elle était marquise della Padula, et non de Padola.

d. II, 149, 11. Médaille d'ALFONSINO D'ESTE.

Ce fils naturel d'Alphonse Ier était seigneur de Castelnuovo, et non marquis de Montecchio. Il mourut en 1547, et non en 1587.

e. II, 150, 16. Médaille de MALEGUZZI (IPPOLITO).

Cette médaille appartient à Pastorino. Elle a pris place dans l'œuvre de cet artiste. (Voir III, p. 86, R.)

FLORENCE
ET LA
TOSCANE

(II, p. 150 à 155.)

ADDITIONS.

FLORENCE

MEDICI (ANSOVINO DE'), jurisconsulte, né en 1506 + peu après 1548.

A. Dia. 38. « ANSOVINVS . MEDICES . IVR . CON . ANNO . MDXLI . ÆTAT . VERO . XXXV. » — ℟ « PRVDENS . SIMPLICITAS . AMOR . QVE . RECTI. »

Au droit : Buste à gauche d'Ansovino, barbu, coiffé du bonnet de docteur, vêtu d'une robe. — Au revers : Deux mains tenant un caducée surmonté de deux oiseaux. — *M.*, I, LVI, 4.

MEDICI (IPPOLITO DE'), né en 1511 ; cardinal en 1529 + 1535.

B. « HIPPOLITVS . MEDICES. » — ℟ Sans légende.

Au droit : Dans une guirlande, buste d'Hippolyte de Médicis, tête nue, barbu. — Au revers : Une femme assise devant un autel allumé, sur lequel elle verse la liqueur d'une patère; dans la main gauche, elle tient une corne d'abondance et un rameau. — Galerie de Florence.

« Cette médaille est peut-être l'œuvre d'Alfonso Lombardi. » (*GM.*)

MEDICI (ONOFRIO BARTOLINI DE'), Florentin, archevêque de Pise en 1519 + 1555.

C. « HON . BARTHOL . MED . ARCHIE . PISANVS. » — ℟ Sans légende.

Au droit : Buste de Bartolini, barbu, la tête couverte d'un capuchon. — Au revers : Trois figures de femmes nues. — Soc. colomb.

ALAMANNI (Luigi), poëte florentin, né en 1495 + 1556.

D. Dia. 63. « LVIGI . ALAMANNI. » — Sans R/.

Buste à gauche de Luigi Alamanni, avec longue barbe, coiffé d'un bonnet, vêtu d'une pelisse à collet de fourrure. — Collection G. Dreyfus.

ALBERTI (Leandro), Dominicain, né en 1479 + 1552.

E. Dia. 38. « F . LEANDER . ALB . B . ORD . PRÆD. » — R/ « ILLVSTRATOR . ITALIÆ. »

Au droit : Buste à droite d'Alberti, vêtu du camail. — Au revers : Carte géographique d'Italie. — Cabinet impérial de Vienne.

BANDINI (Francesco), fait évêque de Sienne en 1529 + 1588.

F. Dia. 66. « FRAN . BANDINEVS . ELECTVS . SENEN . ANNO . MDXXXI. » — Sans R/.

Buste de trois quarts à droite de Francesco Bandini, barbu, coiffé de la barrette, vêtu d'une robe. — Cabinet royal de Munich.

BUONARROTI (Michelangelo).

G. Dia. 48 × 36. Sans légende. — Sans R/.

Buste à gauche de Michel-Ange, tête nue, barbu. — Collection T. W. Greene.

PUCCI (Antonio), Florentin, né en 1484; cardinal en 1531 + 1544. Il fut évêque de Pistoie en 1519.

H. Dia. 40. « A . PVCCIVS . CAR . SS . . . » — Sans R/.

Buste à droite d'Antonio Pucci, longue barbe, cheveux courts, coiffé de la barrette, vêtu du camail. — Cabinet impérial de Vienne.

SANSOVINO (Iacopo TATTI, dit).

Cet artiste était né en 1486, et non en 1477.

I. « IACOBVS . SANSOVINVS . SCVLPTOR . FLORENTINVS. » — Sans R/.

Buste de Sansovino, tête nue, barbu.
Cicogna Iscr. Ven., IV, p. 37. — Musée Correr, à Venise.

TEDALDI (Arnolfo), Florentin, né en 1528.

J. « ARNOLFO . THEDALDI . NOBILE . FIORENTINO. » — R/ « MCCXXV . VARCHI. »

Au droit : Buste de Tedaldi jeune, imberbe, les cheveux tombant sur les épaules. — Au revers : Un homme nu (Hercule?) décochant une flèche contre une colonne. — Soc. colomb.

AREZZO

ARETINO (Pietro).

K. Dia. 29. Sans légende. — ℟ « VERITAS . ODIVM . PARIT. »

Au droit : Buste à droite de l'Arétin avec un bonnet. — Au revers : Inscription dans une couronne de laurier. — Collection Rossi.

PISE

BATTAGLINI (Giovanni), antiquaire pisan.

L. Dia. 42. « IO . BATAGLINI . PIS . ANTIQVARII. » — ℟ « DE BONIS . OPERIBVS . LAPIDAMVS . TE. »

Au droit : Buste à droite de Battaglini à l'âge d'environ vingt-cinq ans, tête nue, cheveux frisés, barbe naissante, avec draperie à l'antique. — Au revers : Un château fort, au milieu duquel s'élève un palmier surmonté d'un oiseau. — Cabinet impérial de Vienne.

OBSERVATIONS ET RECTIFICATIONS.

a. II, 153, 9. Médaille de Salviati (Giovanni).

« Cette médaille pourrait être attribuée à Luigi Marmitta de Parme, graveur de pierres dures, qui était au service du cardinal Salviati. » (*GM.*)

b. II, 153, 11. Médaille de l'Arétin.

Cette médaille, attribuée à Leone Leoni, a été placée à la suite de l'œuvre de ce maître. (Voir III, 72, Q.)

c. II, 154, 16. Médaille de Borghesi (Borghese).

Borghesi, jurisconsulte siennois, étant né en 1414, sa médaille a été reportée au quatrième quart du quinzième siècle. (Voir III, 171, F.)

MANTOUE

(II, p. 155 à 158.)

ADDITION.

GONZAGA (Federigo II), cinquième marquis et premier duc de Mantoue).

A. Dia. 57. « FEDERICVS . II . M . MANTVAE . V. » — ℟ « ΟΛΥΜΠΟΣ. — FIDES. »

Au droit : Buste à gauche de Frédéric II, tête nue, cheveux frisés, barbu, cuirassé. — Il ne diffère de celui décrit II, 155, n° 3, que pour avoir la cuirasse au lieu de la draperie. — Au revers : Même revers que la médaille II, 153, 3. — Collection Addington.

RECTIFICATION.

a. II, 156, 4 et 5. Médaille et monnaie de FEDERIGO II GONZAGA.

Un document, en date de Rome le 26 septembre 1522, nous a appris qu'à cette époque Caradosso faisait pour le marquis Frédéric II la médaille au revers du David. Nous avons dû, en conséquence, la supprimer ici et la faire entrer, ainsi que la monnaie, dans l'œuvre de Caradosso. (Voir III, 34, B.)

MILAN ET LE MILANAIS

(II, p. 158 à 162.)

ADDITIONS.

SFORZA (FRANCESCO II), duc de Milan.

A. Dia. 40. « FRANCISCVS . SF . VICECO . DVX . MEDIOLAI . II. » — ℟ « DVX . MLI. — SECONDVS. »

Au droit : Buste à gauche de François II, cheveux longs, coiffé d'un bonnet; en haut, la tête de saint Ambroise. — Au revers : Écusson écartelé de l'aigle et de la guivre, surmonté de la couronne ducale. Sur le champ, les bâtons enflammés et les seaux. En haut, la tête de saint Ambroise entre les lettres S. A. — *GN*., pl. XXII, n° 4.

Cette médaille, du même modèle que celui des « médailles à relief monétaire des ducs de Milan, attribuées à Caradosso », et décrites III, p. 40 et suivantes, ne peut pas appartenir à ce maître, ainsi que nous l'avons expliqué III, p. 41.

B. Dia. 30. « FRANCISCVS . II . DVX . MEDIOLANI . ETC. » — ℟ « NEC . SORTE . NEC . FATO. »

Au droit : Buste à droite de François II, tête nue, barbu, vêtu à l'antique. — Au revers : Un laurier résistant au souffle du vent. En haut, la tête de saint Ambroise. — *GN*., pl. XXII, n° 6.

SFORZA (ASCANIO).

C. Dia. 26. « ASCANIVS . SFORTIA . » — ℟ « TANDEM. »

Au droit : Buste à droite d'Ascanio jeune, imberbe, tête nue, cheveux courts, couvert d'une draperie à l'antique. — Au revers : Une salamandre sur un bûcher. — Cabinet national de France.

Peut-être est-ce l'Ascanio des comtes de Santa Fiora, qui fut chevalier de Saint-Jean de Jérusalem et prieur de Hongrie + 1555.

PIANTANIDA (Pietro), Milanais.

D. Dia. 49. « CAP . PET . PLANTANIDA . AET . AN . XXXVI. » — 1er ℟ « DVM . SPIRITVS . HOS . REGET . ARTVS. »

Nous renvoyons, pour la description, au deuxième volume, p. 179, n° 9, où cette médaille a été mise à tort.

L'exemplaire que possède le Musée impérial de Vienne a un autre revers, dont voici la description :

E. 2e ℟ « DONEC . DEFICIANT. »

Hercule debout, couvert de la peau du lion et armé de sa massue.

TRIVULZIO (Gianfrancesco), né en 1509 + 1573.

F. Dia. 30. « FRANCISCVS . TRIVVLTIVS. » — ℟ « MAR . VIGLE . ET . CASTRI NOVI . C . M. »

Au droit : Buste à gauche de Jean-François Trivulce, enfant, tête nue, cheveux frisés, cuirassé. — Au revers : Écusson aux armes des Trivulce — Monnaie d'argent. — Gnecchi, *Monete dei Trivulzio*, pl. IV, n° 3.

G. Dia. 30. « FRANCISC . TRIVVL . MAR . VIGLE . 7C. » — ℟ « S . BLAXIVS . EPISCOPVS. »

Au droit : Buste à gauche de Jean-François Trivulce, tête nue, sans barbe, cheveux longs bouclés, cuirassé. — Au revers : Saint Blaise assis, mitré et nimbé, bénissant de la main droite, tenant la crosse de la main gauche. — Monnaie d'argent. — Gnecchi, *Monete*, etc., pl. IV, nos 1 et 2.

BRESCIA

DURANTI (Durante), de Brescia, maître de la chambre de Paul III, évêque de Cassano en 1541 ; cardinal en 1544 ; évêque de Brescia en 1551 + 1558.

H. Dia. 35. « DVRANTES . PRÆSVL . CASSAN. » — Sans ℟.

Buste de Durante, cheveux longs, habit ecclésiastique. — Soc. colomb.

PARME

ROSSI (Pier-Maria), deuxième marquis de San Secondo + 1547.

I. Dia. 51. « PETRVS . MAR . R . S . SECVNDI . C. » — ℟ « AVT . TE . CAPIA . AVT . MORIAR. »

Au droit : Buste à gauche de Pierre-Marie Rossi, tête nue, longue barbe, cuirassé. — Au revers : Un guerrier en armure poursuivant la Fortune, qui fuit. — L. Rossi, 4.

Cette médaille avait été placée par erreur II, 19, 2.

PLAISANCE

LANDO (Agostino), de Plaisance, comte de Compiano. Il fut l'un des conjurés qui tuèrent Pierre-Louis Farnèse en 1547 + 1555.

J. Dia. 43. « AVGVS . LAND . COM . COMPL. » — ℟ « IMMOTA . VT . SCOPVLVS . STAT . MEA . SOLA . FIDES. »

Voir pour la description II, 129, 10, où cette médaille avait été placée par erreur avec le nom de Landucci.

GÊNES

CARRETTO (Marcantonio Doria del). Il était fils d'Alfonso Doria, prince de Melfi et amiral d'Espagne. Il vivait en 1536.

K. Dia. 50. « MARCVS . ANT . DE . ORIA . EX . FAM . DE . CARETO . P . MELPHIAE . AET . ANN . LIX. » — Sans ℟.

Au droit : Buste à gauche de Marcantonio. — Avignone, n° 163.

FIESCHI (Pierluca), Génois. Il battit monnaie de 1528 à 1548.

L. Dia. 32. « P . LVCAS . FLISCVS . LAVANIE . CO . DO. » — ℟ « S . TEONES . MARTIR. »

Au droit : Buste à droite de Pierluca Fieschi, cheveux longs, sans barbe. — Au revers : Un saint vu de face, assis, bénissant. — Monnaie d'argent. — *ARG.*, I, p. 67, pl. LVI, n° 2.

M. Dia. 32. « PETRVS . LVCAS . FLISCVS . LA . M . C. » — ℟ Sans légende.

Au droit : Buste à gauche de Pierluca Fieschi, tête nue, cheveux et barbe courts, cuirassé. — Au revers : Un cheval marchant à gauche. — Monnaie d'argent. — *ARG.*, V, p. 15, n° 1.

FIESCHI (Lodovico), frère du précédent, battit monnaie de 1528 à 1532.

N. Dia. 28. « LV . FLISC . LAVANIE . MESERANI . DO. » — ℟ « DEVS . FORTITVDO . MEA. »

Au droit : Buste à droite de Lodovico Fieschi, coiffé d'un bonnet, cheveux longs, sans barbe. — Au revers : Un saint cavalier avec un étendard sur un cheval marchant à droite. — Monnaie d'argent. — *ARG.*, V, p. 15 *bis*, nº 3.

O. Dia. 30. « LVDOVIC . FLISC . LAVANIE . 7C . DO. » — ℟ « S . THEONES . MARTIRI. »

Au droit : Buste à droite de Lodovico Fieschi, tête nue, chauve, cheveux longs, vêtu d'une robe.—Au revers : Un saint vu de face, en habit religieux, assis, la tête nue, nimbé, bénissant de la main droite, une palme dans la main gauche. — Monnaie d'argent. — Collection A. Armand.

GRIMALDI (Niccolo).

P. Dia. 48. « NICOLAVS . GRIMALDVS. » — ℟ « GAVDEO . FVTVRE . MVNITIONIS. — MDXXXXI. »

Au droit : Buste à droite de Grimaldi, barbu. — Au revers : Un homme étendu au pied d'un arbre, tenant un bâton dans la main droite et levant la main gauche vers le ciel. — Cabinet royal de Turin. — Avignone, nº 177.

C'est peut-être le Grimaldi qui fut prince de Salerne, et fut surnommé « il monarca » à cause de ses richesses.

NEGRO (Stefano di), Génois, né en 1504.

Q. Dia. 33. « STEPHANVS . DE . NIGRO . QVILICI . ANNO . AETATIS . SVAE . XXV. » — ℟ « AVXILIVM . MEVM . A . DOMINO . MDXXIX. »

Au droit : Buste à droite de Stefano, tête nue, barbu. — Au revers : Écusson. — Gravé dans l'ouvrage d'Avignone, nº 156.

SAULI (Stefano), Génois, littérateur.

R. Dia. 63 × 53. « STEPHANVS . SAVLIS . GENOVEN. » — Sans ℟.

Buste à droite de Stefano Sauli, barbu, coiffé de la barrette. — Cabinet impérial de Vienne et British Museum.

RECTIFICATION.

a. II, 161, 15. Plaquette de Laura.

Cette plaquette, qui fait le pendant de celle de Pétrarque, décrite III, 153, F, a été placée à la suite de celle-ci. Voir III, 154, G.

NAPLES

(ROYAUME DE)

(II, p. 163 à 165.)

ADDITIONS.

ARAGONA (MARIA D'), femme d'Alfonso II d'Avalos.

A. Dia. 39 × 33. Sans légende. — Sans R̸.

Buste à droite de Marie d'Aragon, les cheveux relevés et couverts d'une résille, corsage coupé carrément, avec chemisette. — *H.*, XXXII, 7. — Collection T. W. Greene.

FRANCO (NICCOLO), de Bénévent, littérateur, né vers 1515.

B. « N . FRANCVS . BENEVEN . ÆT . SVÆ . ANN . XXVII. » — Sans R̸.

Buste de Niccolò Franco, gravé dans son dialogue *della Bellezza*, 1542.

SANSEVERINO (GIANFRANCESCO).

C. Dia. 32. « IOAN . FRANCISCVS . SANSEVERINVS . ARAGO. » — R̸ « ETSI . PLVS . VLTRA . VSQVE . SEQVOR. »

Au droit : Buste à droite de Gianfrancesco, tête nue, barbu, vêtu à l'antique. — Au revers : Une barque à voiles passant entre les colonnes d'Hercule; un enfant (?) nu se tient debout sur l'arrière. — Musée royal de Parme.

Ce personnage est probablement Gianfrancesco Sanseverino, seigneur de Chiavenna, petit-fils du grand condottiere Roberto.

SANSEVERINO (IPPOLITA CIBO, mariée en 1523 à ROBERTO AMBROGIO).

D. Dia. 53. « HINPOLITA . CIBO . CONTESA . DE . CAIAZ. » — R̸ « QVANTO . MAGIS . TANTO . MINVS. »

Au droit : Buste à gauche d'Ippolita âgée, la tête couverte d'un voile, corsage à collet droit. — Au revers : Un rocher au milieu de la mer. — Musée royal de Parme.

OBSERVATIONS ET RECTIFICATIONS.

a. II, 163, 1. Médaille d'AVALOS (ALFONSO II D').

Cette médaille appartenant à Cavino a été placée dans l'œuvre de cet artiste. (Voir III, 78, A.)

Le revers est emprunté à une médaille de Vespasien, imitée de l'antique par Cavino, dans lequel il a seulement substitué la légende AFRICA CAPTA à celle de IVDEA CAPTA.

b. II, 163, 3. Médaille de CARAFFA (VINCENZO).

Cette médaille, qui appartient au médailleur à la marque ⸸, a été placée dans l'œuvre de ce maître. (Voir III, 60, B.)

c. II, 163, 4. Médaille de CASTALDI (GIANBATTISTA).

Cette médaille a été attribuée à Leone Leoni, et placée comme telle à la suite de l'œuvre de ce maître. (Voir III, 72, R.)

d. II, 164, 9. Médaille de MAIO (CESARE ?).

Ce personnage, Napolitain de naissance, était l'un des conseillers de Charles-Quint en 1546.

e. II, 165, 11. Médaille de SPINA (BERNARDO).

Cette médaille a été attribuée à Leone Leoni, et placée comme telle à la suite de l'œuvre de ce maître. (Voir III, 73, T.)

ROME

ET LES

ÉTATS ROMAINS

(II, p. 165 à 172.)

ADDITIONS.

Le pape CLÉMENT VII.

A. Dia. 34. « HODIE . SALVS . FACTA . EST . MVNDO. — CLEMENS . VII . ANNO . IVBILAEI. » — ℟ « ET . PORTAE . CAELI . APERTAE . SVNT. »

Au droit : La Nativité de Jésus-Christ. — Au revers : Le Pape ouvrant la Porte sainte. — *TN.*, Méd. pap., v, 9. — *BO.*, 185, 2, 3.

B. Dia. 23. « CLEMENS . VII . PONT . MAX. » — ℟ « SANC . PETRVS. — ALMA . ROMA. »

Au droit : L'écusson des Médicis, surmonté de la tiare et des clefs. — Au revers : Saint Pierre dans sa barque. — Monnaie d'or. — Collection A. Armand.

C. Dia. 30 × 35. Sans légende. — ℟ « IVSTITIA . EX . DEO. »

Au droit : Les armes des Médicis, surmontées de la tiare et des clefs. — Au revers : Le pape Clément VII à cheval, marchant à droite; deux guerriers sont agenouillés devant lui. — *BO*, I, 185, 15 et 16. — Museo civico, à Bologne.

Le pape PAUL III.

D. Dia. 36. « PAVLVS . III . PONT . OPT . MAX . AN . XVI. » — 3e ℟ « FARNESIA . DOMVS . CVRA . EIVSD . IMPENDIISQ . A . SOLO . EXCITATA. »

Au droit : Buste à droite de Paul III, comme sur la médaille II, 168, 18. — Au revers : Façade du palais Farnèse, à Rome. — *TN.*, Méd. pap., VII, 2. — Cabinet impérial de Vienne. — Museo civico, à Bologne.

E. Dia. 50. « PAVLVS . III . PONT . MAX . MDXXXVII . AN . III. » — Sans ℟.

Buste à gauche de Paul III, vu jusqu'à la ceinture, tête nue et inclinée, chauve, barbu, vêtu de la chape. — Collection A. Armand.

F. Dia. 25. « PAVLVS . III . PONT . MAX. » — ℟ « SANCTVS . PETRVS . ALMA . ROMA. »

Au droit : Buste à gauche de Paul III, tête nue, chauve, barbu, vêtu de la chape. — Au revers : Saint Pierre dans sa barque, tourné à gauche, levant ses filets. — Monnaie d'or. — Collection A. Armand.

G. Dia. 36. « PAVLVS . TERTIVS . PONT . OPT . MAX . AN . XVI. » — ℟ « SECVRITAS . POPVLI . ROMANI. — ALMA . ROMA. »

Au droit : Buste à droite de Paul III, coiffé d'une calotte, vêtu du camail. — Au revers : Une femme assise, tournée vers la droite, et tenant de la main gauche une haste surmontée d'une fleur de lys. — *TN.*, Méd. pap., VIII, 8 le revers. — *BO.*, I, 199, XXV. — Cabinet national de France.

H. Dia. 44. « PAVLVS . III . PONT . MAX . AN . XVI. » — ℟ « AN . IOBILAEO . MDL. — PETRO . APOST . PRINC . C. »

Au droit : Buste à droite de Paul III, tête nue, barbu, vêtu de la chape. — Au revers : La façade de Saint-Pierre, à Rome, suivant le projet de Sangallo. — Cabinet national de France.

Cette médaille appartient peut-être à Cesati.

I. Dia. 43. « PAVLVS . III . PONT . MAX . AN . XVI. — ANNO . IVBILEI . MDL. » — ℟ « PETRO . APOST . PRINC . C. »

Au droit : Le même buste que sur la médaille précédente, sauf un ornement sur la chape remplacé par l'inscription du Jubilé. — Au revers : La façade de Saint-Pierre, à Rome, comme sur la médaille précédente. — *TN.*, Méd. pap., VII, 7.

J. Dia. 45. « DIVVS . PAVLVS . III . PONT . OPT . MAX. » — ℟ « PAVLVS . III . PONT . OPT . MAX. »

Au droit : Buste à gauche de Paul III, tête nue, barbu, vêtu du camail. — Au revers : Buste à gauche de Paul III, tête nue, barbu, vêtu de la chape. — *TN.*, Méd. pap., VII, 9.

K. Dia. 37. « PAVLVS . III . PONT . OPT . MAX . AN . XVI. » — ℟ « TVSCVLO . REST. — RVFINA. — FV. »

Au droit : Buste à droite de Paul III, comme sur la médaille II, 168, 18. — Au revers : Même revers que sur la médaille II, 168, 19. — *TN.*, Méd. pap., VIII, 3. — Collection A. Armand.

ROME.

MAGALOTTI (Gregorio), évêque de Lipari en 1532; de Chiusi en 1534 + 1537.

L. Dia. 79. « GRE . EPS . CLVSIN . ROMAN . PRESES. » — ℟ « STAT . ROBVR. »

Au droit : Buste à droite de Gregorio, coiffé de la barrette par-dessus une calotte, barbu. — Au revers : Une femme nue (la Fortune), debout au milieu des flots, les cheveux épars, le pied gauche posé sur une boule, tenant dans les mains une voile rompue. — Cabinet impérial de Vienne.

VERALLI (Girolamo), Romain, évêque de Caserte en 1541 ; fait cardinal en 1549 + 1555.

M. Dia. 64. « HIER . VERALLVS . DOMINII . VENETIAR . PROPONTIFEX. » — ℟ « HIIS . SERVATIS. »

Au droit : Buste à droite de Veralli, barbu, coiffé de la barrette, vêtu du camail. — Au revers : Un dragon mordant les branches inférieures d'un palmier, sur le haut duquel se tient un griffon. — Cabinet impérial de Vienne.

BOLOGNE.

PANICO (Jacopo de), Bolonais. Il florissait en 1546.

N. Dia. 75. « IACOBVS . III . COMES . DE . PANICO . GEOMĀTES. » — Sans ℟.

Buste à gauche de Jacopo, la tête couverte d'un bonnet en forme de calotte, avec longue barbe, une chaîne passant sur son vêtement. — Museo civico, à Bologne.

ZANETTI (Agostino), de Bologne, évêque de Sébaste. Il vivait encore en 1543.

O. Dia. 68. « AVG . ZANNET . BON . EPS . SEBASTEN. » ℟ « PASTOR . . . ONI . CVSTODI. »

Au droit : Buste à droite de Zanetti, sans barbe, coiffé de la barrette, vêtu du camail. — Au revers : Un berger chassant un loup du milieu de son troupeau. — Musée royal de Parme.

IMOLA.

FRANCUCCI (Innocenzio), d'Imola, peintre. Il mourut vers 1550, à cinquante-six ans.

P. Dia. 70. « INNOCENTIVS . FRANCHVTIVS. » — 1er ℟ « VIRTVTIS . FORMÆQ . PRÆVIA. »

Au droit : Buste à droite d'Innocenzio Francucci, tête nue, barbu, vêtement à collet droit. — Au revers : L'Aurore sur son char attelé d'un cheval ailé. — Cabinet impérial de Vienne.

Ce revers appartient à Jacopo da Trezzo. Voir I, 241, 1.

Q. 2e ℟ « EGO . SVM . VIA . VERITAS . ET . VITA. »

Buste à gauche de Jésus-Christ. — Cabinet impérial de Vienne.

PÉROUSE.

BAGLIONI (Malatesta IV), de Pérouse, né en 1492. Il fut capitaine général des Florentins en 1530 + 1531.

R. Dia. 32. « MALATESTA . BALIONVS . PATER . PATRIE. » — ℟ « INVIDIAM . QVOQVE . SVPERAVI. »

Au droit : Buste à droite de Baglioni, couronné de laurier. — Au revers : Baglioni casqué, vêtu à la romaine, assis, la main gauche appuyé sur une cuirasse, tenant une épée à la main droite. — Cabinet de l'Université, à Pérouse.

URBIN.

ROVERE (Giulia VARANO, première femme de Guidubaldo II della), duchesse de Camerino, puis d'Urbin, née en 1523, mariée en 1535 + 1547.

S. Dia. 24. « IVLIA . DE . VARANO . CAM . DVX. » — ℟ « CLEMENTIS . VII . CLEMENTIA. »

Au droit : Buste à gauche de Giulia Varano, tête nue. — Au revers : Un écusson. — Monnaie d'or. — *ARG.*, V, p. 11, nº 9.

OBSERVATIONS ET RECTIFICATIONS.

a. II, 165, 1. Monnaie du pape Clément VII.

« Cette monnaie est probablement l'ouvrage de Girolamo del Borgo, qui avait l'emploi de *magister stamparum*, ou *sculptor stamparum*, en février 1524 et février 1527. » (*GM.*)

b. II, 166, 4 *bis* et *ter*. Médailles du même pape.

Dans l'appendice de notre deuxième volume (p. 302) nous avons introduit ces deux médailles en avertissant les lecteurs qu'elles devaient être des pièces de restitution. Nous avons reconnu depuis qu'elles appartiennent à Paladino, et nous les avons fait rentrer dans l'œuvre de ce maître. (Voir III, 144, P et Q.)

c. II, 166, 5 et suivantes. Médailles du pape Paul III.

Parmi les nombreuses médailles de Paul III, il doit s'en trouver nécessairement qui appartiennent aux médailleurs dont les œuvres décrites dans notre premier volume contiennent déjà des médailles du même pape; tels sont Leone Leoni (voir I, p. 162, et III, p. 63) et Alessandro Cesati le Grechetto (voir I, p. 171, et III, p. 75). Mais une autre partie, qui n'est peut-être pas la moins importante, doit revenir aux artistes attachés en qualité de graveurs de coins à la Monnaie romaine, savoir : Tommaso Perugino, qui occupa cet emploi de 1534 à 1541; Giovanni Bernardi da Castelbolognese (I, 137, et III, 54), de 1534 à 1545; Giangiacomo Bonzagna (III, p. 101), entré à la Zecca en 1546 seulement, mais qui, aux termes du *motu proprio* de sa nomination, avait déjà réussi mieux que les autres graveurs de médailles et de monnaies à saisir la ressemblance du Pape.

d. II, 166, 6. Médaille du même pape.

Cette médaille a été attribuée et contestée au Grechetto. M. G. Milanesi serait disposé à la donner à Gian Giacomo Bonzagna. Elle fut faite après que Paul III eut soumis les Pérugins, qui s'étaient révoltés à cause de l'impôt sur le sel. Le griffon du revers est l'attribut de Pérouse.

e. II, 170, 32. Médaille de Faustina.

M. G. Milanesi pense que la dernière lettre de la légende du droit est un P et non un R, et lit ainsi cette légende : « FAVSTINA ROMANA (OU ROMANARUM) OMNIUM PULCHERRIMA. »

f. II, 171, 34. Médaille de Lorenzo Campeggi.

Ce personnage était né en 1474.

g. II, 171, 35. Médaille de Tommaso Campeggi.

Ce personnage était Bolonais, et naquit en 1481.

h. II, 171, 36. Médaille de Garganelli (Domenico), Bolonais.

Cette médaille, placée ici par erreur, a été, sur les observations de M. Luigi Frati, reportée au troisième quart du quinzième siècle. (Voir III, 162, E.)

SAVOIE ET PIÉMONT

(II, p. 172 à 173.)

ADDITION.

TIZZONE (Giovan Bartolommeo), devint comte de Desana en 1529 + 1533.

A. Dia. 30. « IO . BART . TICIO . CO . DECI . VIC . IMP. » — ℞ « SANCTVS PETRVS. »

Au droit : Buste à gauche de Giov. Bart. Tizzone, tête nue, sans barbe, cheveux longs et plats, cuirassé. — Au revers : Saint Pierre assis, mitré et nimbé, tenant sa crosse de la main gauche et bénissant de la main droite. — Monnaie d'argent. — *ARG.*, III, p. 71, pl. x. — Collection A. Armand.

OBSERVATION.

a. II, 173, 1. Médaille de Croce (Gianbattista della).

« On peut conjecturer que l'auteur de cette médaille est Gianbattista della Croce lui-même. » (*GM.*)

VENISE

ET

VÉNÉTIE

(II, p. 173 à 177.)

ADDITIONS.

VENISE.

VENISE (Andrea GRITTI, doge de).

A. Dia. 35. « ANDREAS . GRITI . DVX . VENETIAR. » — ℟ « DIVI . FRANCISCI. »

Au droit : Buste à gauche d'Andrea Gritti, coiffé de la corne et vêtu de la robe ducales. — Au revers : Façade de l'église de San Francesco, à Venise. — Cabinet national de France.

Cette médaille pourrait être l'ouvrage d'Andrea Spinelli. Son droit rappelle, en effet, de très-près celui de la pièce de ce médailleur que nous avons décrite I, 155, 4.

BELLUNE.

MARESIUS (Florius), de Bellune.

B. Dia. 60. « FLORIVS . MARESIVS . BELLVNENSIS. » — ℟ « FEROX . A . MANSVETO . SVPERATVS. »

Au droit : Buste à gauche de Maresius, tête nue, barbu, vêtu d'un pourpoint et d'un manteau. — Au revers : Un cheval marchant vers la gauche; un oiseau est posé sur sa croupe. — Collection A. Hess, à Francfort-sur-le-Mein.

Cette médaille et celle de Bolzani (II. 176, 14) sortent de la main d'un même artiste.

OBSERVATIONS.

a. II, 174, 5. Médaille de Bembo (Pietro).

Le Musée royal de Parme possède un exemplaire de cette médaille, réduite à 54 de diamètre, dont la légende du droit a été enlevée et l'inscription CAR BEMBO gravée en creux au revers.

b. II, 175, 8. Médaille de Grimani (Marino).

Cette médaille est au nombre de celles qui ont été attribuées à Cavallerino. (Voir III, 56, D.)

c. II, 175, 13. Médaille de Ramnusio (Paolo) et de Vitalis (Cecilia), sa femme.

Ramnusio était né en 1532 + 1600. Il fut secrétaire de la République de Venise.

30

d. II, 176, 15. Médaille de Taddini (Gabriele).

Gabriele Taddini, de Martinengo, architecte et ingénieur militaire, était né en 1480, et mourut en 1543.

MÉDAILLES
DE
PERSONNAGES DU DEUXIÈME QUART DU XVᵉ SIÈCLE
DONT LE LIEU D'ORIGINE NOUS EST INCONNU.

(II, p. 177 à 179.)

ADDITIONS.

CHIEREGATI (Lodovico), né en 1482 + 1573. Fait archevêque d'Antivari en 1528, résigna en 1551.

A. Dia. 53. « LVDOVICI . CLERICATI . ARCHIEPISCOPI . ANTI. » — Sans ℟.

Buste à gauche de Chieregati, tête nue, longue barbe, vêtu du camail. — Collection A. Armand.

FOSSATO (Giambattista), né en 1500.

B. Dia. 38. « IO . BAPTISTE . DE . FOSSATO . ETATIS . XXXII . A . MDXXXII. » — ℟ Sans légende.

Au droit : Buste à droite de Gianbattista, coiffé d'un chapeau à larges bords, barbe et cheveux courts, avec pourpoint et pelisse. — Au revers : Un écusson dans une couronne de laurier. — Museo civico, à Bologne.

GRATT... (Gianfrancesco).

Franceschina, sa femme.

C. Dia. 79. « GIANFRANCESCO . GRATT. » — ℟ « FRANCESCHINA . SVA . CONSORTE. »

Au droit : Buste à gauche de Gianfrancesco, barbu, avec un vêtement garni de fourrure. — Au revers : Buste à gauche de Franceschina, tête nue, chignon formé d'une natte roulée. — Collection Gœthe, à Weimar.

MORCAT (Girolamo).

D. Dia. 41. « HIERONYMVS . MORCAT . IVR . CONS. » — ℟ « IVSTVS . VT . PALMA . FLOREBIT. »

Au droit : Buste à droite de Girolamo Morcat, tête nue, cheveux courts, barbu, vêtement à collet rabattu. — Au revers : Une femme vue de face, drapée, debout, tenant un glaive dans la main droite et une palme dans la gauche. — Cabinet impérial de Vienne.

NALE (Giovanni di), né en 1511.

E. Dia. 65. « GIOVANNI . DI . NALE. » — ℟ « ETA . DI . XXXIII . ANNI . MDXLIIII . D. »

Au droit : Buste à gauche de Giovanni, tête nue, cheveux et barbe frisés, vêtu d'un pourpoint avec pelisse. — Au revers : Inscription circulaire sur un champ lisse. — Collection T. W. Greene.

NOALI (Luigi), jurisconsulte.

F. Dia. 36. Sans légende. — ℟ « ALOYSIVS . ANOALIS . IVRECONSVLTVS. »

Au droit : Buste à droite de Luigi Noali, tête nue, barbu, cheveux longs. — Au revers : Inscription sur le champ. — Collection G. Dreyfus.

RIZZARDO.

G. Dia. 34. « RIZZAR . DE . SAN . BONI . VÆR . COM. » — Sans ℟.

Buste à droite de Rizzardo de San Bonifacio, tête nue, barbu, cuirassé. — Musée royal de Parme.

SALVALAGLIO (Antonio). Il commandait l'artillerie du château Saint-Ange en 1527.

H. Dia. 49. « AVDAX . ANTONIVS . SALVA . LAIO. » — ℟ « DATVR . A . CELO . FORTVNA. »

Nous renvoyons, pour la description de cette médaille, au deuxième volume, p. 73, n° 1, où elle était placée à tort sous le nom de Antonius.

INCONNU.

I. Dia. 44. « OCVLI . MEI . SEMPER . AD DOMINVM. » — Sans ℟.

Buste à droite d'un homme barbu, cheveux courts, la tête et la poitrine nues. — Cabinet national de France.

INCONNUE.

J. Dia. 69. Sans légende. — Sans ℟.

Buste à gauche d'une femme de trente ans environ, tête nue, avec chignon formé d'une natte roulée, corsage décolleté. — Collection T. W. Greene. — Peut-être est-ce Catarina Sandella, maîtresse de l'Arétin.

OBSERVATIONS ET RECTIFICATIONS.

a. II, 178, 7. Médaille de Merati (Francesco).

« Les lettres I. P. F. qui terminent la légende du droit peuvent signifier : « Iacobus Passarus ou Ioannes Prato. » (*GM.*)

b. II, 178, 8. Médaille de Plancheus.

Peut-être ce personnage est-il Louis Régnier de la Planche, gentilhomme parisien calviniste, auteur d'une *Histoire de l'état de la France sous le règne de François II?*

c. II, 179, 9. Médaille de Piantanida.

Ce personnage, dont le nom est Piantanida, et non Plantanida, étant Milanais, a été placé parmi les Milanais du deuxième quart du seizième siècle. (Voir III, 223, *D.*)

d. II, 179, 10. Médaille de Sicco (Marco).

Ce personnage était un chanoine de Reggio. Il a été placé parmi les Ferrarais du deuxième quart du seizième siècle. (Voir III, 218, H.)

ALLEMAGNE
ET
ÉTATS DU NORD
(II, p. 180 à 184.)

ADDITIONS.

CHARLES-QUINT.

A. Dia. 70. « IMP . CAES . CAROLVS . V . AVG. » — ℟ « MANVS . DOMINI . PROTEGAT . ME. — 1536. »

Au droit : Buste à droite de Charles-Quint couronné de laurier, cuirassé, avec le collier de la Toison d'or. — Au revers : Une main bénissant, sortant d'un nuage. Au bas, la lettre M. — *HG.*, II, XXII, 33. — Cabinet impérial de Vienne.

B. Dia. 25. « CAROLVS . V . ROM . IPM. — A. » — ℟ « MAGNA OPERA . DOM. »

Au droit : Buste à droite de Charles-Quint, barbu, portant la couronne radiée, cuirassé. — Au revers : Une femme drapée marchant vers la gauche; elle porte de la main gauche une corne d'abondance, et dans la main droite une torche avec laquelle elle brûle des livres. — Monnaie d'or. — A. Heiss, *Monedas hispano-cristianas*, II, pl. 125, n° 14. — Collection A. Armand.

C. Dia. 33. « CAROLVS . V . IMPERATOR. » — ℟ « SANCTVS . AMBROSIVS. — MLM. »

Au droit : Buste à droite de Charles-Quint, tête nue, lauré, barbu, cuirassé. — Au revers : Saint Ambroise debout dans ses habits épiscopaux, tenant de la main gauche la crosse et dans la droite le fouet. — Monnaie d'argent. — *GN.*, XXIV, 6. — Collection A. Armand.

Cette monnaie est probablement antérieure à 1542, époque à laquelle Leone Leoni devint graveur des monnaies milanaises.

D. Dia. 17. « CAROLVS . IMP . AVG. » — ℟ Sans légende.

Au droit : Buste à droite de Charles-Quint coiffé d'un chapeau plat, barbu. — Au revers : Les deux colonnes d'Hercule. — Museo civico, à Bologne.

E. Dia. 65. « CAROLVS . V . DEI . GRATIA . ROMAN .

IMPERATOR . SEMPER . AVGVSTVS . REX . HIS . ANNO . SAL . MDXXXVII . ÆTATIS . SVÆ . XXXVII. » — ℞ « PLVS . OVLTRE. — H. — R. »

Au droit : Buste à droite de Charles-Quint tenant le sceptre et le globe.— Au revers : Deux colonnes s'élevant au-dessus de la mer.

Les lettres H — R, nous dit M. G. Milanesi, sont la marque du médailleur ou l'abréviation des mots Hispaniarum Rex.

La même médaille se trouve avec la date de MDXLIII, l'âge de XLIII ans et le diam. 60. — Collection Rossi.

F. Dia. 50. « LVMINA . ET . ORA . CAROLI . V . IMPERATORIS . GERMANIAE . MDXLVIII. » — ℞ « CAESAREAE . MAIESTATIS . CAROL . VIS . ARMA . ET . INSIGNIA. »

Au droit : Buste à gauche de Charles-Quint. — Au revers : Écusson. — Collection Borghesi.

G. Dia. 79. « IMP . CAES . CAROLVS . V . AVG. » — ℞ « VIRTVTIS . PRÆMIVM . VIRTVS. »

Au droit : Buste à droite de Charles-Quint lauré. — Collection Rossi.

H. Dia. 42. « IMP . CAES . CAROLVS . V. » — ℞ « TE . DEVM . LAVDAMVS. — S . AVG. — S . AMB. »

Au droit : Buste de Charles-Quint lauré, cuirassé. — Au revers : Saint Augustin et saint Ambroise, l'un à genoux, l'autre debout. — Soc. colomb.

I. Dia. 42. « CAROLVS . V . IMPERATOR. » — ℞ « ET . INDE . SALVS . VIVE . MEDIOL. »

Au droit : Buste à droite de Charles-Quint. — Au revers : Vue de Milan. Dans le haut, un ange brandissant une épée de feu sur des cadavres. — Collection Rossi.

PAYS-BAS

BUUS (Iacobus), de Bruges. Il était organiste de Saint-Marc à Venise en 1540.

J. Dia. 34. « IACOBVS . BVVS. » — ℞ Sans légende.

Au droit : Buste à droite de Jacobus Buus, tête nue, avec draperie à l'antique, cheveux courts, barbe en pointe. — Au revers : Une femme drapée, assise, tournée à droite. Elle semble soulever le couvercle d'un coffre. — Cabinet national de France.

Cette médaille avait été placée par erreur au deuxième volume, p. 128, nº 4.

TYROL

CLOOS (Bernard), Tyrolien, né en 1484; fait évêque de Trente en 1514; cardinal en 1530 + 1539.

K. Dia. 35. « BERNARD . EPS . TRIDENTIN . ETATIS . SVE . XXXVII. » — ℟ « OMNE . REGNVM . IN . SE . DIVISVM . DESOLABITVR. — 1520. — VNITAS. »

Au droit : Buste à gauche de Bernard Cloos, sans barbe, cheveux longs, coiffé de la barrette. — Au revers : Deux écussons mitrés; au-dessous, un faisceau de verges avec une banderole portant le mot unitas. — Monnaie d'argent. — Coll. Cavriani, pl. II du catalogue. — Galerie de Florence.

L. Dia. 28. « BERNARD . DI . MIS . SRE . TIT . S . STEPH. » — ℟ « IN . CEL . MONT . PBR . CARD . ET . EPS . TRID. — 1530. »

Au droit : Buste à gauche de Bernard Cloos, sans barbe, cheveux longs, coiffé de la barrette, vêtu du camail. — Au revers : Écusson surmonté du chapeau de cardinal. — Monnaie d'argent. — *ARG.*, II, p. 258.

POLOGNE

POLOGNE (SIGISMOND Ier, roi de).

SFORZA (BONA), femme de Sigismond Ier. Elle était née en 1493.

M. Dia. 38. « SIGISMVNDVS . P . REX . POLONIÆ . DVX . LYTVANIÆ . RVSSIÆ . PRVSS. » — ℟ « ET . MAZOVIÆ . ETZ . ANNO . DN . MDXXXVIII . REGN . SVI . XXXII. »

Au droit : Buste à droite de Sigismond Ier, sans barbe, coiffé d'un bonnet en forme de calotte, ceint d'un bandeau ou diadème. Il est couvert d'un riche vêtement sur lequel passe le collier de la Toison d'or. — Au revers : Un écusson avec l'aigle de Pologne. — *RZ.*, I, nº 8. — Cabinet national de France.

N. Dia. 47. « BONA . SFORTIA . REGINA . POLONIAE . INCLITISSIMA . ETA . ANNO . XLV . 1546. » — ℟ « ANNO . VERO . DOMINI . SALVATORIS . NOSTRI . IESV . CRISTI . MDXLV. »

Au droit : Buste à droite de Bona Sforce, tête nue, ornée d'un bandeau ou diadème ; collier de perles. — Au revers : L'écusson de Milan supporté par deux enfants nus et surmonté de la couronne royale. — *RZ.*, I, 13 *a*.

OBSERVATIONS ET RECTIFICATIONS.

a. II, 180, 2. Médaille de CHARLES-QUINT.

Cette rare médaille est au Museo civico de Bologne.

b. II, 181, 3. Monnaie du même empereur.

Cette monnaie, ouvrage de Leone Leoni, a été placée dans l'œuvre de ce maître. (Voir III, 75, Y.)

c. II, 181, 4. Monnaie du même empereur.

Le diamètre de cette pièce est de 28 et non 38 millim. Le dernier mot de la légende du revers est NLI et non MIN. — *GN.*, pl. XXV, nº 1.

d. II, 182, 12. Médaille de CHARLES-QUINT et PHILIPPE II.

Cette médaille est probablement l'ouvrage de Leone Leoni. Elle a été réunie à l'œuvre de ce maître. (Voir III, 71, *P.*)

e. II, 183, 16. Médaille de SIGISMOND Ier, roi de Pologne.

Cette médaille, n'étant pas l'ouvrage d'un artiste italien, ne doit pas être maintenue ici.

ESPAGNE

(II, p. 185 à 186.)

ADDITIONS.

JEANNE LA FOLLE ET CHARLES-QUINT.

A. Dia. 37. « IOANNA . ET . CAROLVS . R . ARA . COMIT . BARCI. » — ℟ « PLVS . OVLTRE. — B. — B. »

Au droit : Bustes affrontés de Jeanne la Folle et de Charles-Quint. Jeanne, avec le voile et la guimpe des veuves; Charles, sans barbe, cheveux longs, petit chapeau. Tous deux sont couronnés. — Au revers : Deux colonnes s'élevant au-dessus de la mer. — Cabinet national de France.

HOMEDES (JUAN DE), Aragonais, fut élu grand maître de l'Ordre de Saint-Jean de Jérusalem en 1538 + 1553.

B. Dia. 57. « F . IOAHNNES . HOMEDES . M . HOSPITALIS . HIERVSALEM. » — Sans ℟.

Buste à gauche de Juan de Homedes, barbu, coiffé d'un bonnet, vêtu d'une robe, avec la croix sur la poitrine. Il tient un rosaire. — Furse, p. 320.

LOYOLA (SAINT IGNACE DE), né en 1491 + 1556. Canonisé en 1622.

C. Dia. 45. « IGNAT . SOCIET . IESV . FVNDAT. » — ℟ « OBIIT . PR . K . AVG . ANN . CIϽIϽLVI . ÆTAT . LXV . CONFIRMATAE . SOCIETATIS . IESV . XVI. »

Au droit : Buste à gauche d'Ignace de Loyola, tête nue, sans barbe, vêtu d'une robe. — Au revers : Inscription sur le champ. — Cabinet national de France.

TORRES (LUIS DE), né à Malaga en 1495; archevêque de Salerne en 1548 + 1553.

D. Dia. 45. « LVDOVICVS . TORRES . ARCHIEPS . SALERNI. » — ℟ « FORTITVDINIS . ET . SVAVITATIS. »

Au droit : Buste à gauche de Luis de Torres, coiffé de la barrette. — Au revers : Une tour s'élevant au milieu d'un paysage. — Collection Gœthe, à Weimar.

RECTIFICATIONS.

a. II, 185, 1. Médaille de JEANNE LA FOLLE ET CHARLES-QUINT.

Cette médaille, qui se trouve au Cabinet national de France, a 76 millimètres de diamètre au lieu de 82. Charles-Quint porte la barbe. Les deux personnages sont couronnés.

FRANCE

(II, p. 187 à 191.)

ADDITIONS.

FRANCE (FRANÇOIS Ier, roi de).

A. Dia. 43. « FRANCISCVS . I . FRANCORVM . REX . C. » — ℟ « DISCVTIT . HAC . FLAMA . FRACISC . ROBORE . METIS . ONIA . P . VICIT . RERV . IMERSABILIS . VD. »

Au droit : Buste de trois quarts à gauche de François Ier, barbu, coiffé d'un chapeau relevé par devant, avec panache; vêtu, par-dessus un pourpoint, d'une pelisse à large collet rabattu. — Au revers : Au milieu d'une couronne de laurier, une salamandre entourée de flammes. En haut, la couronne royale. — *TN.*, Méd. franç., I, IX, 5.

B. Dia. 38. « FRANCISCVS . I . FRANCORVM . REX. » — ℟ « CHRISTIANAE . REIP . PROPVGNATORI. »

Au droit : Buste de trois quarts à droite de François Ier, coiffé d'une toque à plumes, le cou découvert, barbu, vêtu d'un pourpoint à crevés. — Au revers : Une licorne plongeant sa corne dans un ruisseau qui tombe d'un rocher. — *TN.*, Méd. franç., I, X, 5.

C. Dia. 44. « FRANCISCVS . GALL . REX . FORTVNÆ . NOVERCANTIS . VICTOR . INCL. » — Sans ℟.

Buste de trois quarts à droite, presque de face, de François Ier, barbu, cheveux longs, coiffé d'un chapeau plat à panache, pourpoint et pelisse. — Collection T. W. Greene.

D. Dia. 52. « FRAN . I . FRANC . REX. » — ℟ « CONSALVI . AGIDARI . VICTORIA. — DE . GALLIS . AD . CANNAS. »

Au droit : Buste à gauche de François Ier, coiffé d'un bonnet. — Au revers : Combat de cavaliers et de fantassins. Cette face de médaille, dont on ne comprend pas la présence sur une pièce de François Ier, a été empruntée à une médaille de Gonsalve de Cordoue. (Voir I, 176, 2.) — Cabinet royal de Parme.

LENONCOURT (Robert de). Il fut évêque de Châlons en 1535; de Metz en 1551; cardinal en 1538 + 1561.

E. Dia. 31. « RO . CAR . DE . LENONCOVRT . EPI . CATHA-

LAVNEN . PAR . FRANCIAE. » — ℟ « IN . LABORE . QVIES . ANNO . CHRISTI . 1545. »

Au droit : Buste à gauche de Robert de Lenoncourt, tête nue, chauve, avec longue barbe, vêtu du camail. — Au revers : Écusson surmonté du chapeau de cardinal. — *TN.*, Méd. franç., XLIII, 6.

LORRAINE (ANTOINE DE) ET RENÉE DE BOURBON, sa femme.

F. Dia. 45. « ANTHONIVS . D . G . LOTHOR . ET . BAR . DVX. » — ℟ « RENATA . DE . BORBONIA . LOTHOR . ET . BAR . DVCISSA. »

Au droit : Buste à droite d'Antoine, barbu, coiffé d'un chapeau plat, par-dessus une résille; pourpoint avec chemisette, pelisse par-dessus. — Au revers : Buste à gauche de Renée, les cheveux couverts d'une coiffe avec voile tombant sur les épaules; corsage coupé carrément; collier avec médaillon. — Collection A. Armand.

G. Dia. 30. « ANTHON . D . G . LOTHO . ET . BAR . DVX. » — ℟ « MONETA . NANCEII . CVSA. — 1533. »

Au droit : Buste à gauche du duc Antoine, sans barbe, cheveux longs, la couronne en tête, cuirassé. — Au revers : L'écusson de Lorraine. — Monnaie d'argent. — Collection A. Armand.

VILLIERS DE L'ISLE-ADAM (PHILIPPE), grand maître de l'Ordre de Saint-Jean de Jérusalem, né en 1464; élu en 1521 + 1534.

H. Dia. 23. « F . PHVS . DE . LILE . ADAM . M . HOSPLIS . HIERLM. » — ℟ « DA . MIHI . VIRTVTEM . CONTRA . HOSTES . TVOS. »

Au droit : Buste à gauche de Villiers de l'Isle-Adam, barbu, cheveux longs, coiffé de la barrette, vêtu d'une robe, avec la croix de Malte. — Au revers : Écusson aux armes de l'Ordre et de Villiers. — Monnaie d'or. — LAUGIER, *Étude historique sur les monnaies de l'Ordre de Jérusalem.*

RECTIFICATION.

a. II, 191, 23. Médaille de PERRENOT (NICOLAS).

A la suite de la légende du droit ajouter AET . XLVII.

L'exemplaire de cette médaille que possède le Cabinet impérial de Vienne est accompagné du revers suivant :

« SATIABOR . CV . APPARVERIT. »

Dieu dans les nuages, entouré de chérubins.

TROISIÈME QUART
DU XVIe SIÈCLE

ITALIE

FERRARE
ET
ÉTATS DE LA MAISON D'ESTE
(II, p. 193 à 197.)

ADDITIONS.

ESTE (ALFONSO II D'), cinquième duc de Ferrare.

A. Dia. 39. « ALPHONSI . II . FERRARIAE . DVCIS . LIBERALITATI. » — ℟ « HORATIVS . MALEGVTIVS . HVMILIS . SERVVS. — 1576. »

Au droit : Maleguzzi en pourpoint et manteau, tourné à droite, fléchit le genou devant Alphonse II, vêtu à l'antique, assis, étendant la main droite vers une petite forteresse que l'on voit en haut à gauche. — Au revers : Deux têtes de Zéphires soufflant en sens opposé contre un arbre qui s'élève sur un tertre. Le champ de ce revers est traversé horizontalement par une légende illisible. — Collection A. Armand.

MEDICI (LUCREZIA DE'), première femme d'Alfonso II d'Este.

B. Dia. 45. « HOC . MIRVM . EST . IN . NATVRA. » — ℟ « OPTIMA . FIDES. »

Au droit : Buste à droite de Lucrèce de Médicis, tête nue, avec chignon formé d'une natte roulée. — Au revers : Un jeune homme et une jeune femme, tous deux vêtus à l'antique, se donnant la main. — Cabinet impérial de Vienne.

TASSONI (ALFONSO D'ESTE).

C. Dia. 54. « ALFONSO . ESTEN . TASSON. — 1554 . P. » — ℟ « INTEMPESTIVA . VENIS. »

Au droit : Buste d'Alfonso Tassoni. — Au revers : Trois personnages, dont une femme, s'adressent à la Mort, qui s'avance vers eux sous la forme d'un squelette. — Collection Cavriani, 1887.

Le même revers se voit sur une médaille d'Annibal d'Este par Pastorino (voir I, 195, 42). La présente médaille appartient probablement au même artiste.

CARPI

PIO DI CARPI (ERCOLE). Il devint en 1554 seigneur de Sassuolo. Il est mentionné en 1563.

MARINI (VIRGINIA), femme d'Ercole Pio. Elle était fille de Tommaso Marini, Génois, duc de Terranuova.

D. Dia. 54. « HERC . PIVS. — VIRGIN . MARINA . PIA. » — ℞ « FIDES AMORIS. »

Au droit : Bustes conjugués à droite d'Ercole Pio et de Virginia Marini, têtes nues. Hercule est barbu, avec vêtement à collet droit et petite fraise; Virginia a un corsage à grande collerette et un collier. — Au revers : Deux colombes sur un arbre touffu. — Cabinet impérial de Vienne.

MODÈNE

RANGONI (TOMMASO), dit Filologo.

E. Dia. 18. « THOMAS . RANGONVS . RAVEN. » — ℞ « LEO . IMPERAT . SOL . ET . APOLLO. »

Au droit : Buste à gauche de Tommaso, tête nue, barbu, vêtu d'une robe. — Au revers : Apollon assis, avec le carquois au côté, couronne un lion. — Collection A. Armand.

OBSERVATIONS ET RECTIFICATIONS.

a. II, 193, 1. Médaille d'ALFONSO IIº D'ESTE.

Cette médaille, qui appartient à Pastorino, a été placée dans l'œuvre de ce maître. (Voir III, 84, *J*.)

b. II, 194, 8. Médaille de LUCREZIA DE' MEDICI.

Cette médaille, attribuée à Domenico Poggini, a pris place dans l'œuvre de ce maître. (Voir III, 123, *E*.)

c. II, 195, 10. Médaille de GUARINI (ALESSANDRO).

Cette médaille, qui appartient à Pastorino, a pris place dans l'œuvre de ce maître. (Voir III, 85, *N*.)

d. II, 195, 11 et 12. Médailles de PIGNA (GIANBATTISTA).

Ces deux médailles, qui appartiennent à Bombarda, ont pris place dans l'œuvre de ce maître. (Voir III, 97, *G* et *H*.)

e. II, 195, 13. Médaille de RONCHEGALLI (GIOVANNI).

Cette médaille, attribuée à Pastorino, a pris place à la suite de l'œuvre de ce maître. (Voir III, 89, *II*.)

FLORENCE

ET LA

TOSCANE

(II, p. 197 à 201.)

ADDITIONS.

MEDICI (Cosimo I° de'), premier grand-duc de Toscane.

A. Dia. 33. « COSMVS . M . R . P . FLOR . DVX . II. » — ℟ « S . IOANNES . BATISTA. »

Au droit : Buste à droite de Cosme Ier, tête nue, barbu, cuirassé. — Au revers : Saint Jean-Baptiste assis, vu de face. — Monnaie d'argent. — *ARG.*, V, p. 50.

MEDICI (Giovanni de'), fils de Cosme Ier, né en 1542; fait cardinal en 1560 + 1562.

B. « IOAN . MEDICES . CARD . COSMI . F. » — ℟ « RELIG . DEI . DONVM . DECVS . OMNE . MEORVM. »

Au droit : Buste de Jean de Médicis. — Au revers : Figure de la Religion. « Cette médaille était la reproduction d'un médaillon en stuc, ouvrage de Giuliano Guigni, dit Il Rosso. Cosme Ier en avait fait faire un exemplaire en or qui n'existe plus. » (*GM.*)

FLORENCE

BELTRAMINI (Niccolo di Mario), jurisconsulte florentin, né en 1523 + 1582.

C. Dia. 47. « NICOLAVS . BELTRAMINVS . COLLEN . CIV . FLO . MDLX. » — ℟ « PIS . NEAP . SEN . IVS . DIXIT . ET . INTERPRET . EST . AN . ET . XXXVI. »

Nous renvoyons, pour la description de cette pièce, au deuxième volume, p. 95, nº 10, où elle a été placée par erreur.

CANACCI (Giuliano).

D. Dia. 62. « IVLIANVS . CANACCIVS. » — ℟ « ITA . ET . VIRTVS. »

Au droit : Buste à gauche de Giuliano, coiffé d'un bonnet, sans barbe, vêtu d'une robe boutonnée. — Au revers : Un arbre chargé de fruits. — Museo civico, à Bologne.

LENZONI (FRANCESCO), Florentin.

E. Dia. 46. « FRANC . LENZONIVS . . . SENAT . FLOREN. » — ℞ « PRVDENTIA . RETENTA. »

Au droit : Buste à gauche de Francesco Lenzoni, tête nue, barbu, vêtu d'une robe à collet de fourrure. — Au revers : Une femme nue (la Fortune?), les cheveux au vent, debout sur un piédestal; elle tient une écharpe flottante. Auprès du piédestal est une roue. — Cabinet national de France.

AREZZO

CAMAIANI (PIETRO), d'Arezzo. Il fut évêque de Fiesole en 1551, d'Ascoli en 1566 + 1579.

F. Dia. 45. « PETRVS . CAMAIANVS . EPS. » — ℞ Sans légende.

Au droit : Buste de Camaiani, tête nue, barbu, vêtu de l'habit ecclésiastique. — Au revers : Deux personnages s'embrassant. — Soc. Colomb.

CETONA

CONTILE (LUCA), de Cetona (Toscane), littérateur, né en 1505 + 1574.

G. « LVCAS . CONTILIS . CITONIVS. » — ℞ « ARDENS . AD . ÆTHERA . VIRTVS. »

Au droit : Buste de Luca Contile. — Au revers : Une montagne élevée et escarpée, au sommet de laquelle est une figure de femme (la Vertu). — Musée impérial de Vienne.

SAN GIMIGNANO

CORTESI (ANTONIO), de San Gimignano.

H. « ANTONIVS . CORTESIVS. » — ℞ « NE . VLTRA . VIRES . QVIRES . 1552. »

Au droit : Buste d'Antonio, la tête nue. — Au revers : La chute de Phaéton. Au bas est une figure couchée avec une corne d'abondance. — Galerie de Florence.

SIENNE

BALDI (CALIDONIA), de Sienne. Elle vivait à Florence en 1567.

I. Dia. 37. « CALIDONIA . BALDA. » — ℞ « FATVM . NON . AMOR. »

Nous renvoyons, pour la description de cette médaille, au deuxième volume, p. 230, nº 2, où elle a été placée par erreur.

BORGHESI (Marcantonio), Siennois, né en 1504 + 1574. Avocat consistorial à Rome, il fut le père de Camillo Borghesi, le pape Paul V.

J. « M . ANT . BVRG . ADVOC . CONCI. » — Sans ℟.

Buste de Marcantonio Borghesi, barbu, les cheveux courts. — Soc. Colomb.

TOLOMEI (Camilla Saracena).

K. Dia. 52. « DIVA . CAMILLA . SARACENA . DE . PTOLOMEIS. » — Sans ℟.

Buste à gauche de Camilla, la tête couverte d'une résille. — Collection Bardini.

OBSERVATIONS ET RECTIFICATIONS.

a. II, 197, 1, 2 et 198, 3. Médailles de Cosimo I° de' Medici.

Ces trois médailles, qui sont attribuées à Domenico di Polo, ont été placées à la suite de son œuvre. (Voir III, 57, *A*, *B*, *C*.)

b. II, 198, 5 à 12, et 199, 13 à 19. Médailles de Cosimo I° de' Medici.

Ces quinze médailles, qui appartiennent à Galeotti, ont pris place dans l'œuvre de ce maître. (Voir III, p. 110, de *L* à *T*, et p. 111 de *X* à *CC*.)

c. II, 199, 20. Médaille d'Eleonora di Toledo.

« Cette médaille, avec un paon au revers, est l'ouvrage de Domenico Poggini. Cela résulte clairement d'un compte de travaux faits par cet artiste pour le duc Cosme Ier. » (*GM.*)

Il nous est difficile d'admettre l'opinion de M. G. Milanesi. Domenichi ne mentionne aucune médaille d'Éléonore de Tolède parmi les ouvrages de Dom. Poggini. Il n'aurait pu oublier une pièce aussi importante, surtout quand il parlait de la médaille de Luigi di Toledo, frère de la duchesse. Rappelons-nous que sur sa médaille Éléonore est représentée jeune, ce qui donne lieu de croire que ce portrait a été fait dans les premiers temps de son mariage, c'est-à-dire vers 1540. C'est à peu près l'époque qui correspond à la médaille au revers du Capricorne, et aux autres ouvrages de Domenico di Polo. En cherchant l'auteur de la médaille d'Éléonore, il faudrait donc penser plutôt à Domenico di Polo qu'à Domenico Poggini.

d. II, 200, 24, 25. Médailles de Doni (Anton Francesco).

La médaille n° 24, qui appartient à Abondio, a pris place dans l'œuvre de ce maître. (Voir III, 128, *E.*)

La médaille n° 25, qui appartient à Gaspero Romanelli, a pris place dans l'œuvre de ce maître. (Voir III, 103, *A.*)

MANTOUE

(II, p. 201 à 203.)

OBSERVATION.

a. II, 202, 3 et 4. Médailles de Camillo Gonzaga et de Barbara Borromeo, sa femme.

« Les médailles de Camillo Gonzaga et de Barbara pourraient être l'ouvrage de Pastorino, qui, précisément à cette époque, était graveur de la monnaie de Novellara. » (*GM.*)

MILAN ET LE MILANAIS

(II, p. 203 à 213.)

ADDITIONS.

MILAN

BARENGO (Gianfrancesco), Milanais. Il fut évêque de Larino de 1551 à 1555.

A. Dia. 60. « IO . FRANCISCVS . BARENGVS . EL . LARINEN. » — ℟ « VIRTVTI. »

Au droit : Buste à gauche de Gianfrancesco, tête nue, cheveux courts, barbu, vêtu d'une robe. — Au revers : Minerve debout, tournée à gauche, casquée, armée de la lance et du bouclier. — Museo civico, à Bologne.

BIRAGO (Guido).

B. Dia. 55. « GVIDO . BIRAGHVS . BARZANORE . PREPOSITVS. — AN . 25. » — ℟ « GVIDA . MI . FORTVNA. »

Au droit : Buste à gauche de Guido, tête nue, cheveux et barbe courts, pourpoint boutonné sur lequel est un vêtement à collet rabattu. — Au revers : La Fortune nue, debout sur un dauphin au milieu des flots. — Cabinet national de France.

FIGINO (Iacopo Antonio), Milanais.

FIGINO (Girolamo), peintre milanais.

C. Dia. 36. « IAC . ANT . FIGINVS . MDLV. » — ℟ « HIERONIMVS . FIGINVS . MDLXII. »

D. Dia. 36. « HIERONIMVS . FIGINVS . MDLXII. » — ℟ « OMNIS . IN . HOC . SVM. »

Nous renvoyons le lecteur, pour la description de ces deux médailles, au deuxième volume, p. 232, nos 13 et 14, où elles ont été placées par erreur.

GRASSI (Costantino), Milanais, et BOSSI (Clemenza).

E. « Dia. 65. « CONSTANTINVS . CRASSVS . ÆTATIS . ANN . XXVI. » — ℟ « CLEMENTIA . DE . BOSSIS . ÆTATIS . SVE . ANN . XVII. »

Nous renvoyons le lecteur, pour la description de cette médaille, au deuxième volume, page 232, no 15, où elle a été mise à tort.

MORONI (Giovanni), cardinal, fait évêque d'Ostie en 1570.

F. Dia. 48. « IO . CAR . MORONVS . EPIS . OSTIEN. » — ℟ « SIMPLEX . ET . CALENS. »

Au droit : Buste à gauche de Giovanni Moroni, tête nue, barbu, vêtu du camail. — Au revers : Un oiseau sur un globe auquel sont attachés un rameau et une verge. — Cabinet impérial de Vienne.

G. Dia. 45. « IOANNES . CARDINALIS . MORONVS. » — 3e ℟ « BELLI . ET . PACIS . AMATOR. »

Au droit : Buste à gauche de Moroni, comme sur la médaille II, 204, 6. — Au revers : Mars et la Paix. — Avignone, no 308.

RESTA (Alessandro), Milanais (?), né en 1529.

H. Dia. 50. « ALESSANDRO . RESTA . AETA . 45. — 1574. » — ℟ « O . M . E . IN . PARADISO. — LETABOR . IN. »

Au droit : Buste d'Alessandro, coiffé d'un grand bonnet. — Au revers : Le Christ en croix et un homme étendu à terre. Les premiers mots de la légende (Odie Mecum Eris In Paradiso) sortent de la bouche du Christ, et les deux derniers de la bouche de l'homme étendu à terre. — Soc. Colomb.

SERBELLONI (Gabriello), l'un des capitaines de Charles-Quint. Il fut général de l'Église sous Pie V. Il était à Lépante. ✝ 1580, à l'âge de plus de soixante-dix ans.

I. Dia. 75. « GABRIELI . SERBELLONO . S . P . Q . R. » — ℟ « VRBE . COMMVNITA. »

Au droit : Une femme casquée en armure (la Ville de Rome?), assise sur des armes, tournée à droite, tenant une Victoire sur sa main gauche. — Au revers : Vue cavalière de la ville de Rome. — Musée royal de Parme.

SFORZA (Alessandro), des comtes de Santa Fiora, fait cardinal en 1565 + 1581.

J. Dia. 46. « ALEX . SFORTIA . CARD . S . MARIÆ . MAIORIS . ARCHIPR . APERVIT . ET . CLAVSIT . ANNO . IVBILEI . MDLXXV. » — ℟ « CONSTITVIT . EVM . DOMINVM . DOMVS . SVÆ. — ROMA. »

Au droit : Inscription sur le champ dans une couronne de fleurs, avec les armes des Farnèse. — Au revers : La Porte sainte du Jubilé. — Musée royal de Parme.

SOLA (Paolo), Milanais, fils de Girolamo.

K. Dia 74. « PAVLVS . SOLEA . MEDLSIS . HIER . F . ETA . XXIII. » — ℟ « IN . SVMMITATE . MELIORA. »

Au droit : Buste à gauche de Paolo Sola, tête nue, cheveux courts, barbe naissante, vêtu d'un pourpoint boutonné, à collet droit avec petite fraise. — Au revers : Un palmier s'élevant sur la cime d'un rocher escarpé. — Collection du Musée Brera.

VISCONTI (Fabio), fils de Gaspare, des comtes de Trebbia. Il fut conseiller de Philippe II, et testa en 1569.

L. Dia. 62. « FABIVS . VICECOMES . ÆTAT . ANN . LI. » — ℟ « ARMA . PETO . HONORE . AQVIRAM. »

Au droit : Buste à gauche de Fabio Visconti, la tête nue, cheveux et barbe courts, cuirassé, avec écharpe. — Au revers : Un homme à demi nu avec draperie flottante, un genou en terre et le bras droit levé, semble invoquer Mars assis sur un nuage et prêt à lui donner une épée. — L. Visc., pl. xi.

ZERBI (Gianmichele).

M. Dia. 53. « IO . MICHAEL . ZERBVS . MLNSIS . ÆTAT . SVE . XXV. » — ℟ « QVÆ . TIBI . DEBETVR . GRATIA . NON . MIHIMET. »

Au droit : Buste à gauche de Gianmichele Zerbi, tête nue, barbu, cheveux courts et frisés, vêtu d'un pourpoint avec petite fraise. — Au revers : Une femme à genoux devant un temple, entourée d'instruments de musique; elle lève ses bras au ciel. Même revers que la médaille II, 206, 17. — Collection Hess de Francfort-sur-le-Mein.

BRESCIA

MARTINENGO (Alfonso), de Villaclara.

N. Dia. 63. « ALPHONSVS . MARTINENGVS . DE . VILLA . CLARA. » — ℟ « SEMPER . INVICTA. »

Au droit : Buste à gauche d'Alphonse Martinengo, tête nue, cheveux courts, barbu, couvert d'une draperie à l'antique. — Au revers : Une femme assise sur le globe terrestre, tournée à gauche, couronnée et drapée, tenant le sceptre et la corne d'abondance. — Cabinet impérial de Vienne.

GÊNES

ALBARA (Giuseppe), de Gênes.

O. Dia. 42. « GIVSEPPE . ALBARA . GENOVESE. » — Sans ℟.

Buste à droite d'Albara, tête nue, barbu, cuirassé, avec écharpe. — Avignone, nº 225. — Cabinet impérial de Vienne.

CARRETTO (Alfonso II del), marquis de Finale; + 1583.

P. Dia. 38 × 31. « ALPH . II . PRINC . ET . VIC . PER . S . RI . MAR . FINA . CLASTI . CO . 1564. » — ℟ « PROBANTVR . FORTES . IMPETV. »

Au droit : Buste à droite d'Alphonse, tête nue, cheveux frisés, cuirassé, avec écharpe et petite fraise. — Au revers : Un rocher s'élevant au milieu des flots. En haut, on voit les têtes de deux Vents soufflant en sens contraire. — Avignone, nº 165. — Cabinet national de France.

RAVASCHERI (Gianfrancesco), des comtes de Lavagna.

Q. Dia. 48. « ABBAS . IOAN . FRANC . RAVASCHER . EX . COMITIB . LAVANIAE. » — ℟ « PLVS . RELIQVIS . DATA . POMA . PLACENT. »

Au droit : Buste à droite de Ravascheri, tête nue, barbu, vêtu d'une robe. — Au revers : Ravascheri tenant dans les plis de sa robe des fruits qu'il offre à un personnage armé à la romaine. — *TN.*, Méd. all., XIX, 10.

SPINOLA (Marcantonio), Génois. Il fut fait en 1560 comte de Tassarola.

R. Dia. 72. « MARCVS . ANT . SPINOLA . COMES . TASSAROLI. — 1567. » — ℟ « SVSTINE. »

Au droit : Buste à gauche de Marcantonio, tête nue, barbu, cuirassé, avec écharpe et petite fraise. — Au revers : Atlas supportant le monde. — Olivieri, *Monete degli Spinola*, pl. I. — Avignone, nº 185.

SAVONE

ROVERE (Giulio della), de Montefeltro, cardinal d'Urbin.

S. Dia. 39. « IVLIVS . CAR . VRBI. » — ℞ « ΑΦΘΙΤΟΝ . ΕΑΡ. »

Au droit : Buste à gauche du cardinal, jeune, sans barbe, cheveux courts, coiffé de la barrette, vêtu du camail. — Au revers : A gauche, une femme drapée, à demi couchée; à droite, un jeune homme debout, le bras droit étendu, semble répandre sur elle une pluie de fleurs. — Cabinet impérial de Vienne.

PARME

Octave FARNÈSE et Marguerite d'AUTRICHE.

T. Dia. 34. « OCTAVIVS . FAR . PAR . ET . PLA . DVX . II. » — ℞ « DVCIBVS . ISTIS . 1554. »

Au droit : Buste à gauche d'Octave Farnèse, tête nue, barbu, cuirassé. — Au revers : Les trois Grâces posant les pieds sur un écusson. Cette médaille est d'un très-faible relief. — Cabinet impérial de Vienne.

U. Dia. 37. « OCTAVIVS . FARNESIVS. » — ℞ « OMNIBVS . HIS . SOLVS. »

Au droit : Buste à droite d'Octave Farnèse, tête nue, sans barbe, cuirassé. — Au revers : Un triomphateur entouré de guerriers portant des enseignes dans un char attelé de trois chevaux marchant à droite. — Cabinet impérial de Vienne.

V. Dia. 61. « MARGARITA . AVSTR . C. . . . . FIL . ÆT . S . AN . XXXV. » — Sans ℞.

Buste à droite de Marguerite, la tête couverte d'une draperie tombant sur les épaules, corsage ouvert, manche bouffant à l'épaule. — Collection A. Armand. — Cette médaille appartient probablement à Jacopo da Trezzo.

X. Dia. 33. « MARGARETA . AB . AVSTRIA . D . P . P. » — ℞ « VT . INTER . SIDERA. »

Au droit : Buste à droite de Marguerite d'Autriche, coiffée d'un bonnet, corsage à collet droit. — Au revers : Une fleur éclairée par le soleil. — Cabinet impérial de Vienne.

PLAISANCE

MUSSO (Cornelio), de Plaisance.

Y. Dia. 60. « CORNELIVS . MVSSVS . BOTVNT. » — 4° ℟ « VT . CANDIDVS . OLOR. »

Au droit : Buste à droite de Cornelio Musso, comme sur la médaille II, 212, 47. — Au revers : Un cygne tourné à gauche. — Cabinet impérial de Vienne.

OBSERVATIONS ET RECTIFICATIONS.

a. II, 204, 6. Médaille du cardinal Moroni.

Le diamètre de cette médaille est de 48 millimètres, et non de 45.

b. II, 205, 13. Médaille de Francesco Taverna.

Francesco Taverna fut grand chancelier de l'État. Il naquit en 1488 + 1560.

c. II, 206, 15. Médaille de Carlo Visconti.

« On peut conjecturer que cette médaille est l'ouvrage du Milanais Francesco Tortorino, graveur en cristal de roche. Tortorino fit plusieurs ouvrages de cristal de roche pour le cardinal Carlo Visconti. Voir Bertolotti, *Artisti lombardi a Roma*, II, p. 317. » (*GM.*)

d. II. 206, 17. Médaille de Michele Maria Zerbi.

Ajouter au commencement de la légende du revers le mot QUÆ.

e. II, 208, 24. Médaille d'Anna Maurella, d'Isco.

L'exemplaire de cette médaille dans la collection Ricard, de Marseille, a le revers suivant, sans légende :

Les trois déesses du Jugement de Pâris.

Le diamètre de cette pièce est de 65 millimètres au lieu de 60.

f. II, 209, 31. Médaille de Gianbattista Spinola.

Ce personnage fut sénateur de la république en 1576 et 1588. Sa médaille est gravée dans Olivieri, *Monete degli Spinola*, pl. XIX.

g. II, 209, 32. Médaille de Giulio della Rovere, de Montefeltro.

La légende du droit de cette médaille « IVL . FEL., etc. », doit se lire « IVLius . FELtrius », et non « IVLius . FELIX ».

h. II, 210, 37. Médaille d'Octave Farnèse.

On rencontre aussi la même médaille avec un autre revers, sans légende. Il présente le buste d'une jeune femme, tête nue, dont la coiffure et l'ajustement rappellent beaucoup les types reproduits par Ruspagiari et le médailleur S. (Voir Ire partie, pages 213 et 215.) Celle-ci a pour signe caractéristique une sorte de mentonnière qui se rattache au-dessus des oreilles. — Collection Feuardent.

i. II, 210, 38. Médaille de Marguerite d'Autriche.

Cette médaille, qui appartient à Galeotti, a pris place dans l'œuvre de cet artiste. (Voir III, 107, *G*.)

j. II, 211, 43. Médaille d'Alessandro Farnese, cardinal.

Le droit de cette médaille appartient à Pastorino, et figure déjà dans l'œuvre de cet artiste. (Voir I, 196, 45.)

Le revers, ainsi que nous le fait observer M. Umberto Rossi, paraît être une invention de Luckius, répétée par Van Mieris et Litta d'après sa gravure, sans avoir été mise à exécution.

NAPLES

(ROYAUME DE)

(II, p. 213 et 214.)

ADDITIONS.

ACQUAVIVA (Claudio), des comtes et ducs de Nardo + 1584.

A. Dia. 67. « CLAVDIVS . AQVAVIVA. » — Sans ℟.

Buste à gauche de Claudio, tête nue, barbu, cheveux courts, cuirassé, avec écharpe. — Musée royal de Parme.

ARAZOLA (Fabio), de Mondragone.

B. Dia. 46. « FABIVS . ARAZOLA . DE . MONDRAG. » — ℟ « NEC . VNDA . NEC . PESV. »

Au droit : Buste à droite de Fabio, tête nue, barbu, cheveux courts, cuirassé, avec écharpe. — Au revers : Un palmier chargé d'un bloc s'élevant au milieu des eaux. — Collection Feuardent.

AVALOS (Inigo d'), deuxième fils d'Alphonse II d'Avalos et de Marie d'Aragon; fait cardinal en 1561 + 1600.

C. Dia. 72. « INICVS . AVALVS . CAR . ARAGONIVS. » — ℟ « ANT . SRE . PRB . CARD . GRANVELANVS. »

Au droit : Buste à gauche d'Inigo d'Avalos, tête nue, tonsuré, barbe naissante, vêtu du camail. — Au revers : Buste à droite du cardinal de Granvelle, tête nue, barbu, avec le camail.

CARAFFA (Carlo), né en 1517; fait cardinal en 1555 + 1561.

D. Dia. 79. « CAROLVS . CARAFA . S . R . E . CARD. » — Sans ℟.

Buste à gauche de Carlo Caraffa, barbu, tête nue, vêtu du camail. — Cabinet impérial de Vienne.

COSTANZO (ANGELO), Napolitain, poëte et historien, né en 1507 + 1570.

E. Dia. 40. « ANG . CONSTANCIVS. » — ℞ « ADVERSIS . SVIS . CLARVS. »

Au droit : Buste de Costanzo, tête nue, barbu, cuirassé. — Au revers : Inscription. — Soc. Colomb.

SPINELLI (CARLO). Il fut fait duc de Seminara en 1557.

F. Dia. 35. « CAROLVS . SPINELLVS . DVX . SEMINARIÆ . — 1562. » — ℞ « CARLOPOLIS . FVNDATIO. — 1564. »

Au droit : Buste à droite de Carlo Spinelli, tête nue, barbu, cuirassé, avec petite fraise. — Au revers : Vue cavalière d'une ville fortifiée. — Collection A. Armand.

G. 2e ℞ « NONDVM . IN AVGE. »

Le système planétaire. — Cabinet national de France.

OBSERVATION ET RECTIFICATION.

a. II, 213, 3. Médaille d'IPPOLITA GONZAGA.

« Cette médaille est donnée à Leone Leoni par Lomazzo. » (*GM.*)

b. II, 214, 5. Médailles d'ALFONSO CARAFFA.

La date portée sur la légende du droit est 1565, et non 1561.

ROME

ET LES

ÉTATS ROMAINS.

(II, p. 214 à 222.)

ADDITIONS.

Le pape JULES III.

A. Dia. 60. « IO . MARIA . AR . SIPONT . GB . P . III . P . M . ALVMNVS. » — ℞ Sans légende.

Au droit : Buste à droite de Giammaria del Monte, barbu, coiffé de la barrette, vêtu du camail. — Au revers : Même sujet que sur la médaille II, 214, 1; mais le mouvement des deux figures est différent, et la figure de la Prudence est nue au lieu d'être drapée. — Cabinet impérial de Vienne.

B. Dia. 44. « IVLIVS . III . PONT . MAX . AN . IUBILEI. » — 2ᵉ ℟ « MDL . APERVIT . ET . CLAVSIT. — ROMA. »

Au droit : Buste à droite de Jules III, comme sur la médaille II, 215, 3. — Au revers : La porte du Jubilé avec une petite croix. — *BO.*, I, 243, 5. — Collection T. W. Greene.

C. Dia. 27. « IVLIVS . III . PONT . MAX . ANNO . I. » — ℟ « AN . IVBILEI . APERVIT . ET . CLAVSIT. — MDL. »

Au droit : Buste à droite de Jules III, tête nue, vêtu de la chape. — Au revers : La Porte sainte murée. — Cabinet national de France.

D. Dia. 27. « IVLIVS . TERTIVS . PONT . OPT . MAX. » — ℟ « DIVO . PETRO . APOST . PRINCIPI . A . MDL. »

Au droit : Écusson aux armes du Pape, surmonté de la tiare et des clefs. — Au revers : Buste à gauche de saint Pierre, nimbé. — Cabinet national de France.

E. Dia. 27. « IVLIVS . III . PONT . M . AN . III. » — ℟ « GENS . ET . REGNVM . QVOD . NON . SERVIERIT . TIBI . PERIBIT. »

Au droit : Buste à droite du Pape, barbu, coiffé de la tiare, vêtu de la chape. — Au revers : Inscription sur le champ dans une couronne de laurier. — Cabinet national de France. — Museo civico, à Bologne.

F. Dia. 23. « IVLIVS . III . PONT . M . AN . III. » — ℟ « PAX . ITALIAE . RESTITVTA. »

Au droit : Buste à droite du Pape, tête nue, barbu, vêtu de la chape. — Au revers : Une femme assise, tournée vers la gauche, ayant une couronne sur la tête, tient de la main gauche une corne d'abondance, de la main droite un rameau d'olivier. — *BO.*, I, 243, 6.

G. Dia. 29. « IVLIVS . III . PONT . MAX . ANNO . III. » — ℟ « NVLLA . CARIOR. — BONONIA. »

Au droit : Buste à droite de Jules III, barbu, vêtu de la chape sur laquelle est écrit : « SVRGE ROMA. » — Au revers : Une femme (la ville de Bologne) assise à gauche, appuyée sur un trophée d'armes, et tenant un livre à la main. — *BO.*, I, 243, 25. — *TN.*, Méd. pap., IX, 8. — Cabinet national de France.

H. 2ᵉ ℟ « SECVRITAS . POPVLI . ROMANI. — ALMA . ROMA. »

Une femme demi-nue, assise; devant elle est un autel. — *BO.*, I, 243, 28. — Collection Rossi.

I. Dia. 60. « IVLIVS . III . PONT . MAX . ANNO . IIII. » — ℟ « NOS . AVTEM . POPVLVS . EIVS . ET . OVES . PASCVE . EIVS. »

Au droit : Buste à gauche du Pape, barbu, coiffé d'une calotte, vêtu du camail avec une étole par-dessus. — Au revers : Des brebis sur une montagne, rentrant au bercail. — *BO.*, I, 243, 10. — *TN.*, Méd. pap., IX, 10.

J. Dia. 33. « IVLIVS . III . PONT . MAX . ANN . IIII. » — ℟ « S . PETRVS . S . PAVLVS. »

Au droit : Buste à droite de Jules III, tête nue, barbu, vêtu de la chape. Au bas, une palme et une branche de laurier croisés. — Au revers : Saint Pierre tenant les clefs, suivi de saint Paul, sortant d'un édifice à colonnes. — *BO.*, I, 243, 18. — Cabinet impérial de Vienne.

K. Dia. 33. « IVLIVS . III . PONT . MAX . ANN . IIII. » — ℟ « FONS . VIRGINIS. — VILLAE . IVLIAE. »

Au droit : Buste à droite de Jules III, tête nue, barbu, vêtu de la chape. — Au revers : Vue de la Vigne du pape Jules à Rome. — *TN.*, Méd. pap., IX, 9. — *BO.*, I, 243, 24. — Cabinet impérial de Vienne. — Museo civico, à Bologne.

L. Dia. 30. « IVLIO . III . P . M . CAMERA . APOST. » — ℟ « PORTVS . ET . REFVGIVM . NATIONVM. »

Au droit : Buste à droite de Jules III, tête nue, barbu, vêtu de la chape. — Au revers : Vue du port d'Ostie. — *BO.*, I, 243, 16. — Cabinet impérial de Vienne. — Museo civico, à Bologne.

M. Dia. 26. « IVLIVS . III . PONT . MAX. » — 1er ℟ « DIVO . PETRO . APOST . PRINCIPI. »

Au droit : Buste à droite de Jules III, tête nue, barbu, vêtu de la chape. — Au revers : Buste à gauche de saint Pierre nimbé. — *BO.*, I, 243, 19. — Cabinet national de France.

N. 2e ℟ « EGO . SVM . VIA . VERITAS . ET . VITA. »

Buste de face du Christ tenant un globe crucifère et bénissant. — *BO.*, I, 243, 12. — Cabinet national de France.

O. 3e ℟ « HILARITAS . PVBLICA. »

Femme debout avec une palme et une corne d'abondance. — *BO.*, I, 243, 7. — Cabinet national de France.

P. 4e ℟ « BEATI . QVI . CVSTODIVNT . VIAS . MEAS. »

Buste à gauche du Christ nimbé. — Cabinet national de France.

Le pape MARCEL II.

Q. Dia. 30. « MARCELLVS . II . PONT . MAX. » — 1er ℟ « CLAVES . REGNI . CELOR — ROMA. »

Au droit : Buste à gauche de Marcel II, tête nue, barbu, vêtu de la chape. — Au revers : Jésus-Christ donnant les clefs à saint Pierre. — *TN.*, Méd. pap., x, 4. — *BO.*, I, 259, 2.

R. 2e ℟ « HILARITAS . PONTIFICIA. — ROMA. »

Une femme debout tenant de la main gauche une corne d'abondance, la main droite tenant une palme; à droite, un baril qui éclate. — *BO.*, I, 259, 5.

S. 3e ℟ « MARCELLVS II . PONT . MA. »

Un écusson surmonté de la tiare et des clefs. — Cabinet national de France.

T. Dia. 50. « MARCELLVS . II . PONT . MAX . AN . I. » — Sans ℟.

Buste à droite de Marcel II, tête nue, barbu, vêtu de la chape. — Cabinet impérial de Vienne.

Le pape PAUL IV.

U. Dia. 35. « PAVLVS . IIII . PONT . MAX . AN . I. » — ℟ « NE . DETERIVS . VOBIS . CONTINGAT. »

Au droit : L'écusson de Paul IV, surmonté de la tiare et des clefs. — Au revers : Jésus s'adressant à plusieurs personnages qui l'implorent. — *BO.*, I, 263, 11. — Musée de Parme.

V. Dia. 67. Sans légende. — Sans ℟.

Buste à droite de Paul IV, barbu, coiffé de la calotte, vêtu du camail; la main droite levée, bénissant. — *TN.*, Méd. pap., x, 6.

X. Dia. 42. « PAVLVS . IIII . PONT . MAX. » — ℟ Sans légende.

Au droit : Buste à droite de Paul IV, barbu, coiffé de la calotte, vêtu du camail. — Au revers : L'écusson des Caraffa surmonté de la tiare et des clefs. — *TN.*, Méd. pap., x, 5. — *BO.*, I, 263, 2.

Y. Dia. 35. « PAVLVS . IIII . PONT . OPT . MAX. » — ℟ « BEATA . SPES. »

Au droit : Buste à droite du pape Paul IV, barbu, coiffé de la calotte, vêtu du camail. — Au revers : Une femme debout, drapée, tenant des fleurs. — *BO.*, I, 263, 13.

Z. Dia. 34. « PAVLVS . IIII . PONT . OPT . M. » — 1er ℞ « NE . DETERIVS . VOBIS . CONTINGAT. »

Au droit : Buste à gauche de Paul IV, barbu, coiffé de la calotte, vêtu du camail. — Au revers : Jésus bénissant des personnages, les uns à genoux, les autres debout. — *BO.*, I, 263, 11.

AA. 2e ℞ « DISCITE . IVSTITIAM . MONITI. »

Une femme debout (la Justice) tenant de la main droite une balance, de la gauche une épée. — *BO.*, I, 263, 10.

Le pape PIE IV.

BB. Dia. 28. « PIVS . IIII . PONT . MAX . A . I. » — ℞ Légende hébraïque.

Au droit : L'écusson des Médicis, surmonté de la tiare et des clefs. — Au revers : Buste à gauche de Jésus-Christ. — *TN.*, Méd. pap., XIII, 7. Le revers.

CC. Dia. 30. « PIVS . IIII . PONT . MAX . A . I. » — 1er ℞ « ROMA . RESVRGENS. »

Au droit : L'écusson des Médicis, surmonté de la tiare et des clefs. — Au revers : Une femme debout (Rome) casquée, tenant une lance et un bouclier, au milieu de trophées d'armes. — *BO.*, I, 271, 6.

DD. 2e ℞ « ANNONA . PONT. »

Une femme demi-nue, debout, tenant une statuette de Minerve et une corne d'abondance; à gauche, une corbeille d'épis; à droite, un navire. — Cabinet national de France.

EE. Dia. 31. « PIVS . IIII . PONTIFEX . MAX. » — 1er ℞ « INSTAVRATA. »

Au droit : Buste à droite de Pie IV, tête nue, barbu, vêtu de la chape. — Au revers : Vue cavalière du château Saint-Ange et de ses fortifications. — *BO.*, I, 271, 20. — *TN.*, Méd. pap., XII, 7.

FF. 2e ℞ « ROMA . RESVRGENS. »

Une femme debout casquée, tenant une lance et un bouclier, au milieu de trophées d'armes. — *BO*, I, 271, 6.

GG. 3e ℞ « PORTA . PIA. — ROMA. »

La Porta Pia, à Rome. — *BO.*, I, 271, 14. — Museo civico, à Bologne.

HH. Dia. 46. « PIVS IIII . PONT . OPT . MAX . A . II. » — ℞ « INDVLGENTIA . PONT. »

Au droit : Buste à gauche de Pie IV, tête nue, barbu, vêtu de la chape. —

Au revers : Le Pape sur son trône, délivrant des prisonniers. — *BO.*, I, 271, 4.

II. Dia. 37. « PIVS . IIII . PONTIFEX . MAXIMVS. » — 1er ℟ « SCHOLARVM . EXAEDIFIC. »

Au droit : Buste à gauche de Pie IV, tête nue, barbu, vêtu de la chape. — Au revers : Édifice supporté par un portique. — *BO.*, I, 271, 27. — *TN.*, Méd. pap., XIII, 4.

JJ. 2e ℟ « SVMMI . PALATII . CVBICVLA. »

Façade d'un palais. — *BO.*, I, 271, 19 — *TN.*, Méd. pap., XII, 6.

KK. 3e ℟ « PIO . IIII . PONT . MAX . S . P . Q . BON. »

Le pape Pie IV, sur son trône, foule aux pieds une hydre. — *BO.*, I, 271, 5.

LL. 4e ℟ « VIRGINI . MATRI. »

Façade d'une église. — *BO.*, I, 271, 21. — *TN.*, Méd. pap., XIII, 3.

MM. 5e ℟ « FORVM . CARNARIVM. »

Une porte monumentale. — *BO.*, I, 271, 18.

NN. 6e ℟ « SAPIA . INTRA . NOVVM . ALVEVM . COERCITO. »

Un fleuve (le Saino) couché. Allusion à la réparation des levées du Saino. — *BO.*, I, 271, 28. — *TN.*, Méd. pap., XIII, 2.

OO. 7e ℟ Sans légende.

Un taureau marchant vers la droite, couronné par un ange. — *BO.*, I, 271, 33.

PP. Dia. 34. « PIVS . IIII . PONTIFEX . MAXIMVS. » — ℟ « DIVE . CATHERINE . TEMPLVM . ANNO . CHRISTI . MDLXI. »

Au droit : Buste à gauche de Pie IV, tête nue, barbu, vêtu de la chape. — Au revers : Façade de l'église de Sainte-Catherine. Ce revers se trouve sur une autre médaille de Pie IV, par Bonzagna. (Voir I, 225, 22.) — Cabinet impérial de Vienne.

QQ. Dia. 36. « PIVS . IIII . PONT . MAX . O . P. » — ℟ « SECVRITAS . POPVLI . ROMANI. »

Au droit : Buste à droite de Pie IV, tête nue, barbu, vêtu de la chape. — Au revers : Une femme demi-nue, assise auprès d'un autel antique, tenant un sceptre. — *BO.*, I, 271, 8.

RR. Dia. 31. « PIVS . IIII . PONTIFEX . MAX. » — ℟ « MENDICIS . IN . PTOCHOTROPHIVM . REDVCTIS. »

Au droit : Buste à droite de Pie IV, tête nue, barbu, vêtu de la chape. —

Au revers : Une femme assise, recueillant deux enfants nus; deux autres sont derrière elle. — *BO.*, I, 271, 23. — Museo civico, à Bologne.

SS. Dia. 43. « PIVS . IIII . PONT . MAX. » — ℟ « MEMORIAE . OPT . PONTIFICIS. »

Au droit : Buste à droite de Pie IV, barbu, coiffé de la calotte, vêtu du camail. — Au revers : L'écusson des Médicis, surmonté de la tiare et des clefs. — Cabinet national de France.

Le pape PIE V.

TT. Dia. 29. « PIVS . V . PONTIFEX . MAX. » — ℟ Légende hébraïque.

Au droit : L'écusson des Ghislieri, surmonté de la tiare et des clefs. — Au revers : Buste à gauche de Jésus-Christ. — *TN.*, Méd. pap., XIII, 7.

UU. Dia. 31. « PIVS . V . PONT . MAX. » — ℟ « ANNONA . PONT. »

Au droit : L'écusson des Ghislieri, surmonté de la tiare et des clefs. — Au revers : Femme debout, drapée, tenant une Victoire de la main droite et une corne d'abondance de la gauche. A droite, une proue de navire; à gauche, une corbeille remplie d'épis. — Cabinet national de France.

VV. Dia. 43. « PII . V . PONT . MAX . ANN . SAL . ∞ DLXXI.. » — ℟ « FOEDERIS . IN . TVRCAS . SANCTIO. »

Au droit : Buste à gauche de Pie V, tête nue, barbu, vêtu de la chape, les mains jointes. — Au revers : Trois femmes personnifiant l'Espagne, la république de Venise, la papauté, entrelacent leurs mains. A l'exergue, un aigle, l'agneau pascal et un lion. — Même revers que celui décrit I, 246, 21, où il forme une médaille hybride. — *BO.*, I, 291, 9. — Museo civico, à Bologne.

XX. Dia. 49. « PIVS . V . PONT . MAX . A . D . MDLXXI. » — ℟ « DEXTERA . DOM . FECIT . VIRTVTEM. »

Au droit : Buste à gauche de Pie V, tenant dans la main droite un crucifix. — Au revers : La bataille navale de Lépante. — *BO.*, I, 291, 12.

YY. Dia. 36. « PIVS . V . GHISLERIVS . BOSCHEN . PONT . M. » — 1er ℟ « DEXTERA . TVA . DOM . PERCVSSIT . INIMICVM . 1571. »

Au droit : Buste à gauche de Pie V, coiffé de la tiare, vêtu de la chape, bénissant de la main droite. — Au revers : Combat naval de Lépante. Même revers que celui décrit I, 226, 33. — *BO.*, I, 291, 11. — *TN.*, Méd. pap., XV, 4.

ZZ. 2e ℟ « NE . DETERIVS . VOBIS . CONTINGAT. »

Le Christ s'adressant à une foule de suppliants. — Même revers que celui décrit I, 226, 35. — *BO*., I, 291, 7. — *TN*., Méd. pap., XV, 1.

AAA. Dia. 28. « PIVS . V . PONTIFEX . MAX . A . VI. » — 1er ℟ « IN . FLVCTIB . EMERGENS. »

Au droit : Buste à gauche de Pie V, tête nue, barbu, vêtu de la chape. — Au revers : La Pêche miraculeuse. — *BO*., I, 291, 5.

BBB. 2e ℟ « BEATI . QVI . CVSTODIVNT . VIAS . MEAS. »

Buste à gauche du Christ nimbé. — *BO*., I, 291, 22.

CCC. 3e ℟. Sans légende.

Jésus lavant les pieds aux apôtres. — Musée royal de Parme.

DDD. Dia. 28. « PIVS . V . PONTIFEX . MAX. » — 1er ℟ « IN . FLVCTIB . EMERGENS. »

Au droit : Buste à gauche de Pie V, tête nue, barbu, vêtu de la chape. — Au revers : La Pêche miraculeuse. — *BO*., I, 291, 5. — *TN*., Méd. pap., XIV, 4.

EEE. 2e ℟ « DOMINE . QVIS . SIMILIS . TIBI. »

Buste à gauche du Christ nimbé. — *BO*., I, 291, 23.

FFF. Dia. 41. « PIVS . V . GHISLERIVS . BOSCHEN . PONT . M. » — ℟ « S . DOMIN . S . CATERIN . S . THOM . AQ . S . HIACIN . S . RAIMVN. — B . MARG . SAVOIA. »

Au droit : Buste à gauche de Pie V, barbu, coiffé de la tiare, vêtu de la chape, la main droite bénissant. — Au revers : Saints prosternés et entourant la Vierge qui tient l'Enfant Jésus. — *BO*., I, 291, 26. — *TN*., Méd. pap., XIV, 2.

GGG. 2e ℟ « HOC . VOVI . DEO. — VT . FIDEI . HOSTES . PERDEREM . ELEXIT . ME. »

Le combat naval de Lépante. — *TN*., Méd. pap., XIII, 10. — Museo civico, à Bologne.

HHH. Dia. 41. « PII . V . PONT . MAX . ANN . SAL . ∞ DLXXI. » — ℟ « VIATORVM . SALVTI »

Au droit : Buste à gauche de Pie V, tête nue, barbu, vêtu de la chape, les mains jointes. — Au revers : Un pont sur une rivière torrentueuse. — Musée royal de Parme.

III. Dia. 39. « B . PIVS . V . GHISLERIVS . BOSCHEN .

PONT . M. » — ℟ « COLLG . GHISLERIVM . A . B . PIO . V . PAPIÆ . ERECTVM . AN . 1569. »

Au droit : Buste à gauche de Pie V, barbu, coiffé de la tiare, vêtu de la chape. — Au revers : Façade d'un édifice. — *BO.*, I, 291, 8. — Museo civico, à Bologne.

Cette pièce, bien que datée 1569, a été faite après 1672, date de la béatification du Pape. La même observation s'applique à la suivante.

JJJ. Dia. 85. « B . PIVS . V . P . O . M. » — Sans ℟.

Buste à gauche de Pie V, barbu, coiffé de la tiare, vêtu de la chape. La tête est entourée de rayons. — Collection A. Armand.

ROME

CESARINI (Giuliano), Romain.

KKK. Dia. 40. « IVLIANVS . CAESARINVS. » — ℟ « NON . IMPVLSVM. — 1562. »

Au droit : Buste à droite de Cesarini, tête nue, barbu, cuirassé, avec écharpe. — Au revers : Un foudre ailé. — Musée royal de Parme.

Cette médaille avait été donnée sans revers, II, 231, 7.

CESI (Federigo), né en 1501 ; fait cardinal en 1544 + 1565.

LLL. Dia. 61. « FEDERICVS . EPS . PORTVENSIS . S . R . E . CARDIN . CÆSIVS. — MDLXIIII. » — ℟ « ILLA . IMMOTA . MANET. »

Au droit : Buste à droite de Federigo Cesi, tête nue, barbu, vêtu du camail. — Au revers : Un arbre battu par les vents. — Cabinet impérial de Vienne.

ORSINI (Giulia).

MMM. Dia. 52. « IVLIA . VRSINA. » — Sans ℟.

Buste à gauche de Giulia Orsini, tête nue, chignon formé d'une natte roulée. — Collection Douglas, à Glasgow.

C'est peut-être la même personne que la Giulia Orsini, femme de Baldassare Rangoni. (Voir I, 185.)

ORSINI (Gianfrancesco), comte de Pitigliano + 1567.

NNN. Dia. 37. « IO . FRANC . . . . VR . PET . COMES. » — Sans ℟.

Buste à droite de Gianfrancesco Orsini, tête nue, cheveux courts, barbu, cuirassé, avec petite fraise. — Collection du British Museum.

ORSINI (Paolo Giordano), Romain, né entre 1535 et 1540; fait duc de Bracciano en 1560 + 1585.

OOO. Dia. 50. « PAVLVS . IORDAN . VRSINVS. » — ℞ « SIC . NVNQVAM . ASPICIAM . QVEM . SEMPER . AMABO. 1557. »

Au droit : Buste de Paolo Giordano, tête nue, cheveux courts, cuirassé, avec un collier. — Au revers : Buste d'un jeune homme, cheveux longs, habit civil. — Soc. Colomb.

BOLOGNE

LEONI (Domenico), médecin. Il professait à Bologne en 1559 + 1592.

PPP. Dia. 42. « DOMINICVS . DE . LEONIBVS. » — ℞ « HIC . EST . VASVS . AMORIS. »

QQQ. Dia. 48. « DOMINICVS . DE . LEONIBVS. » — Sans ℞.

Nous renvoyons le lecteur au deuxième volume, p. 270, nos 15 et 16, pour la description de ces médailles, qui y ont été placées par erreur.

MARESCALCHI (Fulvio), sénateur bolonais, florissait en 1573.

RRR Dia. 42. « FVLVIVS . MARESCALCVS . ARCIS . PERVSIAE . CVSTOS. » — ℞ « NVLLVM . NVMEN . ABEST. — MDLXXIII. »

Au droit : Écusson aux armes de Marescalchi. — Au revers : Le dragon des Boncompagni tenant un globe dans ses griffes, et surmonté de la tiare. — Museo civico, à Bologne.

ROSSI (Gian Galeazzo) de Monte, Bolonais, vivait en 1572.

SSS. Dia. 50. « IO . GAL . ROSCIVS . DE . MONTE . CO . ET . EQ . BONON . ET . CIVIS . LVCEN. — 1572. » — Sans ℞.

Buste à droite de Giangaleazzo Rossi, tête nue, barbu, petite fraise, pourpoint à collet droit. — Cabinet impérial de Vienne.

FANO

RUSTICUCCI (Francesco Maria), de Fano, né en 1534 + 1587. Il fut évêque de Venosa en 1566; de Fano, en 1567.

TTT. Dia. 45. « FRANC . M . RV . PROT . APP . CARD .

RVST . PATRVVS. » — ℞ « TEMPORE . PII . V . MEM . ETERNE . DEO . OPT . M. »

Au droit : Buste à gauche de Rusticucci. — Au revers : Un temple à deux ordres, orné de quatre statues. — Collection Borghesi.

RIETI

VETTORI (Mariano), de Rieti.

UUU. Dia. 43. « MARIANVS . VICT . EIVS . SERVVS. » — ℞ « MAGNVM . ECCL . LVMEN. »

Au droit : Buste à droite de Mariano, comme sur la médaille II, 221, 37. — Au revers : Saint Jérôme agenouillé, comme sur la médaille II, 221, 37. — Collection A. Armand.

OBSERVATIONS ET RECTIFICATIONS.

a. II, 214, 1 et suivants. Médailles du pape Jules III.

« Les médailles de Jules III pourraient être attribuées au Grechetto et à Giangiacomo Bonzagna, qui étaient graveurs de la monnaie pontificale à cette époque. » (*GM.*)

b. II, 215, 4 et 5. Médailles du même pape.

Ces deux médailles appartiennent à Giangiacomo Bonzagna, et ont pris place dans l'œuvre de cet artiste. (Voir III, 102, *A* et *C.*)

c. II, 215, 6. Médaille du même pape.

La façade de Saint-Pierre, qu'on voit au revers de cette médaille, est conforme au projet d'Antonio da Sangallo. (Voir *TN.*, Méd. pap., IX, 3.)

d. II, 215, 9. Médaille du même pape.

Cette médaille appartient au médailleur F. M. L. (Voir III, 80, *A.*)

e. II, 216, 10. Médaille du même pape.

Cette médaille appartient à l'artiste qui signait A. V., et a été placée dans son œuvre. (Voir III, 81, *E.*)

f. II, 216, 11. Monnaie du même pape.

Cette monnaie appartient à Cesati, et a été placée dans l'œuvre de cet artiste. (Voir III, 76, *J.*)

g. II, 216, 14. Médaille du pape Paul IV.

Cette médaille appartient à Giovan Antonio Rossi, et a pris place dans l'œuvre de cet artiste. (Voir III, 116, *B.*)

h. II, 216, 15, 16 et 17. Médailles du pape Pie IV.

« On peut conjecturer que les médailles de Pie IV, nos 15, 16, 17, sont l'ouvrage de Giovan Antonio Rossi, graveur de la monnaie pontificale. » (*GM.*)

i. II, 217, 18. Médaille du même pape.

Cette médaille, qui appartient à Gian Federigo Bonzagna, a été placée dans l'œuvre de ce maître. (Voir III, 105, *I.*)

j. II, 218, 23. Médaille d'Orsini (Isabella de' Medici, femme de Paolo Iordano).

Cette médaille appartient à Domenico Poggini, et a pris place dans l'œuvre de cet artiste. (Voir III, 122, *B.*)

k. II, 219, 28. Médaille de Lucia Bertani et de Caterina Scoti.

Lucia dall' Oro avait épousé Gurone Bertani; elle était née en 1521 + 1567.

SAVOIE
ET
PIÉMONT

(II, p. 222 à 224.)

ADDITIONS.

SAVOIE (Emmanuel-Philibert, dixième duc de).

FRANCE (Marguerite de), femme d'Emmanuel-Philibert.

A. Dia. 21. « PHIL . EM . PRIN . PED. » — ℟ « PVBLICÆ . SECVRITATI. »

Au droit : Buste à droite de Philibert-Emmanuel jeune, tête nue, cuirassé, avec écharpe et petite fraise. — Au revers : Deux ancres entrelacées surmontées d'une couronne. — Cabinet national de France.

B. Dia. 56. « EMANVEL . PHILIBERTVS . DEI . GR . DVX . SABAVDIÆ. » — Sans ℟.

Buste à droite de Philibert-Emmanuel, tête nue, barbu, cuirassé, avec la croix de Malte et l'écharpe. — Cabinet national de France.

C. Dia. 30. « PHILIB . ET . MARG . DVC . SABAVD. » — ℟ « CONCORDIA. »

Au droit : Bustes affrontés d'Emmanuel-Philibert et de Marguerite de France. En haut, dans le champ, une couronne. — Au revers : Un paon et un caducée en sautoir. — Cabinet national de France.

D. « Dia. 70 × 54. « ME . DIV . INSTRVAS. » — Sans ℟.

Buste à gauche de Marguerite de France, tête nue, avec coiffe en arrière ornée de joyaux; corsage à collet droit, garni de pierreries; manches bouffantes. Il est entouré d'une palme et d'une branche de laurier, comme celui d'Emmanuel-Philibert (II, 223, 6), auquel il fait pendant.

Ces deux bustes sont des répétitions de ceux figurés sur des médailles des mêmes personnages, savoir : la médaille du duc (II, 222, 2) et celle de la duchesse (II, 223, 9). Ils ont été employés tous deux pour l'ornement d'un livre d'Heures de Marguerite de France. — Plaquettes en argent.

OBSERVATIONS ET RECTIFICATIONS.

a. II, 224, 10. Médaille de MARGUERITE DE FRANCE.

Dans la légende du revers, il faut lire : HIC, au lieu de HINC.

b. II, 224, 11 et 12. Médailles de la même duchesse.

Ces deux médailles appartiennent à Anteo, et ont pris place dans l'œuvre de cet artiste. (Voir III, 130, *B* et *C*.)

VENISE
ET LA
VÉNÉTIE

(II, p. 224 à 229.)

ADDITIONS.

VENISE (GIROLAMO PRIULI, doge de).

A. Dia. 38. « HIERONIMVS . PRIOLVS . DVX . VENETIAR. » — *R/* « SFO . PAL . GVB . FRAN . VE . PRET . IVL . GAB . PREF. — MDLXI. — DIE . I . SEPT. — BERG. »

Au droit : Le lion de saint Marc ailé. — Au revers : Trois écussons des Pallavicini, Venieri et Gab... — Musée royal de Parme.

AMULIO (MARCANTONIO), Vénitien, né en 1505; fait cardinal en 1561 + 1570,

B. « M . ANTONIVS . AMVLIVS . SRE . CARD . VEN. » — Sans *R/*.

Buste du cardinal Amulio, coiffé de la barrette. — Cicogna Isc. Ven.

BADOARO (FRANCESCO) ET DIEDO (ELENA).

C. Dia. 49. « FRANCESCO . BADOVARO . PATRITIO . V. » *R/* « HELENA . DIEDA. — MDLI. »

Au droit : Buste à gauche de Francesco Badoaro, tête nue, barbu, pourpoint et manteau à collet rabattu. — Au revers : Buste à droite d'Elena, avec chignon formé d'une tresse roulée; corsage coupé carrément et chemisette. — Cabinet impérial de Vienne.

FRANCO (Battista), peintre vénitien, né en 1498 + 1561.

D. « BAPTISTA . FRANCVS. » — ℟ « NATVRA . ET . ARTE. »

Au droit : Buste de Battista, barbu. — Au revers : Un porc mangeant des glands. — Cicogna Isc. Ven.

GONFALONIERI (Gianbattista et Girolamo), nés, le premier en 1484, le second en 1486.

E. Dia. 64. « HIER . CONFALONERIVS . CRVCIGER . ANN . LXXI. — MDLVII. » — ℟ « IO . BAPTISTA . FRATER . ANN . LXXIII. »

Au droit : Buste à gauche de Girolamo, tête nue, rasée, longue barbe, habit monastique. — Au revers : Buste à gauche de Gianbattista, tête nue, cheveux courts, barbu, pourpoint boutonné et pelisse, à collet rabattu. — Museo civico de Bologne.

« Peut-être cette médaille est-elle l'ouvrage de Battista Gonfalonieri, orfévre milanais, qui vivait sous Paul III. » (*GM.*)

NAVAGERO (Bernardo), Vénitien, né en 1506 + 1565. Il fut fait cardinal en 1561; légat au Concile de Trente en 1563; administrateur de l'évêché de Padoue en 1562.

F. « B . N . V . P . M . Q . M. » — ℟ « NVNCIVS . PACIS. »

Au droit : Buste de Navagero, coiffé d'un bonnet. — Au revers : Mercure debout. — Galerie de Florence.

PESARO (Benedetto), Vénitien, préfet de Vérone en 1556.

G. Dia. 44. Sans légende. — ℟ « BENED . PISAVRVS . PRÆFECTVS . VERONÆ. MDLVI. »

Au droit : Buste à gauche de Benedetto Pesaro, tête nue, cheveux courts, barbu, couvert d'une draperie à l'antique. — Au revers : Inscription sur le champ. — Collection A. Armand.

RAMNUSIO (Paolo), Vénitien, fils de Gianbattista, né en 1532 + 1600. Il fut secrétaire de la république de Venise.

VITALIS (Cecilia), femme de Paolo Ramnusio.

H. Dia. 51. « PAVLVS . IO . BAP . F . RHAMNVSIVS . » — ℟ « CAECILIA . VITALIS . VXOR. »

Nous renvoyons le lecteur, pour la description de cette médaille, au deuxième volume, page 176, n° 13, où elle a été placée par erreur.

CHYPRE

PODACATORO (Filippo), chevalier chypriote.

I. Dia. 89. « PHILIPPVS . PODACATARVS . EQVES . CIPRIVS. » — Sans R̸.

Buste à gauche de Filippo, tête nue, cheveux frisés, barbu, vêtu d'un pourpoint et d'une pelisse à large collet de fourrure, avec chaîne sur le pourpoint. — Museo civico, à Bologne.

VICENCE

CHIEREGATI (Cesare), de Vicence, chevalier de Saint-Jean de Jérusalem en 1520, gouverneur de l'hôpital des Incurables de Venise en 1567.

J. Dia. 65. « CESAR . CHIEREGATVS . VICENTN. » — Sans R̸.

Buste de Cesare, tête nue, avec cheveux courts et barbe longue, cuirassé. — Soc. Colomb.

OBSERVATIONS ET RECTIFICATIONS.

a. II, 224, 1. Médaille du doge Trevisani (Marcantonio).

Le buste du doge est tourné à gauche, et non à droite.

b. II, 224, 2. Médaille du doge Priuli (Girolamo).

Le buste du doge est tourné à gauche, et non à droite.

c. II, 226, 8. Médaille de Crivelli (Gian Pietro).

Ce personnage, orfévre et joaillier milanais établi à Rome, est probablement l'auteur de sa propre médaille. (Voir III, 61, *A*.)

d. II, 227, 13. Médaille de Fiamma (Gabriele).

Cette médaille appartient à Bombarda. Elle a pris place dans l'œuvre de cet artiste. (Voir III, 96, *E*.)

e. II, 228, 18. Médaille de Tasso (Bernardo).

Cette médaille a été attribuée à Leone Leoni et placée à la suite de l'œuvre de cet artiste. (Voir III, 74, *U*.)

f. II. 229, 24. Médaille de Nicola Vicentino.

Ce musicien était né en 1511.

MÉDAILLES
DE
PERSONNAGES DU TROISIÈME QUART DU XVIe SIÈCLE
DONT LE LIEU D'ORIGINE NOUS EST INCONNU.

(II, p. 229 à 235.)

ADDITIONS.

ANNONI (GIOVAN ANGELO).

A. Dia. 65. « IO . ANG . ANNONIVS . AET . SVAE . AN . LX. » — ℟ « HAC . DVCE . SALVVS. »

Au droit : Buste à droite d'Annoni avec une longue barbe, la tête couverte d'une calotte et d'un bonnet, vêtu d'une riche pelisse avec collet montant. — Au revers : Un homme monté sur une barque abordant un port; à droite, une mer orageuse; en haut, le soleil et une étoile. — Musée royal de Parme.

(BAG?)LIONE (GIOVAN PAOLO).

B. Dia. 69. « IO . PAVLVS. . . . LIONE. » — Sans ℟.

Buste à droite d'un homme d'environ cinquante ans, tête nue, barbu, cuirassé. — Collection A. Armand.

Cette médaille, dont la légende est presque illisible, porte les traces d'une signature qui pourrait être celle de Jacopo da Trezzo.

CACURIUS (ALEXANDER).

C. Dia. 45. « ALEXANDER . CACVRIVS. » — ℟ « TV . NE . CEDE . MALIS. »

Au droit : Buste à droite de Cacurius, tête nue, cheveux courts, sans barbe, vêtement à collet droit et manteau, petite fraise. — Au revers : Un palmier. — Cabinet impérial de Vienne.

CASILINI (LEONARDO).

D. Dia. 58. « LEONARDVS . CASILINVS. » — ℟ Sans légende.

Au droit: Buste à gauche de Leonardo, cheveux longs, coiffé d'un bonnet, vêtu d'une robe. — Au revers : Une maison en ruine sur un rocher. — Musée royal de Parme.

CASSIAN... (ANT. SIMO. NOCTURNUS).

E. Dia. 42. « ANT . SIMO . NOCTVRNVS . CASSIAN. » — ℟ « ANNO . IIII . CHRISTIANE . OLIMPIADOS . CCCX. »

Au droit : Buste à gauche d'un homme, tête nue, chauve, avec longue barbe. — Au revers : Écusson ovale entre deux mascarons. — Musée royal de Parme.

FABIANI (Girolamo).

F. Dia. 66. « HIERONYMVS . FABIANVS . 1565. » — ℞ « SIC . PERIRE . IVVAT. »

Au droit : Buste à gauche de Fabiani, jeune, tête nue, barbu, cuirassé, avec écharpe. — Au revers : Au milieu des eaux s'élève un laurier entouré de lierre. — Collection Spitzer.

Cette médaille, qui a précédé de cinq ans celle décrite II, 231, 11, n'en diffère qu'en ce qu'elle ne porte pas les mots EQVES ET COMES. Fabiani aura sans doute acquis les titres dans l'intervalle de l'exécution de ces deux pièces.

GOMOTTI (Margheritta).

G. Dia. 40. « MARGARITA . GOMOTTI . POETESSA. » — Sans ℞.

Buste de trois quarts à gauche, tête nue, cheveux épais, poitrine découverte. La légende est gravée en creux. — Collection T. W. Greene.

LERCARI (Antonia MARINI, femme de Franco).

H. Dia. 48. « ANTONIA . LERCARIA . MARINA . FRANCI. LERC . VX. » — ℞ « DOMI . ESSE . IVVAT. »

Au droit : Buste à gauche d'Antonia, les cheveux relevés et mêlés de perles, corsage montant, avec chaîne à trois rangs et petite fraise. — Au revers : Une tortue marchant à gauche. — Musée royal de Parme.

LUNA (Isabella de).

I. Dia. 36. « ISABELLA . DE . LVNA. » — Sans ℞.

Buste à droite d'Isabella à l'âge d'environ quarante ans, avec voile et guimpe. — Collection Douglas.

MAGNO (Marcantonio).

J. Dia. 58. « M . ANTONIVS . MAGNVS. » — ℞ « QVO . ME . FATA . VOCANT. »

Au droit : Buste à droite de Marcantonio, tête nue, cheveux courts, barbu, avec pourpoint et pelisse. — Au revers : Pégase s'élance d'un rocher d'où il fait jaillir la fontaine d'Hippocrène. — Cabinet impérial de Vienne.

MUZIO LIP.

K. Dia. 68. « MVC . LIP. » — ℞ « COSTVI . LA . MAN . ET . IO . LA . MAN . . CVORE. »

Au droit : Buste à droite de Muzio jeune, tête nue, cheveux courts, barbe naissante, vêtu d'un pourpoint boutonné, à col rabattu. — Au revers : Mutius Scævola étendant sa main sur un autel allumé. — Cabinet national de France.

NIGRI (FEDERIGO).

L. Dia. 63. « PHEDERICVS . DE . NIGRIS. » — ℟ Sans légende.

Au droit : Buste à droite de Federigo Nigri, tête nue, cheveux courts, chemisette, avec écharpe; collet rabattu, petite fraise. — Au revers : Au centre, un jeune homme, dans l'attitude d'Ajax défiant les dieux; il est tourné à gauche. A droite, un lion combattant un dragon; à gauche, un groupe de petites figures de cavaliers et fantassins armés de lances. — Cabinet impérial de Vienne.

PASINO (M. AURELIO DE), né en 1529.

M. Dia. 54. « M . AVRELIO . DE . PASINO . ÆT . SVÆ . AN . XLVII. — 1576. » — ℟ « COR . EXEST . NVNQVAM . EX . CORDIS . REGINA . VOLANTVM. »

Au droit : Buste à droite de Pasino, tête nue, cheveux courts, barbu, vêtu d'un pourpoint boutonné, avec petite fraise. — Au revers : Prométhée étendu sur un rocher et déchiré par le vautour. — Cabinet national de France.

PASQUALI (MARINO).

N. Dia. 48. « MARINVS . PASQVALI. » — ℟ Sans légende.

Au droit : Buste à droite de Marino Pasquali, tête nue, barbe touffue, cheveux abondants, couvert d'une draperie. — Au revers : Rochers. — Musée royal de Parme.

PHILENA (CINTHIA).

O. Dia. 41. « CINTHIA . PHILENA . SPAN. » — ℟ « NEC . VNDAS . NEC . PONDVS. »

Au droit : Buste à droite de Philena, les cheveux pris dans une résille, corsage montant à collet droit, avec petite fraise. — Au revers : Au milieu des flots, un palmier chargé d'un poids. — Cabinet national de France.

QUINTIUS (HIPPOLYTUS).

P. Dia. 59. « HIPPOLYTI . QVINTII. » — Sans ℟.

Buste à droite d'un homme de quarante à cinquante ans, tête nue, barbu, cheveux courts, vêtu d'une pelisse par-dessus un pourpoint. Au bas : traces d'une signature, peut-être TREZZO. — Collection A. Armand.

SILVESTRO (Mariano) Domitor, né en 1501.

Q. Dia. 40. « MARI . SILVESTRIS . DOMITOR . A . A . LXIII . 1564. » — Sans R/.

Buste de Mariano Silvestro, tête nue, barbe longue, vêtu d'une robe. — Soc. Colomb.

SIMAI (Margherita).

R. Dia. 34. « MARGARITA . SIMAI . DE . VALLE. — AETA . 22. » — Sans R/.

Nous renvoyons le lecteur au deuxième volume, p. 130, n° 15, pour la description de cette médaille, qui y a été mise par erreur.

SINGLITICO (Matteo). Il vivait en 1558.

S. Dia. 62. « MATTH . SINGLITICVS . IAC . C . F . G . CY. — MDLVIII. » — R/ « SÆPE . DIVITIÆ . VIRTVTIBVS . OBSTANT. »

Au droit : Buste à droite de Matteo Singlitico jeune, tête nue, cheveux courts, vêtu d'un pourpoint boutonné, avec collet droit et petit col rabattu. — Au revers : Un enfant ailé nu, debout, le bras droit levé vers le ciel. — Collection du Musée Brera.

VILLANOVA (Gianbattista).

T. Dia. 52. « ΙΩΑΝΝΗΣ . Ο . ΒΑΠΤΗΣΤΗΣ . ΙΟ . ΣΤΗΝΗΑΙΟΣ . ΒΙΛΛΑΝΟΒΑ . ΕΙΚΟΣΕΝΝΕΤΗΣ. » — R/ « ΒΟΗΘΕΙΑΣΟΥ. »

Au droit : Buste à gauche de Villanova, tête nue, barbu, cheveux courts, avec pourpoint à collet droit et fraise. — Au revers : Au milieu d'une mer agitée par la tempête, Neptune, monté sur un dauphin, tend une main secourable à un naufragé. — Cabinet impérial de Vienne.

INCONNU.

U. Dia. 26. Sans légende. — Sans R/.

Au droit : Buste à droite d'un adolescent, figure ronde, lèvres épaisses, cheveux courts et frisés. — Musée royal de Parme. — Dans l'opinion de M. U. Rossi, ce personnage pourrait être Filippo della Valle.

INCONNU.

V. Dia. 70. Sans légende. — Sans R/.

Buste à gauche d'un homme d'environ quarante ans, sans barbe, coiffé d'un bonnet de docteur par-dessus une calotte, vêtu d'une robe, peut-être un des réformateurs. — Collection Robinson.

INCONNUE.

X. Dia. 66. « AENAS . ICCIOAN . ALTERA . PVLCR . HE . . . » — ℟ Sans légende.

Au droit : Buste à gauche d'une jeune femme, tête nue, avec chignon formé d'une natte roulée; corsage montant à collet droit, boutonné, petite fraise, manches bouffant à l'épaule. — Au revers : Le phénix tourné à gauche sur un arbre embrasé. — Collection Fau.

Cette pièce appartient probablement à Galeotti.

INCONNUE.

Y. Dia. 66. Sans légende. — Sans ℟.

Buste à droite jusqu'au-dessous de la ceinture d'une jeune femme dans le goût des médailles de Ruspagiari, tête nue, coiffure analogue à celle de Diane de Poitiers, collier de perles, draperie flottante sur un corsage lacé. — Musée royal de Parme.

INCONNUE.

Z. Dia. 47. Sans légende. — ℟ « ET . ANIMO . ET . CORPORI. »

Au droit : Buste à gauche d'une jeune femme, tête nue, cheveux relevés, chignon formé d'une natte roulée. — Au revers : Deux Amours nus, affrontés, volant, tenant des couronnes. — Collection A. Armand.

OBSERVATIONS ET RECTIFICATIONS.

a. II, 230, 2. Médaille de Baldi (Calidonia).

Calidonia Baldi était Siennoise, et vivait à Florence en 1567. Sa médaille a été replacée parmi celles des personnages siennois. (Voir III, 248, *I*.)

b. II, 230, 4. Médaille de Caterina et Flaminio Bonz.

Cette médaille, dont le diamètre est de 51 millimètres et non de 44, offre une grande ressemblance avec celles consacrées par Pastorino à Alessandro Bonzagni et à sa femme Cecilia, dont il a été question III, 90, *d*. Il est probable que Caterina et Flaminio Bonz sont aussi des Bonzagni, et que leur médaille appartient également à Pastorino.

c. II, 231, 7. Médaille de Cesarini (Giuliano), Romain.

Cette médaille, mise ici à tort, a été replacée parmi celles des personnages romains. (Voir III, 265, *KKK*.)

d. II, 232, 13 et 14. Médailles de Jacopo Antonio et Girolamo Figino, Milanais.

Ces médailles, mises ici à tort, ont été replacées parmi celles des personnages milanais. (Voir III, 250 *C* et 251 *D*.)

e. II, 232, 15. Médaille de Grassi (Costantino) et Bossi (Clemenza), Milanais.

Cette médaille, placée ici à tort, a été remise parmi celles des Milanais. (Voir III, 251, *E.*)

f. II, 233, 19. Médaille de Rossi (Giulio), de Carpi.

Cette médaille appartient à Ant. Abondio. Elle a pris place dans l'œuvre de cet artiste. (Voir III, 129, *K.*)

ALLEMAGNE
ET
ÉTATS DU NORD

(II, p. 236 à 243.)

ADDITIONS.

MAXIMILIEN II et MARIE D'AUTRICHE.

A. Dia. 29. « MAXIMILI . II . ROM . IMP . SEMP . AVGVS. » — ℞ « DOMINVS . PROVIDEBIT. »

Au droit : Buste à droite de Maximilien II, tête nue, barbu, cuirassé, avec petite fraise. — Au revers : Un aigle posant sa serre sur le globe terrestre. — Cabinet impérial de Vienne.

B. Dia. 54. « MAXIMIL . II . ROM . IMP . SEMP . AVGVS. » — ℞ « DOMINVS . PROVIDEBIT. »

Au droit : Buste à droite de Maximilien II, tête nue, barbu, cuirassé, avec petite fraise. — Au revers : Un aigle posant sa serre sur le globe terrestre. — Cabinet impérial de Vienne. — Cette médaille pourrait appartenir à Abondio.

C. Dia. 75. « MARIA . AVG . CARO . V . F . MAXIMIL . II . VXOR. » — Sans ℞.

Buste à gauche de Marie d'Autriche, tête nue, portant la couronne royale. — Collection impériale de Vienne.

BRANDEBOURG (Marie-Éléonore, femme d'Albert-Frédéric de), fille de Guillaume, duc de Juliers et de Clèves, née en 1550, mariée en 1572 + 1608.

D. Dia. 63. « MARIA . LEONORA . DVCISSA . ÆT . XVI. — 1566. » — Sans ℞.

Buste à droite de Marie-Éléonore, la tête couverte d'une coiffe en résille; corsage montant à collet droit, avec petite fraise; manche bouffant à l'épaule. Le corsage et la coiffe sont enrichis de perles et joyaux. — *H.*, XIX, 4.

PAYS-BAS

LASSUS (Nicolas de), né en 1544. Il était sans doute de la famille d'Orland de Lassus, célèbre musicien flamand.

E. Dia. 65. « N . DE . LASSVS . ÆTATIS . 26 . 1570. » — Sans ℟.

Buste de Nicolas de Lassus, tête nue, cheveux longs, barbu, avec fraise.

POLOGNE

POLOGNE (SIGISMOND-AUGUSTE, roi de).

F. Dia. 57. « SIGISMONDVS . AVGVSTVS . D . G . REX . POLONIÆ . M . DVX . LITVANIÆ . RVSSIÆ . P . M . ET. » — ℟ « DVM . SPIRITVS . HOS . REGET . ARTVS. »

Au droit : Buste à gauche de Sigismond-Auguste, barbu, la couronne en tête, cuirassé. — Au revers : Une femme drapée, debout, tournée à gauche, tenant de la main gauche un calice, et levant la droite vers le ciel. — *RZ.*, I, 24.

G. Dia. 44. « SIGISMVNDVS . AVGVSTVS . DEI . GRAC . REX . POL . MAG . DVX . LIT. » — ℟ « ANNO . DOMINI . 1571. — DVRVM . PACIENTIA . FRANGO. »

Au droit : Buste à gauche de Sigismond-Auguste, tête nue, barbu, cuirassé. — Au revers : Un guerrier romain, sur un cheval galopant à droite, charge l'ennemi l'épée à la main. — *RZ*, I, 23.

CROATIE

CLOVIO (Giulio), Croate, célèbre miniaturiste, né en 1498 + 1578.

H. Dia. 40. « IVLIVS . CLOVIVS . PICT . EXCEL. » — ℟ « FAMA . VIRTVTIS . TVBICINA. »

Au droit : Buste de Clovio, tête nue, barbu, habit civil. — Au revers : Une femme assise entre des arbres; devant elle, la Renommée, debout, sonnant de la trompette. — Soc. Colomb. — *ARG.*, III, p. 36.

TYROL

ALTAEMPS (Jacques-Annibal, comte de Hohenemps, dit d'), ✝ 1587. Il fut fait par Philippe II comte de Gallarate.

I. Dia. 39. « IACOBVS . HANIBAL . COMES . IN . ALTAEMPS. — 1575. » — ℟ « SALVA . DOMINE . VIGILANTE. »

Au droit : Buste à droite de Jacques-Annibal d'Altaemps, tête nue, cheveux courts, barbu, cuirassé, avec écharpe et fraise. — Au revers : Un navire à trois mâts voguant sur la mer. — Collection A. Armand.

LODRONE (Aloisio, comte), de la branche dite de Castello Romano, conseiller de l'empereur Ferdinand Ier et grand chambellan de l'archiduc Ferdinand II ✝ 1574.

J. Dia. 57. « ALO . C . LVD . D . C . RO . F . CÆS . CONS . ARCH . Q . F . SVPR . CAMER . » — Sans ℟.

Buste à gauche d'Aloisio Lodrone, tête nue, barbu, cheveux courts, cuirassé, avec petit col rabattu. — Collection A. Armand.

La légende de cette médaille doit se lire ainsi : Aloisius Comes Lvdronus De Castello Romano Ferdinandi Cæsaris Consiliarius Archiducis Que Ferdinandi Svpremus Camerarius.

Nous devons cette interprétation à M. le docteur Schöneherr, archiviste à Inspruck.

OBSERVATIONS ET RECTIFICATIONS.

a. II, 240, 24. Médaille de Philippe de Montmorency.

Le diamètre de cette pièce est de soixante-cinq millimètres au lieu de soixante. Dans la légende du droit il faut lire 1565 au lieu de 1566.

b. II, 242, 32. Médaille de Sigismond-Auguste.

Cette médaille appartient à Stephanus Hollandicus, et doit, en conséquence, être supprimée.

c. II, 243, 34. Médaille de Catherine d'Autriche.

Cette médaille appartient à Stephanus Hollandicus, et doit, en conséquence, être supprimée.

ESPAGNE
ET
PORTUGAL

(II, p. 244 à 247.)

ADDITIONS.

PHILIPPE II ET ISABELLE DE FRANCE.

A. Dia. 54×45. « AET . XVIII. — 1542. » — Sans ℟.

Buste à gauche de Philippe II, la tête couverte d'un bonnet plat. — *HG.*, t. II, pl. 1, p. 131. — Cabinet impérial de Vienne.

B. Dia. 27. « PHS . DG . REX . HISP . DVX . BVRG. » — ℟ « SEXTVS . ORDI . AVR . VELL . SVPRE. — 1556. »

Au droit : Buste à droite de Philippe II, tête nue, barbu, cuirassé. — Au revers : La Toison d'or représentée par une peau de bélier étendue. — Relief monétaire. — *VL.*, I, 12.

C. Dia. 29. « PHILIPPVS . DEI . G . HISPANIAR . REX. » ℟ « ISABELLA . D . VAL . PHI . HISP . REGIS . VX. »

Au droit : Buste à droite de Philippe II, tête nue, barbu, cuirassé, avec petite fraise. — Au revers : Buste à gauche d'Isabelle de France, le chignon pris dans une coiffe, avec collier et petite fraise. — Monnaie d'argent. — Cabinet national de France.

D. Dia. 30. « PHILIP . ET . ISABEL . R . R . HISP. » — ℟ « CONCORDIA. »

Au droit : Bustes affrontés de Philippe II et d'Isabelle de France, surmontés d'une couronne. — Au revers : Un paon et un caducée en sautoir. — Monnaie d'argent. — Cabinet national de France.

E. Dia. 31. « PHILIP . HISPA . REX . PRINCEPS . ET . INFANTIS . SVIS. » — ℟ « DRIVMPFVS. »

Au droit : Bustes à droite, tête nue, de Philippe II, de l'infant Philippe (depuis Philippe III) et de l'infante Isabelle Claire-Eugénie. — Au revers : Troupe de cavaliers marchant à gauche; entrée triomphale à Madrid de Philippe II, après son couronnement à Lisbonne, en 1580. — *VL.*, I, 289. — Cabinet national de France.

F. Dia. 35. « PHILIPPVS . II . DG . HISPAN . REX. — 1588. » — ℟ « SIC . ERAT . IN . FATIS. »

Au droit : Buste à droite de Philippe II, tête nue, barbu, cuirassé, avec écharpe et fraise. — Au revers : Deux mains soutenant un joug sur la boule du monde. — *VL.*, I, 393.

Cette médaille est une répétition, légèrement modifiée, de la pièce de Jacopo da Trezzo, décrite t. Ier, p. 242, n° 6, dans laquelle la signature de l'artiste a été remplacée par la date 1588.

G. Dia. 36. « PHI . HISPA . REX . MED . DVX. » — ℟ « S . AMB . ARCHIEP . MEDIOL . 1591. »

Au droit : Buste à droite de Philippe II, tête nue, avec la couronne radiée, barbu, cuirassé, avec écharpe, fraise et Toison d'or, tenant le bâton de commandement. — Au revers : Buste de saint Ambroise, de face, coiffé de la mitre, et nimbé, tenant la crosse et le fouet. — Pièce de 6 sequins, monnaie d'or. — *GN.*, XXVI, 1.

AUTRICHE (Don Juan d'), né en 1545 + 1579.

H. Dia. 32 × 26. « IOANNES . AVSTRIA . CAROLI . V . FIL. » — ℟ « VENI . ET . VICI. »

Au droit : Buste à gauche de don Juan d'Autriche, tête nue, cuirassé, avec petite fraise. — Au revers : Neptune au milieu des flots, frappant de son trident des Turcs qui se sauvent à la nage. Au fond, une ville. — Cabinet impérial de Vienne.

I. Dia. 34. « IOANNES . AB . AVSTRIA . CA . CES . F. » — ℟ « VICIT . CONCORDIA . FRVM. »

Au droit : Buste à droite de don Juan d'Autriche. — Au revers : La mer couverte de navires. En haut, la Renommée tenant une trompette et une palme. — Collection Fusco.

GUEVARA (Alfonso).

J. Dia. 68. « D . ALPHONSVS . GVEVARA. » — ℟ « OMNE . DECVS . BELLI . TRADE . GRADIVÆ . MIHI. »

Au droit : Buste à droite d'Alfonso Guevara, tête nue, cheveux courts, sans barbe, vêtu d'un pourpoint à manches bouffantes, avec petite fraise. — Au revers : Guevara en armure, tête nue, tourné à gauche, le genou en terre, sa main gauche sur la poitrine, rend hommage à un guerrier armé à l'antique, assis sur un trône. — Collection T. W. Greene.

MENDOZA (D. Francisco de).

K. Dia. 38. « D . FRAN . D . MENDOCA . ADMI . DARAG .

MARQ . D . GVA. » — ℟ « DEO . ET . REGI. — VITÆ . VSVS. »

Au droit : Buste à droite de don Francisco Mendoza, tête nue, barbu, petite fraise, cuirassé, avec écharpe. — Au revers : Un lion tourné à droite, portant sur la tête un flambeau allumé. Deux cigognes se tiennent aux côtés du lion, l'une à gauche, l'autre à droite, — Cabinet impérial de Vienne.

PEREZ (Gonzalo), secrétaire d'État de Charles-Quint et de Philippe II + 1567.

L. Dia. 40. « GONSALVVS . PEREZ . RER . STATVS . SEC . PHI . HISP . REGIS. » — ℟ « IN . SILENTIO . ET . SPE. »

Au droit : Buste à gauche de Gonsalve Perez. — Au revers : Le Minotaure au milieu du Labyrinthe. — Collection T. W. Greene.

PIMENTEL (Alonso).

M. Dia. 45. « D . ALONS . PIMINTEL. — 1562. » — ℟ « DVM . SPIRITVS . HOS . REGET . ARTVS. »

Au droit : Buste à droite d'Alonso Pimentel, tête nue, cheveux courts, barbu, cuirassé, avec écharpe et petite fraise. — Au revers : Une femme drapée, debout, tournée à gauche, tenant une coupe dans la main gauche et levant le bras droit. — Cabinet impérial de Vienne.

SIMANCAS (Diego) + 1583. Il fut évêque de Badajoz en 1569, et de Zamora en 1579.

N. Dia. 62. « D . IACOBVS . SIMANCAS . EPISCOPVS . PACENSIS. » — ℟ « REDAM . VOTA . MEA . DE . DIE . IN . DIEM. »

Au droit : Buste à droite de Diego Simancas, tête nue, chauve, barbu, vêtu du camail. — Au revers : Un autel enguirlandé, surmonté d'une mitre avec deux encensoirs; corne d'abondance, livres et crosse. — Cabinet national de France.

VALERIOLA (Francisco), médecin de Valence + vers 1580.

O. Dia. 67 × 51. « FRAN . VALLERIOLÆ . EFFIGIES. » — Sans ℟.

Buste de trois quarts à droite de Valeriola, tête nue, chauve, barbu, vêtu d'une robe à collet de fourrure. — Cabinet national de France.

PORTUGAL

JEANNE D'AUTRICHE.

P. Dia. 65. « IOANNA . AVST . CAROLI . V . IMP . FILIA. »

2e ℞ « MARIA . AVSTR. REG . BOEM . CAROLI . V . IMP . F. »

Au droit : Buste de trois quarts à gauche de Jeanne d'Autriche, comme sur la médaille II, 247, 15. — Au revers : Buste à gauche de Marie d'Autriche, femme de Maximilien II, comme sur la médaille II, 237, 6. — Collection Fau.

Q. 3e ℞ « CONSOCIATIO . RERVM . DOMINA. »

Une femme drapée, marchant vers la gauche; elle tient dans la main droite trois rameaux, et dans la gauche une couronne. — Museo civico, à Bologne.

OBSERVATIONS ET RECTIFICATIONS.

a. II, 245, 4. Médaille de Figueroa (Juan de).

Cette médaille appartient à Galeotti. Elle a pris place dans l'œuvre de cet artiste. (Voir III, 107, *H*.)

b. II, 245, 5. Médaille de Lopez (Ursula).

Cette médaille appartient à Pastorino. Elle a pris place dans l'œuvre de cet artiste. (Voir III, 85, *P*.)

c. II, 245, 8. Médaille de Espinosa (Diego).

Le nom de ce personnage est Espinosa, et non Spinosa. Il fut fait cardinal en 1568, et mourut en 1572.

d. II, 246, 9. Médaille de Toledo (Fernando-Alvarez de).

Cette médaille appartient à Juliano. Elle a pris place dans l'œuvre de cet artiste. (Voir III, 140, *A*.)

FRANCE

(II, p. 248 à 256.)

ADDITIONS.

HENRI II ET CATHERINE DE MÉDICIS.

A. Dia. 54. « HENRICVS . II . GALLIARVM . REX . INVICTISS . P P. » — 1° ℟ « KATHARINA . DE . MEDICIS . REGINA . FRANCORVM. — 1555. »

Au droit : Buste à droite de Henri II, tête nue, lauré, cheveux courts, barbu, cuirassé. — Au revers : Buste à gauche de Catherine de Médicis, la tête couverte d'une coiffe en arrière; corsage montant à collet droit, manches bouffantes à l'épaule; la coiffe et le corsage ornés de perles et bijoux. — *VL.*, I, 36. Le revers. — Cabinet national de France.

B. 2° ℟ « OB . RES . IN . ITAL . GERM . ET . GAL . FORTITER . AC . FOELIC . GESTAS. — EX . VOTO . PVB . 1552. »

Un quadrige marchant à droite, portant les figures assises de la Victoire et de l'Abondance. Sur le devant, la Renommée debout. — *TN.*, Méd. franç., I, XII, 1.

C. 3° ℟ « RESTITVTA . REP . SENENSI . LIBERATIS . OBSID . MEDIOMAT . PARMA . MIRAND . SANDAMI . ET . RECEPTO . HEDINIO . ORBIS . CONSENSV. 1552. »

Inscription dans une couronne de laurier. — *TN.*, Méd. franç., I, XII, 2. — *VM.*, III, 313. — *LU.*, 155.

D. Dia. 53. « HENRICVS . II . FRANCOR . REX . INVICTISS . P . P. » — ℟ « TE . COPIA . LAVRO . ET . FAMA . BEARVNT. — NVIA. »

Au droit : Buste à droite de Henri II, tête nue, lauré, cuirassé. — Au revers : La Paix et l'Abondance dans un quadrige guidé par une Renommée ailée. — *TN.*, Méd. franç., I, XI, 5. — Museo civico, à Bologne.

POITIERS (DIANE DE).

E. Dia. 54. « DIANA . DVX . VALENTINORVM . CLARISSIMA. » — 2° ℟ « ORITVR . ET LACTE . VIRESCIT. »

Au droit : Buste à gauche de Diane de Poitiers, comme sur la médaille

II, 250, 10. — Au revers : Junon arrosant un lys de son lait. A droite, une femme diadémée est couchée. — Cabinet national de France.

FRANÇOIS II.

F. Dia. 85. « FRANCISCVS . II . D . G . FRANCOR . REX. » — Sans ℟.

Buste à droite de François II, coiffé d'une toque à panache, avec cheveux courts, couvert d'un manteau à grand collet droit montant jusque sous l'oreille. — Collection Fau.

CHARLES IX.

G. Dia. 36. « CAROLVS . IX . D . G . FRANCORVM . REX . INVIC. — 1572. » — 1er ℟ « VIRTVS . IN . REBELLES. »

Au droit : Buste à gauche de Charles IX, tête nue, lauré, cuirassé. — Au revers : Charles IX vu de face, assis sur son trône dans ses habits royaux, tenant le sceptre et l'épée. Il a des cadavres sous les pieds. — *TN.*, Méd. franç., I, XIX, 4.

H. 2e ℟ « PIETAS . EXCITAVIT . IVSTITIAM. — 24 . AVGVSTI . 1572. »

L'écu de France surmonté de la couronne royale entre deux colonnes et deux palmes. — *TN.*, Méd. franç., I, XIX, 3.

I. Dia. 51. « CAROLVS . IX . D . G . FRANCOR . REX. » — 1er ℟ « NE . FERRVM . TEMNAT . SIMVL . IGNIB . OBSTO. — 1572. »

Au droit : Buste à droite de Charles IX, tête nue, lauré, cuirassé, avec écharpe et fraise. — Au revers : Hercule combattant l'hydre avec la massue et une torche. — *TN.*, Méd. franç., I, XIX, 5.

J. 2e ℟ « MAIOR . ERIT . HERCVLE. »

Le Roi, vêtu à l'antique, charge deux colonnes sur ses épaules. — *TN.*, Méd. franç., I, XIX, 6.

K. Dia. 45. « CAROLVS . IX . DEI . G . FRANCORVM . REX . CHRIS. » — ℟ « EX . VOTO . PVB . 1568. »

Au droit : Buste à droite de Charles IX, tête nue, lauré, cuirassé, avec écharpe. — Au revers : La Victoire et l'Abondance dans un char attelé de quatre chevaux galopant vers la droite, conduit par la Renommée. — *TN.*, Méd. franç., I, XVIII, 4.

L. Dia. 38. « CAROLI . VIIII . FRANCORVM . REGIS. » — ℟ « ADVENTVS . LVT. — 1571. »

Au droit : Buste à droite de Charles IX, tête nue, lauré, cuirassé, avec écharpe. — Au revers : Le Roi à cheval, sous un dais porté par quatre magistrats, entrant dans Paris. — *TN.*, Méd. franç., I, XVIII, 6.

ALBON (ANTOINE D'), né en 1507. Il était archevêque d'Arles en 1562, et devint, la même année, archevêque de Lyon + 1574.

M. Dia. 32. « ANTONIVS . DALBON . ARCHIEPIS . ARELATEN. » — ℟ « ΗΔΟΝΗΙ . ΑΔΕΛΦΗ . ΛΥΠΗ. »

Au droit : Buste à droite d'Antoine d'Albon avec longue barbe, coiffé de la barrette, vêtu d'une robe. — Au revers : Inscription sur le champ; au bas est un petit écusson. — *TN.*, Méd. franç., I, XLVII, 2.

AVANSON (JEAN D'), Français. Il fut ambassadeur à Rome, sous le pape Paul IV.

N. « IOAN . AVANSONIVS . MDLVI. » — Sans ℟.

Buste de Jean d'Avanson, barbu, coiffé d'un bonnet, vêtu de l'habit ecclésiastique. — Soc. Colomb.

BERNEMICOURT (ANNE DE).

O. Dia. 54. « D . ANNA . DE . BERNEMICOURT. — 1556. » — Sans ℟.

Buste à gauche d'Anne de Bernemicourt, coiffée d'une résille; corsage à collet droit, petite fraise, manches bouffantes. — Cabinet impérial de Vienne.

BILLON (FRANÇOIS), écrivain parisien + après 1566.

P. Dia. 37. « F . BILLON . ACERRIMI . FEMINAR . DEFENSORIS. » — ℟ Sans légende.

Au droit : Buste à gauche de François Billon, tête nue, barbu. — Au revers : Scène antique. Plusieurs personnages frappent une femme à demi renversée près d'un autel. — *TN.*, Méd. franç., I, LI, 3.

BIRAGUE (RENÉ DE).

Q. Dia. 38. « RENATVS . BIRAGVS . FRANCIAE . CANCEL . 1577. » — ℟ « ARS . IVS . GVBERNAT. »

Au droit : Buste à droite de Birague, tête nue, cheveux et barbe courts, vêtu de la simarre. — Au revers : Une table portant une boussole, derrière laquelle se croisent un gouvernail et un bâton de commandement. — *TN.*, Méd. franç., I, XXI, 6, et XLVIII, 6. — Cabinet national de France.

L'inscription du revers est l'anagramme du nom du chancelier.

R. Dia. 38. « R . B . CARD . FRANCIAE . CANCELARIVS. — 1580. » — 1er ℟ « ORTV . CLARVS . SINE . DOLO. »

Au droit : Buste à droite de Birague coiffé de la barrette, vêtu du camail. — Au revers : Un agneau portant une croix entouré de rayons. — *TN*., Méd. franç., I, XLVIII, 4.

S. 2e ℟ « FOVET . ET . DISCVTIT. »

Le soleil au-dessus de la mer écartant les nuages. — *TN*., Méd. franç., I, XLVIII, 5.

BOURBON (Louis Ier de), prince de Condé, né en 1530 + 1569.

T. Dia. 99. Sans légende. — Sans ℟.

Buste à gauche de Louis Ier de Bourbon, tête nue, barbe courte, pourpoint à col droit, avec fraise et manteau. — Cabinet national de France.

COSSÉ (Charles de), comte de Brissac, né en 1505 + 1564.

U. Dia. 30. « CAR . COSSEIVS . GAL . CISALP . PREX. » — ℟ « EQVIDEM . VIRTVTE . DVCE . SPERO. »

Au droit : Buste à gauche de Charles de Cossé, tête nue, barbu, cuirassé. — Au revers : Inscription sur une banderole. Au bas, on voit une palme et une branche de laurier. — *TN*., Méd. franç., I, XLIV, 6.

COYRENOT (Jean).

V. Dia. 70. « IO . COYRENOT . ÆTAT . LI . ANN. » — ℟ « IN . MAGNIS . ET . VOLVISSE . SAT . EST. »

Au droit : Buste à gauche de Jean Coyrenot, tête nue, cheveux courts, barbu, vêtu d'une robe à collet de fourrure rabattu. — Au revers : Un écusson portant un cygne combattant avec un serpent. — Ancienne collection Bentivoglio.

HOPITAL (Michel de l'), né en 1503 + 1573. Il fut chancelier de France de 1560 à 1568.

X. Dia. 38. « M . OSP . FRAN . CANCEL. » — ℟ « IMPAVIDVM . FERIENT . RVINAE. »

Au droit : Buste à gauche de L'Hôpital, tête nue, chauve, avec longue barbe; vêtu de la simarre. — Au revers : Une tour au milieu des flots, frappée par la foudre. — *TN*., Méd. franç., I, XLVII, 3.

LORRAINE (Claude de), duc d'Aumale, né en 1526 + 1573.

Y. Dia. 63. « CLAUDE . DE . LORRAINE . DVC . DAV-

MALLE. — 1553. » — ℟ « CONSOCIATIO . RERVM . DOMINA. »

Au droit : Buste à droite de Claude de Lorraine, tête nue, cheveux courts, avec moustache et barbiche; cuirassé, avec écharpe. — Au revers : Une femme drapée marchant à grands pas, tenant un rameau; des armes sont sous ses pieds. — *TN.*, Méd. franç., I, LX, 3. Sans revers. — *LU.*, 246. — Cabinet impérial de Vienne. Sans revers.

PARISOT DE LA VALETTE (JEAN).

Z. Dia. 35. « F . IO . DE . VALLETTE . M . M . HOSP . HI. » — ℟ « HIS . ORDINEM . INSVLAM . NOVAM . VRBEM. — REG . DEFEN . COND. »

Au droit : Buste à droite de Jean Parisot de la Valette, tête nue, barbu, couvert d'une armure. — Au revers : Une massue debout, surmontée d'un œil. — Furse, p. 324.

AA. Dia. 33. Sans légende. — ℟ Sans légende.

Au droit : Buste à droite de Jean Parisot, tête nue, barbu, en armure. — Au revers : Même buste qu'au droit. — Cabinet national de France.

PERRENOT (ANTOINE).

BB. Dia. 48. « ANTONIVS . PERRENOTVS . EPISCOPVS . ATTREBATEN . ÆTATIS . SVE . 30. — 1546. » — Sans ℟.

Buste à droite d'Antoine Perrenot, tête nue, barbu. — Cabinet national de France.

CC. Dia. 66. « ANTONII . PERRENOT . EP . ATREBAT. » — ℟ « SIVE . PACEM . SIVE . BELLA . GERAS. »

Au droit : Buste à droite d'Antoine Perrenot, tête nue, barbu, cuirassé, avec écharpe. — Au revers : Une branche d'olivier et une palme liées par une bandelette. — Cabinet impérial de Vienne.

DD. Dia. 27. « ANTONII . PERRENOT . EPI . ATREBAT. » — Sans ℟.

Buste à droite d'Antoine Perrenot, tête nue, barbu, vêtu d'une robe. — Cabinet national de France.

EE. Dia. 56. « ANT . S . R . E . PBR . CARD . GRANVELANVS. » — Sans ℟.

Buste à droite du cardinal Granvelle, tête nue, avec tonsure et longue barbe; vêtu du camail. — Collection P. Valton.

SENGLE (Claude de la), grand maître de l'Ordre de Malte, élu en 1553 + 1559.

FF. Dia. 49. « F . CLAVDIVS . DE . LA . SENGLE . MAG . HOSP . HIEROSOL. » — 1er ℟ « DEO . ET . BEATE . VIRGINI. »

Au droit : Buste à gauche de Claude de la Sengle, tête nue, barbu, vêtu d'une robe, avec la croix de Malte. — Au revers : Un écusson. — *TN.*, Méd. franç., I, xliv, 5. — Cabinet national de France.

GG. 2e ℟ « COLLEGIVM . MILITVM . S . PETRI. »

Saint Pierre assis sur un trône, vu de face, bénit des guerriers agenouillés; sur le piédestal, un écusson aux armes des Médicis. — Museo civico, à Bologne.

OBSERVATIONS ET RECTIFICATIONS.

a. II, 251, 15. Médaille de Charles IX.

Cette pièce doit être supprimée. Elle a été faite avec la médaille de François II que nous avons décrite ci-dessus (voir III, 286, *F*), dont on a supprimé la légende en relief pour y substituer la légende en creux avec le nom de Charles IX.

b. II, 255, 36. Médaille de Perrenot (Antoine).

Cette médaille appartient à Leone Leoni. Elle a pris place dans l'œuvre de cet artiste. (Voir III, 70, *M*.)

QUATRIÈME QUART
DU XVIE SIÈCLE

ITALIE

FERRARE
ET LES
ÉTATS DE LA MAISON D'ESTE
(II, p. 257.)

ADDITIONS.

ESTE (Cesare d'), né en 1562 + 1628. Il devint duc de Modène en 1597.

A. Dia. 41. « CAESAR . DVX . MVT.. REG . I. » — ℟ « FIRMISSIMAE . SPEI. — 1599. »

Au droit : Buste à droite de César d'Este, tête nue, avec moustache et barbiche, cuirassé. — Au revers : Figure de l'Espérance, drapée, debout, tournée à gauche, entre une corne d'abondance et une ancre. — Cabinet national de France.

FLORENCE
ET
TOSCANE
(II, p. 258 à 260.)

ADDITIONS.

MEDICI (Francesco Maria de').

A. Dia. 76. « FRANCISCVS . I . MAG . DVX . ETRVR . II. » — ℟ « AMAT . VICTORIA . CVRAM. »

Au droit : Buste à droite de François de Médicis, tête nue, barbu, cuirassé, avec écharpe. — Au revers : Un écureuil (?) tenant un rameau. — Collection A. Armand.

B. Dia. 41. « FRAN . M . MAGNI . DVCIS . ETRVRIÆ . II . FELICIB . AVSPIC. » — ℟ « HOSPITALE . SANCTÆ . MARIÆ . NOVÆ . AVCTVM. — 1575. »

Au droit : Buste à droite de François de Médicis, tête nue, barbu, cuirassé, avec écharpe. — Au revers : Vue de l'hôpital de Santa Maria Nuova, à Florence. Sur sa façade est figurée une béquille. — Museo civico, à Bologne.

MEDICI (Fernando I° de').

C. « FERDINANDVS . MEDICES . S . R . E . CARDINALIS. — 1574. » — ℟ « VETERIS . STAT . GRATIA . FATI. »

Au droit : Buste de Ferdinand Ier de Médicis. — Au revers : Le Capricorne au milieu des étoiles. — Soc. Colomb.

MEDICI (Christine de Lorraine, femme de Fernando I° de').

D. Dia. 45. « CHRISTIANA . P . D . L . GRANDVC . DI . TOSCANA. » — ℟ « PVBLICAE . SECVRITATI. — A . S . MDVC. »

Au droit : Buste de Christine de Lorraine. — Au revers : Inscription. — Soc. Colomb.

MEDICI (Pietro de'), cinquième fils de Cosme Ier, né en 1554 + 1604.

E. « PETRVS . MEDIC . COSM . FIL . MAGNI . DVCIS . ETRVRIAE . 1581. » — Sans ℟.

Buste de Pierre de Médicis, barbu, cuirassé. — Soc. colomb.

FLORENCE

COSTACCIARI (Fra Dionisio). Il était inquisiteur général à Florence, en 1588.

F. Dia. 44. « M . DION . CONS . INQSI . FLOR. » — ℟ « NISI . DOMINVS . CVSTODIERIT. — 1583. »

Au droit : Buste à gauche de Fra Dionisio, vêtu de l'habit ecclésiastique. — Au revers : Une grue ; au-dessus est une tête radiée. — Collection Fisher, à Londres.

SALVIATI (Antonmaria), né en 1507; fait cardinal en 1583 + 1602.

G. Dia. 45. « ANTONIVS . MARIA . SALVIATVS . S . R . E . CAR. » — ℟ « TEMPLVM . D . IACOBO . SACRAVIT . MDXXXXII. »

Au droit : Buste à droite d'Antonmaria, tête nue et chauve, barbu, vêtu du camail. — Au revers : Façade d'une église (la date doit être sans doute MDLXXXXII). — Cabinet impérial de Vienne.

SALVIATI (Leonardo), philologue florentin, né en 1540 + 1589.

H. Dia. 62. « LEONARDO . SALVIATI. » — ℟ Sans légende.

Au droit : Buste à gauche, tête nue, barbu, cheveux courts, front découvert. — Au revers : Un arbre touffu. — Collection T. W. Greene.

SAN MINIATO

TINTI (Gianfrancesco), de San Miniato, vivait en 1581.

I. « P . IOANNES . FRANCISCVS . TINCTIVS . MINIATENSIS. » — ℟ « SIGNVM . TINCTIORVM . MINIATENSIVM . A . MDLXXXI. »

Au droit : Buste de Gianfrancesco lauré. — Au revers : Écusson avec trois étoiles. — Galerie de Florence.

RECTIFICATION.

a. II, 260, 15. Médaille de Michelozzi (Gianbattista).

« Ce personnage, né en 1521 + 1604, était Florentin, et non Siennois. » (*GM.*)

MANTOUE

(II, p. 261 et 262.)

RECTIFICATION.

a. II, 262, 7. Médaille de Gonzaga Bozzolo (Giulio Cesare).

Cette médaille appartient à Ant. Abondio. Elle a pris place dans l'œuvre de cet artiste. (Voir III, 128, *F.*)

MILAN
ET LE
MILANAIS
(II, p. 262 à 266.)

ADDITIONS.

MILAN

LOMAZZO (Giangiacomo), Milanais. Il vivait en 1599.

A. Dia. 53 × 42. « IO . IACOBI . CIERICI . DE . LOMATIO . ELEEMOS . MONVMENTVM. — 1599. » — ℟ « DICATVM . ARCHAN . RAPHAELI . ET . ANGELO . CVSTODI . HAERED. — DEVS. — ΘΕΟΣ . . . . »

Au droit : Bustes superposés de Lomazzo et de sa femme. Lomazzo, tête nue, barbu, pourpoint à collet montant, avec grande fraise; sa femme, les cheveux relevés, avec grande fraise. — Au revers : Un écusson surmonté d'un enfant entre deux anges. Les points qui terminent la légende remplacent un mot hébreu illisible. — Cabinet national de France.

PANIGAROLA (Francesco).

B. Dia. 91 × 75. « MONSIGNOR . PANIGAROLA . VESCOVO . DI . CRISOPOLI. — 1586. » — Sans ℟.

Buste à gauche vu jusqu'à la ceinture de Panigarola, coiffé de la barrette, barbu, vêtu du camail. — Collection Hess, à Francfort-sur-Mein.

ARONA

BORROMEO (San Carlo).

C. Dia. 48 × 39. Sans légende. — ℟ Sans légende.

Au droit : Buste à gauche de saint Charles Borromée, sans barbe, les cheveux courts, coiffé de la barrette, vêtu du camail. — Au revers : Buste à droite de la Sainte Vierge voilée et nimbée. — Collection A. Armand.

GÊNES

ASSERETO (Girolamo), né en 1544. Il fut doge de Gênes.

D. Dia. 75. « D . O . M . HIERONIMVS.. F . Q . M . IO . BAPT . VIVALDIS . AXERETI . FECIT . HANC . TVRRIM. — Æ . AN . XXVI. » — ℟ « ANNO . A . NATIVITATE . SALVATORIS . DOMINI . NOSTRI . IESV . CHRISTI . MDLXX. »

Au droit : Buste à gauche de Girolamo Assereto. — Au revers : L'écusson des Assereto Vivaldi. — Avignone, n° 186.

Cette médaille fut peut-être faite pour être mise dans les fondations de la tour de Varignano, golfe de la Spezzia.

E. Dia. 45. « HIERO . AXERETVS . PRÆFECTVS . CORSICÆ. » — ℟ « DVX . ET . GVBERNAT . REIP . GENVÆ. — 1596. »

Au droit : Buste à gauche de Girolamo Assereto. — Au revers : L'écusson de Gênes. — Gravée sous le n° 187, dans Avignone.

CIBO MALASPINA (ALBERICO), Génois, né en 1532. Il devint prince de Massa en 1568 + 1623.

F. Dia. 30. « ALBERICVS . CYBO . MALAS. — 88. » — ℟ « S . R . I . ET . MASSÆ . PRINC. »

Au droit : Buste à droite d'Alberico Cibo, tête nue, barbu, cuirassé, avec fraise. — Au revers : Écusson. — Monnaie d'or. — *ARG.*, V, p. 49.

DORIA (AGOSTINO), Génois. Il gouverna la Corse en 1574 et 1591.

G. Dia. 43. « AGOSTINO . DORIA . B . F . CORSICAM . REGENTE. » — ℟ « QVOD . FELIX . PERPETVVM . QVE . SIT . 1575. »

Au droit : Buste à gauche d'Agostino, tête nue, cheveux et barbe courts. — Au revers : Les armes de Gênes. — Avignone, n° 190.

DORIA (BONIFACIO GIOV. BERNARDINO, marquis), prince de Francavilla dans la Pouille; poëte latin, + à Vilna avant 1597.

H. Dia. 48. « IOANNES . BERNARDINVS . BONIFACIVS. » — ℟ « SIC . VIVERE . TVTVS. — O . T . E . S. »

Au droit : Buste de Bonifacio âgé, avec une longue barbe. — Au revers : Un castor poursuivi par deux chiens. — Soc. colomb.

NEGRO (VIRGINIA DI).

I. Dia. 69. « VIRGINEA . DE . NIGRIS . DICTA . A . PA . ÆTA . AN . 47. » — Sans ℟.

Buste à gauche de Virginia, la tête enveloppée d'un voile. — Cabinet de France. — Avignone, n° 280.

SPINOLA (DELIA) ANGOSCIOLA.

J. Dia. 42. « COM . DELIA . SPINOLA . ANGOSCIOLA . ANN . L. » — ℟ « ARDEAM . DVM . LVCEAM. »

Au droit : Buste à gauche de Delia Spinola, tête nue, avec fraise. — Au revers : Une salamandre au milieu des flammes. — Olivieri, pl. XIII, n° 4. — Musée royal de Parme.

PARME

FARNESE (Odoardo), né en 1565; cardinal en 1591 + 1626.

K. Dia. 41. « ODOARDVS . FARN . DIAC . CAR . S . EVSTACHI. » — ℞ « MAIORVM . SVORVM . PIETATEM . IMITATVS . SOCIETATI . IESV . DOMVM . FVNDAVIT . AN . MDXCIX. »

Au droit : Buste à droite d'Odoardo Farnese, tête nue, avec cheveux courts et barbiche, vêtu du camail. — Au revers : Inscription. — *L.*, Farn., III, 9.

PLAISANCE

LANDI (Federigo) et SPINOLA (Placidia), sa femme, mariés en 1598. Ils étaient princes de Val di Taro, marquis de Bardi, comtes de Compiano, barons et seigneurs de Turbigo.

L. Dia. 58. « FEDERICVS . LANDVS . PLACIDIA . SPINVLA . VALLIS . TARI . PRINCIPES . BARDI . MARCHIONES . COMPIANI . COMS. » — ℞ « SVB . AVSPICIS . INVITISIMI . IMPERATORIS . RVDOLPHI . D . N . HOC . MONASTERIVM . CONDIDERVNT . DEDICATVM . SANTE . MARIE . A . S . 1599. »

Au droit : Bustes à droite accolés de Federigo et Placidia, têtes nues, avec grandes fraises; Federigo est barbu et cuirassé. — Au revers : Écusson des Landi et des Spinola. — Olivieri, pl. XIX, n° 2. — Avignone, n° 283.

M. Dia. 76. « DON . FED . LANDVS . PLAC . SPINOLA . SACRI . ROMANI . IMPERII . AC . VALLIS . TARI . PRINCIPES . IIII. » — ℞ « BARDI . MARCH . COMPLANI . COM . ET . BARONES . TVRBIGI . QVE . DOMINI. — AVVESTRO . PESAR. »

Au droit : Écusson aux armes des Landi. — Au revers : Un rocher au milieu des flots; à gauche, une tête de vent. — Musée royal de Parme. — Avignone, n° 282.

OBSERVATION ET RECTIFICATION.

a. II, 363, 6 et 7. Médailles de Fontana (Domenico).

« On peut supposer que ces deux médailles appartiennent à Domenico Poggini, graveur de la monnaie pontificale. » (*GM.*)

b. II, 263, 8. Médaille de Gallio (Tolomeo).

Le nom de ce personnage était Gallio, et non Galli.

NAPLES

(ROYAUME DE)

(I, p. 266 et 267.)

ADDITIONS.

AMMIRATO (SCIPIONE), érudit et historien, né à Lecce (royaume de Naples) en 1531 + à Florence en 1601.

A. Dia. 69. « SCIPION . ADMIRATVS . CANONICVS . FLOR. » — Sans ℟.

Buste à droite de Scipione, barbu, coiffé de la barrette, vêtu d'une robe. La légende est en creux. — Museo civico, à Bologne.

CARACCIOLI (FERNANDO). Il assistait à la bataille de Lépante en 1572.

B. Dia. 59. « FERDINANDVS . CARACCIOLVS . DVX . AEROLÆ . ET . VIC . COMES. » — ℟ « MESSANA . LIBERATA. »

Au droit : Buste à gauche de Caraccioli, tête nue, cheveux courts, barbu, cuirassé, avec fraise. — Au revers : Vue cavalière de la ville et du port de Messine. — Collection P. Valton.

MARINI (GIAMBATTISTA), né à Naples en 1569 + 1628.

C. Dia. 40. « IO . BAPTISTA . MARINVS. » — ℟ « FORSAN. »

Au droit : Buste à gauche de Giambattista jeune, tête nue, barbe naissante, cheveux courts, vêtement à collet droit, petite fraise. — Au revers : Un homme nu, chargé d'un fardeau, escalade un rocher escarpé. — Cabinet national de France. — Cabinet impérial de Vienne.

D. Dia. 41. « IO . BAP . MARINVS. » — ℟ « HIC . NIHIL . EXPECTES. »

Au droit : Buste à gauche de Giambattista, tête nue, avec moustache et barbiche; cuirassé, avec écharpe et fraise. — Au revers : Inscription sur le champ. — Cabinet national de France.

MONTI (SCIPIONE DE').

E. Dia. 49. « SCIPIO . DE . MONTIBVS. » — ℟ « TOT . LINGVIS . TOTIDEM . MERVIT. »

Au droit : Buste à droite de Scipione, tête nue, barbu, cuirassé, avec petite fraise. — Au revers : Inscription entourée de sept couronnes. — Cabinet impérial de Vienne.

POTENZANO (Francesco).

F. Dia. 42. « FRANCISCVS . POTENSANVS. » — 1er ℞ « VTRAQVE . CONSPICVVS. »

Au droit : Buste à droite de Francesco Potenzano encore jeune, sans barbe, tête nue, cheveux courts, lauré, vêtu à l'antique. — Au revers : Deux femmes drapées, debout, s'embrassant; chacune tient une couronne à la main. — Musée royal de Parme.

G. 2e ℞ « ET . NVBILA . PELLIT. »

Le soleil dissipant les nuages. — Collection Belgioioso.

ROME
ET LES
ÉTATS ROMAINS

(II, p. 267 à 271.)

ADDITIONS.

Le pape GRÉGOIRE XIII.

A. Dia. 56. « GREGORIVS . XIII . PONT . MAX . 1572. » — Sans ℞.

Buste à gauche de Grégoire XIII, barbu, coiffé de la barrette, vêtu du camail. — Cabinet impérial de Vienne.

B. Dia. 36. « GREGORIVS . XIII . PONT . MAX. — MDLXXV . — ANNO . IVBILEI. » — ℞ « M . ANT . CARD . COLVNA . LOCO . M . SITICI . CARD . DE . ALTAEMPS . ARCHIP . A . ET . C. »

Au droit : La Porte sainte murée. — Au revers : Inscription sur le champ, entourée d'une couronne de laurier. — Cabinet national de France.

C. Dia. 35. « GREG . XIII . P . M . APERVIT . ET . CLAVSIT . A . IVBILEI. — 1575. » — ℞ « BEATI . QVI . CVSTODIVNT . VIAS . MEAS. »

Au droit : La Porte sainte murée. — Au revers : Buste à gauche de Jésus-Christ nimbé. — *BO.*, I, 323, 22. — Cabinet national de France.

D. Dia. 30. « GREG . XIII . P . M . APERVIT . ET . CLAVSIT . A . IVBILEI. » — ℞ Légende hébraïque.

Au droit : La Porte sainte murée. — Au revers : Buste à gauche de Jésus-Christ. — Musée royal de Parme. — *TN.*, Méd. pap., XIII, 7. Le revers.

E. Dia. 37. « GREGORIO . XIII . PONT . MAX . BONON . S . P . Q . B. » — ℞ « LEVATA . ONERE . PATRIA. »

Au droit : Buste à gauche de Grégoire XIII, tête nue, barbu, vêtu de la chape. — Au revers : Une femme casquée, debout, les mains levées et jointes. A côté d'elle, une cuirasse. — *BO.*, I, 323, 33. — *TN.*, Méd. pap., XVII, 8. — Museo civico, à Bologne.

F. Dia. 46. « GREGORIVS . XIII . AN . PON . X. — COLLEGIVM . OMNIVM . NATIONVM . SOC . IESV . EXTRVXIT. » — ℞ « IHS . SACERDOS . MAGNVS . IN . VITA . SVA . SVFFVLSIT . DOMVM . ET . CORROBORAVIT . TEMPLVM . IN . DIEBVS . IPSIVS . EMANAVERVNT . PVTEI . AQVARVM . ECCL . L. »

Au droit : Buste à droite de Grégoire XIII, coiffé de la calotte, vêtu du camail. — Au revers : Inscription sur le champ. — Cabinet national de France. — Musée royal de Parme.

G. Dia. 66. « GREGORIVS . XIII . PONT . M. » — ℞ « SPES . OPIS . EIVSDEM. »

Au droit : Buste à droite de Grégoire XIII, tête nue, coiffé de la calotte, vêtu du camail — Au revers : Le peuple adorant le dragon des Boncompagni, comme les Hébreux adoraient le serpent d'airain. — *BO.*, I, 323, 13. — *TN*,. Méd. pap., XVI, 3.

H. Dia. 30. « GREGORIVS . XIII . PONT . M. » — ℞ « IN . FLVCTIBVS . EMERGENS. »

Au droit : Buste à gauche du Pape, tête nue, vêtu de la chape. — Au revers : La pêche miraculeuse. — *BO.*, I, 323, 12. — Musée royal de Parme.

Le pape SIXTE-QUINT.

I. Dia. 30. « SIXTVS . V . P . M . A . IIII. » — 1er ℞ « FOELIX . PRÆSIDIVM . 1588. »

Au droit : Buste à droite de Sixte-Quint, tête nue, barbu, vêtu de la chape. — Au revers : Cinq navires en mer, marchant vers la droite. — *BO.*, I, 381, 17. — *TN.*, Méd. pap., XVIII, 4.

J. 2e ℞ « VNDA . SEMPER . FELIX. — 1588. — SIXT . O . P . M. »

La fontaine de « l'Acqua Felice », à Rome. — *BO.*, I, 381, 19. — *TN.*, Méd. pap., XVIII, 5.

K. 3e ℞ « S . DIEG . D . ALCALA . IN . SPAGNA . CA . D . P . SIXTO . V. »

San Diego nimbé, debout, tenant un crucifix. — *BO.*, I, 381, 22. — *TN.* Méd. pap., XIX, 4.

L. 4e ℟ « DOMVS . MARIÆ . LAVRETANÆ . FATA . CIVITAS . AN . D . 1588. »

La Vierge, avec l'Enfant Jésus sur ses genoux, est assise sur la Santa Casa de Loreto, supportée par des nuages. — *BO.*, I, 381, 6.

M. Dia. 21. « SIXTVS . V . PONT . MAX . ANNO . V. » — ℟ « AD . LATERA . P . CONCIS . CELEBRAV. »

Au droit : Buste à gauche de Sixte-Quint, tête nue, vêtu de la chape. — Au revers : Vue du palais de Saint-Jean de Latran. — Monnaie d'argent. — *BO.*, I, 381, 30. — Collection A. Armand.

N. Dia. 40. « SIXTVS . V . PONT . MAX . A . V. » — ℟ « AD . LATERA . P . CONCIS . CELEBRAV. »

Au droit : Buste à droite de Sixte-Quint, tête nue, barbu, vêtu de la chape; la main droite levée, bénissant. — Au revers : L'obélisque de Saint-Jean de Latran. — *BO.*, I, 381, 30.

O. Dia. 39. « SIXTVS . V . PONT . MAX . AN . VI. » — 1er ℟ « BIBLIOTHECA . VATICANA. »

Au droit : Buste à gauche de Sixte-Quint. — Au revers : Vue de la Bibliothèque Vaticane. — *BO.*, I, 381, 41.

P. Dia. 30. « SIXTVS . V . PONT . MAX. » — 2e ℟ « IN . FLVCTIB . EMERGENS. »

Au droit : Buste à gauche de Sixte-Quint, comme sur la médaille II, 268, 8. — Au revers : La Pêche miraculeuse. — *BO.*, I, 381, 38. — Cabinet national de France.

Q. Dia. 104. « SIXTVS . V . PONTIFEX . MAXIMVS. » — ℟ « SALVS . PVBLICA. — PRINCIPI . OPT . FRANC . COSPIVS . D : MDLXXXVIII. »

Au droit : Buste à gauche de Sixte-Quint, tête nue, barbu, vêtu du camail, la main droite élevée, bénissant. — Au revers : Dans un ovale, un lion tourné à gauche, monté sur un globe supporté par trois monts (Montalto). Le lion tient un gouvernail. A gauche du globe est une épée à laquelle est suspendue une balance; à droite, une corne d'abondance. Le tout est surmonté d'une banderole portant les mots : « SALVS . PVBLICA. » Dans le haut est l'écusson du Pape entre deux femmes couchées; au bas, à l'exergue, le reste de la légende. — Collection Sanbon, à Naples.

Les mots FRANC . COSPIVS . D (dicavit ?), qu'on lit à l'exergue, désignent probablement le personnage qui a ordonné l'exécution de cette médaille.

Le pape URBAIN VII.

R. Dia. 50. « VRBANVS . VII . PONT . MAX. » — ℞ « POP . QVIES . ET . SECVRITAS. — GEN . RE. »

Au droit : Buste d'Urbain VII, la tête nue. — Au revers : Un guerrier, tenant d'une main une haste et de l'autre une balance. — *BO.*, I, 433, nº 8. — Avignone, nº 73.

S. Dia. 40. « VRBANVS . VII . PONT . MAX. » — ℞ « IN . VERBO . TVO. »

Au droit : Buste d'Urbain VII, tête nue. — Au revers : Saint Pierre jetant ses filets. — *BO.*, I, 433, 9. — Avignone, nº 74.

T. Dia. 40. « VRBANVS . VII . PONT . MAX. » — ℞ « ROMA. »

Au droit : Buste d'Urbain VII, la tête nue. — Au revers : L'Annonciation. — *BO.*, I, 433, 7. — Avignone, nº 72.

Le pape CLÉMENT VIII.

U. Dia. 48 × 41. « CLEMENS . VIII . PONT . MAX. — 1597. » — ℞ Sans légende.

Au droit : Buste à gauche de Clément VIII, barbu, coiffé de la calotte, vêtu du camail. — Au revers : L'écusson des Aldobrandini, surmonté de la tiare et des clefs. Le droit et le revers sont encadrés d'un cartouche. — *BO.*, II, 457, 49. — Musée royal de Parme.

V. Dia. 23. « CLEMENS . VIII . PONT . MA. » — ℞ « FERRERIA . RECVPERATA. — 1598. »

Au droit : Buste à gauche de Clément VIII, tête nue, barbu, vêtu de la chape. — Au revers : Le cardinal Aldobrandini, neveu du Pape, recevant les clefs de Ferrare. — *BO.*, II, 457, 15. — Musée royal de Parme.

ROME

ORSINI (Flavio).

X. Dia. 62. « FLAVIVS . VRSINVS. » — ℞ Sans légende.

Au droit : Buste à gauche de Flavio Orsini, tête nue, cheveux courts, barbe en pointe, vêtu d'un pourpoint à petit col rabattu, et, par-dessus, d'un manteau à large collet. — Au revers : Susanne entre les deux vieillards. — Musée royal de Parme.

BOLOGNE

ARMI (Francesco dall'), Bolonais. Il était des Anziani en 1590.

Y. Dia. 67. Sans légende. — ℞ « F. — A. »

Au droit : Buste à gauche de Francesco, coiffé d'un bonnet en forme de calotte, barbu, vêtu d'un pourpoint avec pelisse, le tout dans une couronne de feuillages. — Au revers : Un écusson aux armes des Armi. — Museo civico, à Bologne.

ORVIETO

LATTANZI (LATTANZIO), d'Orvieto, né en 1515 + 1587. Il fut sénateur de Rome, évêque de Pistoie en 1576; gouverneur de Sienne en 1582.

Z. « LACT . DE . LACT . VRBEVET . EPIS . PIST . ET . SENARVM . GVBERN . 1582. » — Sans ℟.

Buste de Lattanzio, tête nue, avec les cheveux en couronne, barbu, couvert d'un manteau. — Galerie de Florence.

OBSERVATIONS ET RECTIFICATIONS.

a. II, 267, 3. Médaille du pape GRÉGOIRE XIII.

Cette pièce a été attribuée aux médailleurs Argenterio et Passero, et placée dans leur œuvre. (Voir III, 134, *A*.)

b. II, 269, 12. Médaille d'ALDROVANDI (ULISSE).

Cette médaille appartient au médailleur à la marque T . R. Elle a pris place dans l'œuvre de cet artiste. (Voir III, 138, *C*.)

c. II, 270, 15, 16. Médailles de LEONI (DOMENICO).

Ces médailles appartiennent au troisième quart du seizième siècle. (Voir III, 266, *PPP*, *QQQ*.)

d. II, 270, 17. Médaille de MALVEZZI (PIRRO).

Ce personnage était né en 1540. Il mourut en 1603.

e. II, 270, 18 à 21. Médailles de RATTA (DIONISIO DELLA).

Ces quatre médailles appartiennent à Ant. Casoni. Elles ont pris place dans l'œuvre de cet artiste. (Voir III, 147, *A*, *B*, *C*, *D*.)

f. II, 271, 22. Médaille de POMPEO VIZZANI.

Ce personnage, né en 1540, mourut en 1607.

SAVOIE
ET
PIÉMONT

(II, p. 272 et 273.)

ADDITIONS.

SAVOIE (CHARLES-EMMANUEL, onzième duc de).

A. Dia. 28. « CAROLVS . EMANVEL . EM . PH . ET . MARG . F . PR . PED. » — 2e ℟ « LAVI . ET . VIDI. — 1567. »

Au droit : Buste à gauche de Charles-Emmanuel enfant, comme sur la médaille II, 272, 1. — Au revers : Un sarcophage vide au-dessus duquel s'envole une colombe. — Cabinet national de France.

B. Dia. 38 × 31. « CAR . EMANV . PRIN . PEDE. » — Sans ℟.

Buste à gauche de Charles-Emmanuel enfant, tête nue, cuirassé, avec écharpe. — Musée royal de Parme.

C. Dia. 41. « CAROLVS . EMAN . D . G . DVX . SAB . PP. » — ℟ « OPORTVNE. »

Au droit : Buste à gauche de Charles-Emmanuel, tête nue, cheveux relevés, barbe en pointe, cuirassé, avec fraise. — Au revers : Un Centaure sagittaire marchant vers la gauche. — *L.*, Savoie, n° 37.

D. Dia. 44. « CAROLVS . EM . D . G . DVX . SAB . PP . 1596. » — ℟ « OPORTVNE. »

Au droit : Buste à droite de Charles-Emmanuel, tête nue, cheveux relevés, barbe en pointe, cuirassé, avec écharpe et fraise. — Au revers : Un Centaure sagittaire marchant vers la droite. — Collection A. Armand.

E. Dia. 39 × 52. « CAROLVS . EM . DG . DVX . SAB . PP . 1598. » — ℟ « OPORTVNE. »

Au droit : Buste à droite de Charles-Emmanuel, tête nue, cheveux relevés, barbe en pointe, cuirassé, avec écharpe et fraise. — Au revers : Un Centaure sagittaire marchant vers la droite. — *L.*, Savoie, n° 26.

F. Dia. 39 × 52. « CAROLVS . EM . DG . DVX . SAB . P . P. 1598. » — ℟ « IOAN . MENDOSIO . PRÆF . MILIT . MAIEST . CATH . OB . RES . PRÆCL . GESTAS . CONTRA . HÆRET . GALL . CONSILIVM . ALLOB . D . D. — S. — M. »

Au droit : Buste à droite de Charles-Emmanuel, tête nue, cheveux relevés, barbe en pointe, cuirassé, avec écharpe et petit col rabattu. — Au revers : Un guerrier romain, la main gauche appuyée sur un bouclier, tenant de la droite une lance avec bannière ornée de la croix. — *L.*, Savoie, n° 36.

GRILLET (ISABELLE DE), née en 1556.

G. Dia. 66. « ISABELLA . DE . GRILLET . AN . DI . SVA . ETA . XXII. — 1578. » — Sans ℞.

Buste à gauche d'Isabelle de Grillet, tête nue, avec voile tombant en arrière sur les épaules; collier de perles. — Cabinet national de France.

Cette médaille rappelle beaucoup la manière de Ruspagiari. Elle offre une grande analogie avec celle de Beatrice Langosco. (Voir I, 218, 13.)

POZZO (CARLANTONIO DAL), Piémontais, né en 1547 + 1607. Il fut fait archevêque de Pise en 1582.

H. Dia. 45. « CAROLVS . ANT . A . PVTEO . S . STEPHANI . EQVES . COME. » — ℞ « PIETAS. »

Au droit : Buste de Carlantonio, tête nue, en habit ecclésiastique, avec l'ordre de Saint-Étienne. — Au revers : Une femme assise appuyée sur une haste, la tête voilée. Trois enfants vêtus se tiennent devant elle. — Soc. Colomb.

« Cette médaille appartient peut-être à GIANFRANCESCO ALBERTI de Sienne. » (*GM.*)

VENISE
ET LA
VÉNÉTIE

(II, p. 273 à 275.)

ADDITIONS.

VENISE (NICCOLÒ DA PONTE, doge de), élu en 1577 + 1585.

A. Dia. 47. « NICOLAVS . DE . PONTE . DVX . VENETIARVM . T . C. — 1585. » — ℞ « IOANNES . DELPHINO . ORATOR . VENETVS. »

Au droit : Une femme drapée, symbolisant la ville de Venise, tenant de la main gauche une branche de laurier, couronne de la droite le lion de Saint-Marc qui pose une patte sur un livre, où on lit : « PAX TIBI — MAR EVA. » — Au revers : Un écusson sur lequel sont figurés trois dauphins. — Cabinet national de France.

VENISE (PASQUALE CICOGNA, doge de), élu en 1585 + 1595.

B. Dia. 44. « PASCALE . CICONIA . DVCE . VENETIA.....

AN . DNI . 159... » — ℞ « FORI . IVLI . ITALIÆ . ET . CHRIS . FIDEI . PROPVGNACVLVM. — PALMA — IN . HOC . SIGNO . TVTA. »

Au droit : Le lion de Saint-Marc. — Au revers : Une enceinte fortifiée surmontée d'une croix. — Collection Borghesi.

BADOARO (ALBERTO). Il fut ambassadeur de Venise à Rome en 1590.

C. Dia 48. « ALBERTVS . BADVARIO. » — ℞ Sans légende.

Au droit : Buste à droite d'Alberto Badoaro, tête nue, barbu, vêtu d'un pourpoint et d'une pelisse. — Au revers : La Fortune nue, debout sur une roue, et tournée vers la gauche. — Musée royal de Parme.

LOLLINO (ALVISE), Vénitien, né en 1557 + 1625. Il fut fait évêque de Bellune en 1596.

D. « ALOYSIVS . LOLLINVS. » — ℞ « DE . MANV . MEA . COGNOVISTI . ME. »

Au droit : Buste de Lollino. — Au revers : Une femme debout avec deux chouettes, une sur chaque bras, et à ses pieds une brebis liée. — Cicogna Iscr. Venet.

MOROSINI (MOROSINA), femme du doge Marino Grimani. Elle fut couronnée comme dogaresse en 1597.

E. Dia. 30. « MAVROCENA . MAVROCENA. » — ℞ « MVNVS . MAVROCENÆ . GRIMANÆ . DVCISSÆ . VENETIAR. — 1597. »

Au droit : Buste à gauche de Morosina, avec la coiffure des dogaresses. — Au revers : Inscription dans une couronne de laurier. — Collection Rossi. Des exemplaires en or de cette médaille furent distribués à l'occasion du couronnement de la dogaresse.

VALIERO (AGOSTINO), né à Venise en 1531 ; fait évêque de Vérone en 1565 ; cardinal en 1583 ; + 1606.

F. Dia. 74. « AVGVST . VALER . EPISC . VERON . ET . COM. » — Sans ℞.

Buste à gauche d'Agostino Valiero, barbu, coiffé de la barrette, vêtu du camail. — Collection T. W. Greene.

PADOUE

ZABARELLA (Giacomo), de Padoue.

G. Dia. 35. « IAC . ZABAR . PHIL . PAT . CO . ET . EQ . IMP. » — 2e ℞ « ΑΡΙΣΤΟΤΕΛΗΣ . ΑΠΑΝΤΑ. »

Au droit : Buste à gauche de Giacomo Zabarella, comme sur la médaille II, 274, 4. — Au revers : Des livres sur une table. — Médaille mentionnée par Tomasini, *Illustrium virorum Elogia.*

FRIOUL

COLLOREDO (Giuseppe).

H. Dia. 48. « IOSEPHVS . COLLORETANVS. » — ℞ « VETVSTATIS . NVNTIA . FIDELIS. »

Au droit : Buste à droite de Giuseppe Colloredo, tête nue, barbu, cheveux lisses, vêtement à collet rabattu. — Au revers : Un personnage drapé, monté sur un piédestal; il est tourné à droite et élève la main gauche. — Cabinet impérial de Vienne.

RECTIFICATION.

a. II, 274, 3. Médaille de Morosini (Francesco).

Cette médaille doit être supprimée comme appartenant au dix-septième siècle. Morosini était, en effet, gouverneur de Crète en 1628, et non en 1578.

ALLEMAGNE
ET
ÉTATS DU NORD
(II, p. 276.)

ADDITIONS.

RODOLPHE II.

A. Dia. 35. « RVDOLPHVS . II . RO . IM . REX . HV . BO. » — ℟ « FVLGET . CÆS . ASTRVM. »

Au droit : Buste de face de Rodolphe II, tête nue, lauré, cuirassé, avec grande fraise et le collier de la Toison d'or. — Au revers : L'aigle impérial traversant le signe du Capricorne. — Collection A. Armand.

Cette médaille pourrait appartenir à Abondio.

PAYS-BAS

HALLE (Jean), né en 1555.

B. Dia. 54. « IOHANES . HALLE . A . S . 22 . A . 1577. » — ℟ « DII . LABORIBVS . OMNIA . VENDVNT. »

Au droit : Buste à droite de Jean Halle, tête nue, cheveux courts, barbe naissante, cuirassé, avec écharpe et petite fraise. — Au revers : Un homme debout, drapé à l'antique; il tient de la main droite une statuette, et appuie la gauche sur deux enfants. — Cabinet national de France.

ORTELIUS (Abraham), géographe, né à Anvers en 1527 + 1598.

C. Dia. 35. « ABRAHAMVS . ORTELIVS . ANTVERP . — 1578. » — ℟ « ΜΩΡΙΑ . ΠΑΡΑ . ΤΩ . ΘΕΩ. »

Au droit : Buste à droite d'Ortelius, tête nue, barbu, vêtu d'une pelisse, avec fraise. — Au revers : Des livres entourés d'un serpent dont la tête traverse une boule surmontée d'une croix. — *VL.*, I, 514. — Cabinet impérial de Vienne.

POLOGNE

POLOGNE (SIGISMOND III, roi de), né en 1556; devint roi de Pologne en 1587; de Suède en 1592 + 1632.

D. Dia. 60. « SIGISMVNDVS . III . D . G . POLONIÆ . ET .

SVECIÆ . REX. » — ℟ « DVM . SPIRITVS . HOS . REGET . ARTVS. »

Au droit : Buste à gauche de Sigismond III, tête nue, barbu, cuirassé, avec écharpe. — Au revers : Une femme drapée, debout, tournée à gauche, tenant un calice dans la main gauche, lève la droite vers le ciel. — *RZ.*, 68. — *H.*, xxxv, 10.

SUÈDE

SUÈDE (JEAN III, roi de), fils puîné de Gustave Wasa, né en 1537; devint roi de Suède en 1568 + 1592.

CATHERINE DE POLOGNE, fille de Sigismond Ier, mariée en 1562 à Jean III + 1583.

E. Dia. 89. « IOHANNES . III . D . G . SVECORVM . GOTHORVM . WANDALORVMQ . ETC . REX. » — ℟ « CATHARINA . D . G . SVECORVM . GOTHORVM . WANDALORVMQ . ETC . REG . INF . POLO. »

Au droit : Buste à droite de Jean III, tête nue, lauré, avec longue barbe, couvert d'une cuirasse avec écharpe. — Au revers : Buste à gauche de Catherine, coiffée d'une toque, les cheveux renfermés dans une résille; corsage montant orné de pierreries. — *H.*, xxxv, 5. — *RZ.*, n° 30.

OBSERVATION.

a. II, 276, 4. Médaille de PALUDANUS (WILHELM).

Le nom de ce personnage était VAN DEN BROECK, dit Paludanus. Sur la tranche de l'épaule, on lit AETS, 46. La médaille étant datée 1577, il en résulte qu'il était né en 1531. Il mourut à Anvers en 1579.

ESPAGNE

(II, p. 277.)

ADDITIONS.

ESPAGNE (PHILIPPE III, roi d'), né en 1578; roi en 1598 + 1621.

AUTRICHE (MARGUERITE D'), femme de Philippe III, mariée en 1599 + 1611.

A. Dia. 35. « PHILIPPVS . 3 . R . DELICIA . HISPAN. — 1599. » — ℟ « REX . VERO . LETABITVR . IN . DEO. »

Au droit : Buste à droite de Philippe III, tête nue, sans barbe, vêtu d'un pourpoint richement brodé, avec petite fraise. — Au revers : Une grenade surmontée d'une couronne. — Collection Rollin et Feuardent.

B. Dia. 36. « MARGAR . AVST . PHIL . III . HISP . R . ET . MED . DVX. — 1598. » — ℟ « QVA . LENES . SPIRARENT . AVSTRI. — VELASCHIO . GVBER . MEDIOL. »

Au droit : Buste à droite de Marguerite d'Autriche, tête nue, coiffure très-haute, avec grande fraise. — Au revers : Un arc de triomphe, surmonté de quatre statues, élevé à Milan par ordre du gouverneur Velasco pour l'entrée de Marguerite, en 1598. — *VL.*, I, 516.

C. Dia. 30. « MARGARITA . PHILIP . III . AVST . REGIS . REGV . MAX . VX. » — ℟ « GALEAZ . VICE . SEN . MED . FELICISSIMÆ. REGINÆ.—SPECVLVM. RELIGIONIS.—1599. »

Au droit : Buste à droite de Marguerite, tête nue, avec la couronne royale; corsage montant, avec grande fraise. — Au revers : Un miroir. — Cabinet national de France.

FUENTES (Pedro Enriquez de Gusman, comte de). Il fut gouverneur de la Belgique en 1595.

D. Dia. 45. « PETRVS . ENRIQVEZ . COMES . FONTA. » — ℟ « BELGICAE . PRAEFECTVS . 1595. — DEDVCET . ME . VICTOR . DEVS. »

Au droit : Buste à droite du comte de Fuentes, tête nue, barbu, cuirassé, avec écharpe et fraise. — Au revers : Un autel portant l'inscription DEDVCET, etc. Sur l'autel est posée une couronne; aux côtés sont des palmes. — Cabinet national de France.

Un autre exemplaire de la même collection porte au revers, au lieu de BELGICAE . PRAEFECTVS, 1595, les mots : GVBERNATOR . MEDIOLANI . 1607.

PEREZ (Luis), né en 1531.

E. Dia. 37. « LVDOVICVS . PEREZ . ÆT . LXVI. — 1597. » — ℟ « IN . XPO . VITA. — 1597. »

Au droit : Buste à droite de Luis Perez, tête nue, cheveux courts, barbu, avec fraise. — Au revers : Inscription sur le champ. — Cabinet national de France.

SALAZAR (André), Espagnol.

F. Dia. 48. « ANDREAS . SALAZAR . HISPANVS . PRÆTOR . II . V . F . P . ANNIS. » — ℟ « QVI . SEMINANT . IN . LACRIMIS . IN . EXVLTATIONE . METENT. »

Au droit : Buste à gauche d'André Salazar, tête nue, chauve, barbe courte, cuirassé, avec fraise. — Au revers : Sur une corde tendue horizontalement marche un homme tenant deux drapeaux; devant lui vole un ange tenant une épée et une couronne; dans le haut, on voit une comète et des étoiles; au bas, la figure indistincte d'une femme échevelée. — Collection Gœthe, à Weimar.

SAN CLEMENTE (Guillaume).

G. Dia. 36. « GVILIELMVS . A . SANTO . CLEMENT . 1593. » — ℟ « NOS . AVTEM . GLORIARI . OPORTET . IN . CRVCE . DOMINI . NOSTRI. — AVE MARIA. »

Au droit : Buste à droite de San Clemente, tête nue, cheveux courts, avec moustache et barbiche; cuirassé, avec fraise. — Au revers : Un écusson. — Cabinet national de France.

FRANCE

(II, p. 278 à 281.)

BOURBON (Charles de), dit Charles X.

A. Dia. 42. « CAROLVS . DECIMVS . FRANCORVM . REX. » — ℟ « AVITA . ET . IVS . IN . ARMIS. »

Au droit : Buste à gauche du cardinal Charles de Bourbon, barbu, coiffé de la couronne royale par-dessus une calotte, couvert d'un manteau fleurdelysé, avec le collier du Saint-Esprit. — Au revers : La couronne royale sur le champ. — Cabinet national de France.

BAUME (Claude de la), né en 1527; fait cardinal en 1578 + 1584.

B. Dia. 53. « CLAVDIVS . CARD . A . BAVMA. » — Sans ℟.

Buste à gauche de Claude de la Baume, tête nue, barbu, cheveux courts, vêtu du camail. — Collection A. Armand.

BELLEGARDE (Marguerite de SALUCES, femme de Roger de Saint-Lary, marquis de), mariée en 1562 + après 1579.

C. Dia. 34. « MARG . DE . SALVSE . MAR . D . BE. » — Sans ℟.

Buste à gauche de Marguerite de Saluces, tête nue, avec chignon formé d'une natte roulée, et voile en arrière tombant sur les épaules. — Collection Robinson.

BOISSARD (Jean-Jacques), antiquaire et poëte, né à Besançon en 1528; + à Metz en 1602.

D. Dia. 37. « IO . IAC . BOISSARDVS. » — ℟ « ΑΡΕΤΗΣ . CΚΙΑ . ΦΘΟΝΟΣ. — 1575. »

Au droit : Buste à droite de Boissard, tête nue, barbu, vêtu d'une robe. — Au revers : La Vertu combattant l'Envie. — *TN.*, Méd. franç., I, LI, 6.

CARDON, comédien français, né en 1547.

E. Dia. 47. « CARDO . COMICVS . VNITVS . GALLVS. — Æ . 35. — 1582. » — ℟ « LABOR . VBIQVE . FAMAM. »

Au droit : Buste à droite de Cardon, tête nue, cheveux frisés, barbe courte, moustaches relevées, draperie rejetée sur l'épaule gauche, l'épaule droite nue. — Au revers : La Renommée sonnant de la trompette sur une place entourée de bâtiments. — Musée royal de Parme.

CASSIERE (Jean Levesque de la), grand maître de l'Ordre de Malte, élu en 1572 + 1581.

F. Dia. 52. « F . IO . LEVESQVE . DE . LA . CASSIERE . MAG . HOSP . H . » — ℟ « ÆTATIS . SVÆ . ANNORVM . LXIX. »

Au droit : Buste à gauche de Jean de la Cassière, tête nue, cheveux courts, barbu, vêtu d'une robe, avec la croix de Malte sur la poitrine. — Au revers : Un ange tenant une trompette, volant dans les nuages. — *TN.*, Méd. franç., I, XLVIII, I. — Furse, p. 328.

GALAND (Philippe). Il fut échevin de Lyon en 1582.

G. Dia. 45. « PHPVS . GAL . CON . DES . LVG . ÆT . XXV. » — Sans ℟.

Buste à droite de Philippe Galand, tête nue, cuirassé, avec écharpe et fraise. — *TN.*, Méd. franç., I, LI, 5.

HURAULT (Philippe), comte de Cheverny et de Limours, né en 1528 + 1599. Il fut chancelier de France en 1582.

H. Dia. 38. « PHILIP . HVRALT . VICECO . CHEVERN . 1580. » — ℟ « CERTAT . MAIORIBVS . ASTRIS. »

Au droit : Buste à droite de Philippe Hurault, tête nue, barbe et cheveux courts, petite fraise, vêtu de la simarre. — Au revers : Une étoile rayonnant au milieu des nuages. — *TN.*, Méd. franç., XLVIII, 7.

LE BRUM (Antoine).

I. Dia. 49. « ANTHOINE . LE . BRVM . 1586. » — ℟ Sans légende.

Au droit : Buste à gauche d'Antoine Lebrum jeune, tête nue, cheveux courts avec moustache, vêtu d'un pourpoint à petit collet rabattu. — Au revers : Un écusson. — *TN.*, Méd. all., XXX, 5.

LORRAINE (Charles II ou III, duc de), né en 1543; duc de Lorraine en 1545 + 1608.

J. Dia. 50. « CAROL . D . G . CAL . LO . BA . GV . DVX. » — ℟ Sans légende.

Au droit : Buste à droite de Charles, tête nue, cheveux frisés, vêtu d'un pourpoint. — Au revers : Armoiries. — *TN.*, Méd. franç., I, LXII, 1.

FIN

TABLES

TABLE ALPHABÉTIQUE

DES NOMS, INITIALES OU MARQUES

DES MÉDAILLEURS

DONT LES OUVRAGES SONT DÉCRITS OU MENTIONNÉS DANS LE

TROISIÈME VOLUME

Nota. Les *médailleurs nouveaux*, c'est-à-dire ceux qui ne figuraient pas dans les deux premiers volumes, sont distingués par des astérisques.

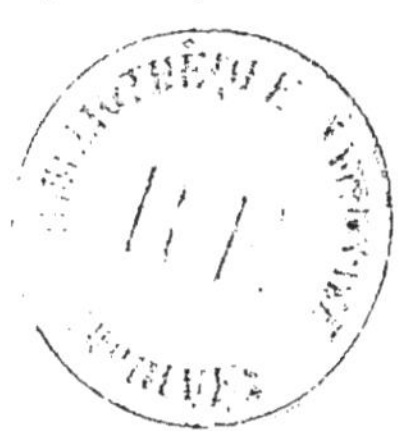

TABLE ALPHABÉTIQUE

DES NOMS DES ARTISTES

INDIQUÉS PAR M. GAETANO MILANESI

COMME POUVANT ÊTRE LES AUTEURS DES MÉDAILLES, SIGNÉES D'INITIALES OU DÉPOURVUES DE SIGNATURES, DÉCRITES OU MENTIONNÉES DANS LE

TROISIÈME VOLUME

TABLE ALPHABÉTIQUE

DES

PERSONNAGES REPRÉSENTÉS SUR LES MÉDAILLES

DÉCRITES OU MENTIONNÉES DANS LE

TROISIÈME VOLUME

TABLE ALPHABÉTIQUE

DES

LÉGENDES INSCRITES AU REVERS DES MÉDAILLES

DÉCRITES OU MENTIONNÉES DANS LE

TROISIÈME VOLUME

LÉGENDES GRECQUES.

LÉGENDES HÉBRAÏQUES.

TABLE DES MATIÈRES

DU TROISIÈME VOLUME

PREMIÈRE PARTIE.

DEUXIÈME PARTIE.

ÉPOQUES ANTÉRIEURES AU MILIEU DU XVe SIÈCLE.

TROISIÈME QUART DU XVe SIÈCLE.

QUATRIÈME QUART DU XVe SIÈCLE.

PREMIER QUART DU XVIe SIÈCLE.

DEUXIÈME QUART DU XVIe SIÈCLE.

FIN DES TABLES

PARIS. — TYPOGRAPHIE DE E. PLON. NOURRIT ET Cie, RUE GARANCIÈRE, 8.

www.ingramcontent.com/pod-product-compliance
Lightning Source LLC
LaVergne TN
LVHW020530230826
846091LV00002B/226

* 9 7 8 2 0 1 3 0 6 3 3 0 2 *